스포츠·레저산업경영론

유동균·김종걸·신승아·정수봉·정현수 공저

스포츠경영관리사 이론 및 기출문제 수록

도서출판 진영사

스포츠 · 레저산업경영론

유동균 · 김종걸 · 신승아 · 정수봉 · 정현수

스포츠레저산업경영 관련 문의는 네이버 카페 **스포츠레저교육** 을 활용 바랍니다.

2019년 03월 09일 초판 인쇄
2019년 03월 15일 초판 발행
발행인 박 진 영
발행처 도서출판 진영사
인천광역시 부평구 갈산동 185번지 풍진빌딩 303호
전화 : 032)505-4207
팩스 : 032)505-4206
E-mail : 0183734207@hanmail.net
등록 : 122-91-77317

ISBN 978-89-6541-422-3 93690
값 16,000원

목 차

머리말

세상이 빠르게 급변하고 있다. 학문 간의 경계가 허물어지고 융·복합 이라는 단어 앞에 기존의 질서와 일반적 상식은 그 의미를 상실하며 우리들이 나아가야 할 길을 명확하게 제시하지 못하고 있는 실정이다. 하지만 위기와 기회는 같이 온다는 말이 있듯이 준비하면 위기는 곧 기회가 될 것이다.

스포츠·레저산업 분야 역시 시대적 상황에 맞게 변화를 두려워하지 말고 슬기롭게 앞으로 나아가야 할 시기이다. 과거의 교훈과 역사를 기억하고, 새로운 길을 찾아 그 길을 만들어가야 한다. 국내 스포츠·레저산업은 그 어느 분야보다 빠르게 발전하고 변화해온 산업 중 하나라는 사실을 부인할 수 없을 것이다. 1990년대 사회면 신문기사 1면에 스포츠 기사가 나올 거라는 상상을 한 사람들은 거의 없을 것이다. 저자 역시 그 시절 대학에 입학하여 지금의 스포츠·레저산업 발전을 상상하지 못하였으나 그 누구보다 발전을 희망하고, 기다려왔다. 해외여행이 일반화 되어있지 않던 시절 해외여행을 다녀온 사람들의 이야기를 들으며 선진국의 스포츠·레저문화를 동경해 왔다. 하지만 이제는 우리나라 역시 다른 나라들이 부러워하는 스포츠·레저 선진국이 되었다. 스포츠·레저 선진국의 대열에 올라 더 발전하기 위해서는 보다 체계화된 학문의 정립이 필요한 순간이 왔다.

우리 공동저자들은 스포츠·레저분야의 다양한 경험과 산업현장의 실태를 조사연구하여 스포츠·레저산업경영론 책을 연구하고, 집필하였다. 미래 지향적으로 책을 집필하고 싶었으나 자료수집의 한계와 아직 정립되지 않은 분야를 세밀하게 다루는데 한계를 느낀 것도 사실이다. 하지만 이것으로 스포츠·레저산업경영론 책의 끝이 아니라 시작이라는 점을 강조하고 싶다. 앞으로 계속해서 책을 개정하여 국내 스포츠·레저산업경영 분야가 발전할 수 있도록 여생을 다하여 수정, 보완할 것을 약속한다.

마지막으로 함께 연구하고, 함께 집필한 김종걸, 신승아, 정수봉, 정현수 박사

님에게 진심으로 감사의 말씀을 드리며, 생이 다하는 날까지 함께 도전하며 연구할 것을 약속드린다.

하나님의 부르심을 받아 먼저 가신 아버지의 유언대로 살아갈 것을 다짐하며....

2019 년 2 월 25 일
명지대학교 스포츠레저교육 연구실에서

1장 스포츠 산업

1 스포츠의 개념

KEY POINT • • •

스포츠는 놀이와 경쟁을 포함한 신체활동

스포츠의 개념을 살펴보기 위해서는 스포츠의 어원과 의미를 알아볼 필요가 있을 것이다. 그래서 스포츠(sport) 어원의 변화를 보면 스포츠는 라틴어의 desporto에서 유래가 시작되어 불어인 desport로 파생되었으며, 이는 영어인 desport 혹은 disport로 불렸고, 이는 다시 sport로 변화되었다. 스포츠는 놀이의 성격을 갖는 것과 동시에 본인의 신체적 힘을 알아볼 수 있는 신체적 운동으로 타인과 경쟁하는 형식의 신체활동이라고 볼 수 있다. 또한 스포츠는 경쟁자의 경쟁에서 자기능력에 대한 탁월성을 나타내기 위한 경쟁 · 도전이라는 문화적인 활동으로, 스포츠는 신체활동을 개인과 사회의 이익과 의의로 관련되는 의도적 행위라고 할 수 있다. 스포츠와 체육의 개념적 의미에 관련해서는 스포츠를 상위개념으로 인식하여 체육을 스포츠 교육이라는 개념으로 보면서 과거의 체육 개념을 현재는 스포츠의 개념에서 파악하고 있는 추세이다.

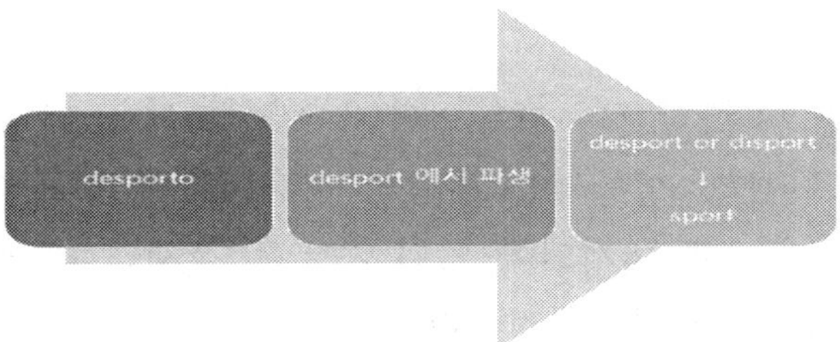

[그림 1-1] 스포츠 어원의 변화 과정

백우열 외(2015)는 스포츠의 기능을 다음과 같이 구분하고 있다.

첫째, 욕구충족의 기능으로 스포츠는 신체활동을 통한 즐거움과 자기만족을 성취할 수 있도록 함으로써 인간이 추구하는 궁극적인 욕구를 충족시키는 기능을 한다.

KEY POINT • • •

스포츠의 기능
(백우열 외)
1. 욕구충족
2. 오락
3. 건강유지
4. 교육
5. 자아실현
6. 커뮤니케이션
7. 여가
8. 산업

둘째, 오락적 기능으로 스포츠는 행위 그 자체에서 즐거움과 행복을 느낄 수 있는 오락성을 가지고 있다. 인간은 신체를 움직이는 그 자체로써 기쁨, 유쾌함, 충족감 등의 즐거움을 얻게 된다.

셋째, 건강유지의 기능으로 스포츠는 현대인의 스트레스 및 신체활동 부족과 관련된 각종 성인병을 예방하는 등 정신적·신체적 건강유지의 기능과 자기개발을 통한 자존감 제고의 기능을 지니고 있다. 스포츠를 통하여 우리 신체의 모든 근육을 발달시키는 것은 물론 심장과 폐를 포함하는 몸속 순환계 기관들을 건강하게 만들고, 노화를 더디게 한다. 직장의 업무에서 야기되는 스트레스를 경감시켜 피로에 대한 저항력을 길러주고, 신진대사를 높여 궁극적으로 우리 삶의 질을 향상시킨다.

넷째, 교육의 기능으로 스포츠는 제도화된 규칙을 가지고 인간 본연의 내재된 본성을 표출할 수 있는 장을 제공한다. 더불어, 각 스포츠경기 혹은 활동에 수반되는 규칙에 순응하여 신체활동 자체를 영위할 수 있도록 하는 교육적인 기능을 지니고 있다.

다섯째, 자아실현의 기능으로 스포츠 활동을 매개로 신체 발달뿐 아니라 정서적인 체험을 할 수 있도록 한다. 이를 통해 우리 속에 내재되어 있던 새로운 잠재력을 개발할 수 있는 실현의 기회를 발견한다.

여섯째, 커뮤니케이션의 기능으로 스포츠는 인종, 성별, 지역, 세대를 초월하여 모든 사람에게 새로운 문화로써 탁월한 소통의 장을 제공한다. 스포츠라는 동질적인 요소를 공유함으로써 사람들은 스포츠 활동을 통해 다른 참가자 혹은 관람객과 자연스럽게 사회적인 상호작용을 할 뿐만 아니라 타인들과 형성된 관계를 건강하게 유지하는 방법도 습득하게 된다.

KEY POINT • • •

일곱째, 여가적 기능으로 최근 사회는 여가를 매우 중요시하는 현상을 나타내고 있다. 과거에는 경제적 수입이 취업의 1순위였지만, 지금은 여가활동을 할 수 있는 근무여건이 이에 못지않은 중요한 취업 선택요인이 되고 있다.

여덟째, 산업적 기능으로 스포츠는 더 이상 아마추어리즘으로 대표되는 순수한 활동에 머물지 않고 스포츠의 산업화를 통해 그 기능을 발전시켜나가고 있다. 스포츠의 세계화 흐름, 산업 연계성을 통한 경제발전의 성장 동력으로서의 역할, 지역사회 발전을 위한 스포츠 이벤트 등의 성장은 스포츠의 산업화를 가속화하고 있다.

2 스포츠와 유사개념

스포츠는 개인의 내·외적인 요인에 의하여 발생되는 신체적 활동을 포함하거나 복합적인 신체적 기능을 실행하는 경쟁적인 성격을 갖는 활동이다. 이러한 스포츠는 과거 단순히 건강한 신체를 유지하고, 만들기 위한 문화적 활동에서 나아가 웰빙(well-bing)과 삶의 질 향상에 대한 대중들의 요구가 커지면서 스포츠를 통하여 질적인 삶을 영위해 나가는데 중요한 수단이 되고 있다.

스포츠를 통한 삶의 질 향상

스포츠는 신체활동의 개념을 포함하고 있으며, 경쟁적이고 조직적인 개념을 내포하고 있다. 이러한 스포츠는 놀이나 게임보다 더 체계화되고 고도의 경쟁적인 활동으로 신체의 일부분만을 구사하는 종목이나 운동에 그치는 것이 아닌 인간의 모든 행위가 동원된 신체활동이라 말할 수 있다.

스포츠는 규칙에 의해 통제된 활동을 바탕으로 그 결과를 예측할 수 없는 신체기능과 기량에 따라 결정되는 경쟁적 신체활동이다.

KEY POINT • • •

임번장(2008)은 또한 스포츠는 내적 또는 외적 요인의 결합에 의하여 참가가 동기 유발된 개인에 의해서 이루어지는 활발한 신체발현을 포함하거나 혹은 비교적 복합적 신체기능을 구사하는 제도화된 경제적 활동이라고 할 수 있다.

또한 McCarthy(1978)는 스포츠라는 말을 정의한다는 것은 이와 관련해 어렵지만 스포츠의 특성에 따라 스포츠를 다음과 같이 나누었다.

스포츠의 특성 (McCarthy)
1. 기술
2. 경쟁
3. 극복
4. 율동

첫째, 기술 스포츠이다. 참여자 또는 집단이 경쟁을 기초로 하지만, 동일하게 주어진 상황에서 자신의 월등함을 증명하려는 신체활동의 기술 분야는 다양하고, 유동적이다. 즉, 신체활동의 기술 분야는 경쟁에서 승리를 위해 최선을 다할 수 있는 기회를 제공한다.

둘째, 경쟁 스포츠이다. 스포츠의 가장 중요한 의미는 바로 경쟁이다. 최대의 목적은 경쟁에서 승리를 쟁취하는 것이고, 신체활동을 통해 상대방과 자신의 우월성을 입증하는 것이다.

셋째, 극복 스포츠이다. 스포츠는 환경이나 주어진 상황에 의해 행해진다. 등산이나 암벽등반은 극복의 대상이 자연이며, 마라톤, 수영, 사이클, 하이킹 등의 활동은 극복 스포츠를 접할 수 있는 기회를 제공하며, 그 매력이 극복에 대한 만족감에 있다고 할 수 있다.

넷째, 율동 스포츠이다. 율동 스포츠는 율동을 통해 감정이나 인간의 이념을 신체활동을 통하여 상대방에게 전달하는 것이다.

스포츠 유사개념
1. 체육
2. 레크리에이션
3. 놀이
4. 게임

스포츠는 체육과 유사하다고 볼 수 있지만, 이 둘은 목적과 대상이 구분되는 것에서 차별성을 갖는다. 위에서 언급한 바와 같이 스포츠는 과거 체육이 더 넓은 개념으로 스포츠를 포함하는 것으로 인식했다면 최근 스포츠가 체육을 포함하는 광의의 개념으로서 스포츠가 정의되고 있다. 스포츠와 유사한 개념 또는 동의어로 사용되고 있는 것에는 체육 외 레크리에이션, 놀이, 게임 등이 있다.

*** 레크리에이션(Recreation):** 영어의 사전적 의미로 재창조(Re+Creation)를 의미하며 기분전환, 즐거움의 의미를 포함하고 있다. 즉, 레크리에이션은 여가시간에 행해지는 활동으로써 정신건강 및 기분전환, 육체회복을 위해 개인이나 단체가 활동하는 자유로운 행위로 놀이, 게임, 운동, 오락, 여흥 등의 의미를 가지고 있다. 아울러, 레크리에이션은 건전한 여가선용을 위한 프로그램이며, 개인적으로는 집단 및 단체 활동을 통해 자아실현, 자기계발 및 타인과의 인간관계를 형성시킨다. 또한 국가적으로는 건전한 문화 창조와 창달을 위해 크게 공헌할 수 있는 활동이다. 따라서 레크리에이션은 아동에서부터 노인에 이르기까지 모든 사람과 집단을 대상으로 하여 진행될 수 있으며, 시간과 장소에 구애 없이 다양하게 진행할 수 있는 매우 역동적인 활동이다.

*** 놀이(Play):** 인간의 본질적 행동인 놀이는 레크리에이션과 마찬가지로 여가활동에 하위개념으로 자발적이고 자유와 만족을 의미하는 개념이다. 활동 그 자체에서 만족과 즐거움을 찾는 것으로 결과보다는 행위 및 활동 그 자체에 의미를 중요시한다. 인간은 생존을 위하여 일하고, 휴식을 가지며, 생각하는 존재로 유회를 즐길 줄 아는 존재이다.

Huizinga(1973)는 인간을 '놀이하는 동물'이라고 명명하였으며, 인간의 모든 문화와 문명은 이러한 놀이의 심성에서 비롯된다고 강조하고 있다. 놀이의 정의에 있어서 Huizinga(1973)는 놀이란 일정하게 정해진 시간과 공간의 범위 내에서 이루어지는 자발적인 행위 또는 활동으로 설명하였다. 자발적으로 받아들여진 규칙에 따르고, 받아들여진 규칙은 절대적인 지배력을 가진다는 사실을 강조하고 있다.

KEY POINT • • •

레크리에이션:
여가시간의 활동

놀이:
자발적이고 자유와 만족을 의미

KEY POINT • • •

또한 놀이의 목적은 행위 그 자체에 있으며, 그것은 긴장과 기쁨의 감정을 수반하고 또 일상생활과는 별개의 것이라는 의식에 뒷받침되어 있는 활동을 말한다. 놀이는 본질적으로 목적을 추구하지 않고, 참여자에 의해 규칙이 만들어지는 활동이며, 동시에 승자와 패자가 존재한다. 정신적 또는 육체적 활동을 통해 기쁨과 만족을 얻고 외부로부터의 강제성이 요구되지 않는 활동으로 자유로우며 놀이 그 자체가 목적이다.

게임:
조직적, 구조적,
규칙적인 활동

* **게임(Game):** 게임은 놀이에서 발전된 행동으로 보다 조직적, 구조적, 규칙적인 활동으로 여가시간에 이루어지는 경쟁적 활동이다. 놀이보다 복잡하며 정해진 규칙에 따라야 하고 기구를 이용하여 특정 장소에서 일정 시간 안에 즐기는 행위이다.

게임의 정의에 따라 Caillois(1961)는 게임의 네 가지 범주로 분류하였다.

첫째는 경쟁이다. 게임 활동의 한 무리에서 모두 경쟁이라는 형태를 취하며, 이상적인 조건하에서 경쟁자들이 서로 승패를 가리기 위해 싸우는 게임 활동이다.

둘째는 기회이다. 게임 활동의 성격에 있어서 전적으로 운에 의하여 결정되며, 이점이 게임의 원동력이 된다.

세 번째는 모방이다. 이 분류는 어린이들 그리고 성인들이 사회적 경험 부분에 참가하여 활동하게 되는데 연극이나, 영화 등 각종의 모방하는 게임으로 자기 자신의 인격을 일시적으로 잃고 다른 인격으로 분장하는 점이 원동력이 된다.

마지막으로 현기증이다. 현기증이라는 말이 나타내는 특이한 혼란 및 순간적인 공포를 추구하는 것으로 게임 활동의 성격을 지닌 활동이다. 즉, 게임 활동에 있어, 경험을 초월하거나 자아의식을 잃는 것이다.

〈표 1-2〉 놀이, 게임, 스포츠의 특징

놀이	게임	스포츠
허구성 비생산성 자유성 오락성 흥미성 쾌락성	허구성 비생산성 분리성 불확실성 규칙성 경쟁성 확률성 신체기능 기술	허구성 비생산성 분리성 불확실성 규칙성 경쟁성 확률 신체기능 기술 전술 제도

출처: 김려경, 유동균, 정수봉(2017). 행복한 여가 및 레크리에이션. 인천:진영사.

KEY POINT • • •

3 스포츠가 상품 서비스로써 갖는 특성

스포츠는 다른 형태가 있는 유형의 제품 또는, 상품들과는 달리 스포츠가 상품 또는 서비스로써 갖는 특성은 다음과 같다.

첫째, 무형성을 갖는다. 스포츠 경기는 결과를 예측하거나 예상할 수는 있어도 경기를 직접 만지거나 또는 먼저 관람할 수 없다. 즉, 이는 스포츠를 관람하기 이전에 해당 경기에 대한 경기 상황을 미리 볼 수 없고, 만질 수 없다는 의미이다. 이러한 스포츠 이벤트, 경기 및 게임 등은 무형의 제품에 해당하다.

둘째, 비분리성을 갖는다. 스포츠는 생산과 소비가 동시에 일어난다. 스포츠를 관람할 때 해당 경기를 진행하는 것이 스포츠를 생산하는 것이며, 이때 관중은 생산되는 스포츠를 현장에서 바로 소비하는 형태로 이루어진다.

스포츠 상품 서비스 특성
1. 무형성
2. 비분리성
3. 이질성
4. 소멸성

KEY POINT • • •

셋째, 이질성을 갖는다. 스포츠는 해당 경기에 참여하는 선수 또는 팀에 따라 상품의 성질이 고르지 못할 수 있다. 스포츠 관람 외 스포츠 강습 등에서 강사의 교육 스타일에 따라 다르게 제공될 수 있다. 스포츠팀마다 상이한 전력, 지도자 및 강사에 따라 스포츠에 참여가 결정되는 등 스포츠는 이질성의 성질을 가지고 있다.

넷째, 소멸성을 갖는다. 판매가 되지 않는 서비스의 경우 없어지게 된다. 즉, 스포츠는 재고가 없으며, 해당 경기의 입장권이 판매가 다 되지 않더라도 해당 경기가 종료되면 그 입장권은 소멸된다. 오늘날 프로야구 경기티켓은 경기시작 전에는 티켓의 가치(가격)가 부여되지만 경기 후에는 해당 티켓은 종이 한 장에 불과하게 된다.

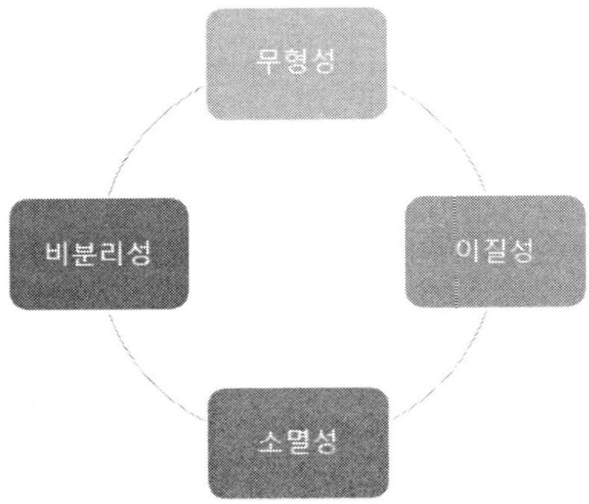

[그림 1-2] 스포츠가 상품 서비스로써 갖는 특성

4 스포츠산업의 개념

KEY POINT • • •

1) 스포츠산업의 개념

스포츠산업은 스포츠 활동과 스포츠와 관련된 경제활동이 하나로 융합된 것으로 그 정점에는 스포츠 활동이 자리한다. 스포츠 관람과 참여의 기회를 제공하며, 스포츠 활동 자체를 생산하는 업체 역시 스포츠산업의 핵심 부문이다. 이러한 핵심 부문에 속한 업체(단체)가 스포츠 상품을 생산하기 위해서는 지원 및 보조 부문이 필요하다. 스포츠 활동을 하나의 상품으로 보면 스포츠용품이 필요하고 체육시설이 요구되며, 선수 등 전문 경기인력의 양성 및 공급, 스포츠 스폰서십 수주 등의 재원조달 활동을 포함한 다양한 경제활동과 경제활동 주체가 필요하다. 따라서 스포츠산업의 대상 영역은 스포츠 활동과 스포츠 활동을 지원하거나 스포츠 활동의 경제적 가치를 확장시키려는 다양한 경제활동을 포함한 광범위한 것이라 할 수 있다.

스포츠산업은 스포츠 활동과 스포츠와 관련된 경제활동

스포츠산업의 대표적인 예로 올림픽을 들 수 있을 것이다. 올림픽경기 중에서 대표적 성공사례로 LA 올림픽(1984년)에서 처음으로 흑자를 기록해 스포츠산업에 큰 영향력을 미쳤다. 이는 스포츠산업의 핵심 제품이라고 볼 수 있는 신발류, 의류, 기구 등의 제조업 중심의 산업에서 다양한 스포츠 시설의 운영, 스포츠 마케팅이라는 새로운 스포츠 시장의 패러다임을 구축했다. 21세기 급변하는 경제적 변화에 따라 국민의 소득수준 향상과 삶의 질 향상 등으로 스포츠에 대한 소비가 늘어남과 동시에 다양화되면서 지식 정보의 사회로 접어들었다. 즉, 스포츠가 갖는 경제적 가치에 대한 인식이 높아지면서 스포츠 산업의 핵심 제품과 함께 스포츠 시설, 서비스에 대한 대중들의 수요가 증가하게 된 것이다.

스포츠산업의 대표적인 성공사례는 1984년 LA올림픽

KEY POINT • • •

국내 스포츠산업은 1988년 서울올림픽이 시발점

우리나라의 스포츠산업은 1988년 서울 하계올림픽 개최를 시발점으로 1995년도 이후로 국내 선수들이 해외의 스포츠산업에 진출하면서부터 국내 스포츠산업의 발전이 본격적으로 시작되었다고 할 수 있다.

스포츠산업의 성공사례와 활성화 사례는 2000년 이후부터 일반인들에게 많이 소개되기 시작하면서 국내 스포츠레저산업과 스포츠경영학의 변화와 발전을 가속화 시켰으며, 국내 스포츠레저산업에 활력을 주고 있다. 더불어 스포츠경영 학문의 발전과 함께 국가자격증으로 스포츠경영관리사(한국산업인력공단)가 탄생하였고, 이는 경영학 분야에서 새로운 자리매김 역할을 한 것으로 판단된다.

스포츠산업에 대한 정의는 스포츠용품과 스포츠 시설에 중점을 둔 스포츠와 관련된 서비스를 제공하는 것으로 보았으며, 스포츠와 관련한 활동에서 필요한 제품을 생산하고 이를 소비하는 모든 활동을 의미한다. 일반적으로 스포츠산업은 규모의 크기와 영역의 구분에 따라 다르게 나타나며, 다른 산업과 중복 또는 연관된 분야가 많아 정확하게 단정짓기 어렵다. 최근 스포츠산업의 스포츠와 관련한 용품, 시설, 서비스 등의 경쟁이 치열해지고 있는데 이는 다양해진 소비자들의 욕구를 충족시키기 위한 것이라고 볼 수 있다.

스포츠산업은 서로 다른 산업분야와 결합된 집합체로 다음과 같은 특성이 있다.

첫째, 스포츠산업은 복합적인 구조를 가진 산업이다. 스포츠산업은 서비스업, 용품업 그리고 시설업이 스포츠와 결합하여 스포츠산업을 구성하듯이 스포츠산업은 단순히 하나의 산업이 아닌 복합적인 구조와 타 산업과의 융합을 통하여 이루어지는 비즈니스 모델의 산업이다.

둘째, 스포츠산업은 공간·입지 중심형 산업이다. 스포츠를 즐기기 위해서는 공간이 필요하다. 축구 관람 및 참여를 위해서는 축구장이 있어야 하고 농구, 배드민턴, 수영, 야구 등 모든 스포츠는 공간이 있어야 즐길 수 있는 특징이 있다. 즉, 스포츠산업은 공간과 입지 중심의 산업이다.

셋째, 스포츠산업은 시간 소비형 산업이다. 예술 및 문화를 즐기기 위해 콘서트장을 방문하고 박물관을 관람해야 하는 등의 개인 시간을 투자해야 한다. 이처럼 스포츠산업도 스포츠를 관람 및 참여하기 위해서는 본인의 시간을 직접 소비해야 하는 특징이 있으며, 따라서 스포츠산업은 시간 소비형 산업이다.

넷째, 스포츠산업은 최종 소비재와 서비스를 소비자에게 직접 전달해주는 산업이다. 용품업과 서비스업이 직접 관련되어 있는 스포츠산업은 소비자가 원하는 제품 및 서비스를 기업이 창출하여 소비자들에게 전달하는 과정을 통해 기업은 소비자에게 직접 재화와 서비스를 전달하여 조직의 목표를 달성하고, 소비자를 제품과 서비스를 통해 만족을 얻는 과정을 겪게 된다. 이처럼 스포츠산업은 소비재와 서비스를 소비자에게 전달해 주는 산업이다.

다섯째, 스포츠산업은 감동과 건강을 전달해 주는 산업이다. 2002년 월드컵 당시 온 국민은 대한민국 국가대표를 상징하는 빨간색 티셔츠를 입고 전국 각 지역에서 대한민국을 외치며 전 국민 통합과 단결을 이끌었던 기억이 있다. 이뿐만 아니라 WBC 월드베이스볼 클래식에서도 야구 선수단의 뛰어난 업적에 온 국민은 하나 되어 대한민국을 응원하였고, 최근 개최된 2018 평창동계올림픽에서도 선수들의 패기와 열정은 국민들에게 감동을 전달해 주었다.

아울러, 스포츠산업은 국가 경쟁력을 제고시키는 비즈니스 측면에서 다음과 같은 특징이 있다.

KEY POINT • • •

스포츠산업과 다른 산업과 연결성

1. **복합적 구조**
2. **공간·입지 중심**
3. **시간 소비형**
4. **소비자에게 직접 전달**
5. **감동과 건강 제공**

KEY POINT • • •

스포츠산업의 비즈니스 측면
1. 고부가가치
2. 무한 성장 잠재력

첫째, 스포츠산업은 고부가가치 산업이다. 미국의 스포츠산업은 자동차 산업의 2배, 영화산업의 7배에 달하는 규모의 산업을 보여주고 있다. 따라서 4차 산업혁명시대에 걸맞은 성장 동력으로 스포츠산업은 21세기 고부가 가치 산업이며, 문화와 체험 그리고 융·복합 산업으로써 다양한 파생상품을 창출해 낼 수 있는 산업이다. 국내 프로야구의 경우 2014년 당시 방송 중계권료는 180억 원이었다. 하지만 2015년에는 2배가량 올라 360억 원이었으며, 8개에서 10개 구단 체제로 변경되면서 자연스럽게 중계권료가 대폭 상승했다. 지상파 3개 사는 각각 30억 원, 스포츠 케이블 5개 사는 각각 54억 원씩 부담한 것으로 나타났으며, 2019년 방송 중계권 수익은 400억 원(지상파+스포츠 케이블 3개+에이클라) 안팎으로 예상한다. 이처럼 프로야구 방송 중계권 하나만으로 엄청난 액수의 돈이 거래가 되는 프로스포츠산업의 사례를 볼 수 있다.

둘째, 스포츠산업은 무한 성장 잠재력이 있다. 스포츠산업의 성장에 따른 경제성장과 고용 창출은 물론 건강한 여가 사회 실현, 복지증진, 스포츠 부문의 자생력 증대 등 다양한 효과를 지니고 있기 때문이다.

경제성장과 고용 창출의 측면에서 볼 때 스포츠산업은 하위에 매우 다양한 경제활동을 포함하고 있기 때문에 타 산업의 발전에 기여할 수 있을 뿐만 아니라 새로운 사업영역의 개발을 통하여 스포츠 에이전트, 스포츠 이벤트 기획 등 신규 직종에 수많은 일자리를 창출할 수 있다.

스포츠산업은 국민복지 측면에 큰 역할

또한, 국민복지의 측면에서도 스포츠산업의 발전은 다양한 스포츠 관련 재화와 서비스의 공급으로 감성적 여가 및 오락 지향 사회를 건전하게 선도함으로써 건강한 복지사회 건설에 기여할 수 있다는 장점이 있다.

더불어 스포츠산업은 스포츠를 매개로 한 재화와 스포츠 서비스의 생산, 유통, 분배의 촉진을 가져와 국내 스포츠 발전을 위한 재원을 확대하는데 기여할 수 있다. 특히 스포츠산업의 발전은 민간 기업의 마인드를 스포츠 부문에 적극적으로 도입할 수 있는 기반을 마련해 줄 수 있으며, 이를 통하여 체육 관련 분야 재원의 다변화와 민간 자원에 의한 체육 진흥의 기반을 마련할 수 있을 것으로 본다.

백우열 외(2015)는 스포츠산업의 중요성을 다음과 같이 구분하고 있다.

첫째, 고부가가치 산업으로 오늘날 스포츠산업은 '굴뚝 없는 산업'이라고 한다. 이는 스포츠산업이 여타 산업과의 높은 연계성을 기반으로 21세기형 고부가 가치 산업이라는 인식에서 기인하는 것으로 볼 수 있다.

둘째, 성장잠재력을 지닌 산업으로 스포츠산업은 제조업, 서비스업, 유통업 등을 포함하고 있어 2차 산업과 3차 산업이 혼재된 복합 산업으로서 무한한 성장잠재력을 지니고 있다.

셋째, 미디어적 가치를 지닌 산업으로 스포츠와 미디어는 상호 협력의 형태로 지속적으로 발전해 오고 있다. 스포츠 중계 등을 위한 기술 발전이 미디어에 영향을 미쳤고, 미디어를 통한 스포츠 정보 제공은 스포츠에 대한 수요 확장에 큰 역할을 해왔다.

넷째, 국민복지에 기여하는 산업으로 스포츠산업이 활성화되면 국민 삶의 질적 향상에 크게 기여할 수 있다. 정부의 적극적인 스포츠산업 활성화 정책과 더불어 국민의 스포츠에 대한 인식 변화는 스포츠산업 발전의 동력이 되고 있다.

KEY POINT • • •

스포츠산업의 중요성
- **고부가가치 산업**
- **성장잠재력을 가진 산업**
- **미디어적 가치를 가진 산업**
- **국민복지에 기여하는 산업**

2) 국내 스포츠산업의 현황

스포츠산업은 스포츠 고유의 특성과 스포츠와 대중의 조화를 통해 지속적으로 이어지는 스포츠 문화, 그리고 스포츠로 인해 발생하는 경제적인 현상과 밀접한 관련이 있다.

KEY POINT • • •

이와 관련해 통계청(2017)에서 조사한 국내 연도별 GDP 대비 스포츠산업 규모의 발전 현황을 살펴보면 다음 표 1-3과 같다. 2005년 GDP 대비 스포츠산업의 규모는 2.24%를 차지했다. 이는 2006년 2.44%, 2007년 2.58%, 2008년 2.57%, 2009년 3.18%로 급상승하는 추이를 보였다. 이후 2010년 스포츠산업의 비율이 조금 하향세를 보이고 있지만 많은 성장을 했다고 볼 수 있다.

〈표 1-3〉 연도별 GDP대비 스포츠산업 규모

단위: 억원, %

	GDP(억원)	스포츠산업규모(억원)	GDP대비 스포츠산업비율(%)
2005	8,479,000	196,507	2.24
2006	9,159,000	223,642	2.44
2007	9,012,000	232,698	2.58
2008	10,239,000	263,614	2.57
2009	10,500,000	334,560	3.18
2010	11,720,000	344,820	2.94
2011	12,370,000	360,513	2.95

출처: 통계청(2017).

5 스포츠산업의 분류

1) 스포츠산업 특수 분류 v.1.0

스포츠산업은 스포츠 활동과 관련된 경제활동이 하나로 융합된 산업으로 오늘날과 같이 스포츠 관련 상품이 지속적으로 생겨나는 복합적인 산업 영역이 확대되고 있기 때문에 진행 중이기 때문에 스포츠산업의 분류는 매우 복잡하다. 하지만 국내에서는 2001년 1월 스포츠산업 특수 분류 v1.0이 제정되었고, 대분류 3, 중분류 12, 소분류 23으로 구성되었다(스포츠산업백서, 2016).

〈표 1-4〉 스포츠산업 특수 분류 v1.0(2000.1)

그룹	KSIC	항목명	품목명
1		• 운동 및 경기용품 제조업	
1-1	18141	• 셔츠 및 체육복 제조업	스포츠의류 제조
1-2	19302	• 기타 신발 제조업	경기용 및 특수용 신발 제조
1-3		• 운동 및 경기용구 제조업	
1-3-1	36931	• 체조, 육상 및 체력단련장비제조업	
1-3-2	36932	• 놀이터용 장비 제조업	
1-3-3	36933	• 낚시 및 수렵용구 제조업	
1-3-4	36939	• 기타 운동 및 경기용구 제조업	
2		• 경기 및 오락 스포츠업	
2-1		• 경기장 운영업	
2-1-1	88311	• 실내경기장 운영업	
2-1-2	88312	• 실외경기장 운영업	
2-1-3	88313	• 경마 및 경주장 운영업	
2-2		• 경기 전문 종사업	
2-2-1	88321	• 프로 및 실업 경기단체	
2-2-2	88329	• 기타 경기 전문종사업	
2-3		• 골프장 및 스키장 운영업	
2-3-1	88331	• 골프장 운영업	
2-3-2	88332	• 스키장 운영업	
2-4		• 기타 운동시설 운영업	
2-4-1	88391	• 체력단련시설 운영업	
2-4-2	88392	• 수영장 운영업	
2-4-3	88393	• 볼링장 운영업	
2-4-4	88394	• 당구장 운영업	
2-4-5	88395	• 종합오락운동시설 운영업	
2-4-6	88399	• 그 외 기타 운동시설 운영업	

그룹	KSIC	항목명	품목명
2-5		• 수상스포츠시설 운영업	
2-5-1	88921	• 해수욕장 운영업	
2-5-2	88929	• 기타 수상오락 서비스업	수상 스포츠시설 운영
2-9		• 기타 경기 및 오락 스포츠업	
2-9-1	75995	• 연예인 및 기타 공인 매니저업	스포츠인 매니저
2-9-2		• 그 외 기타 경기 및 오락 스포츠업	
3		• 운동 및 경기용품 유통 및 임대업	
3-1	51474	• 운동 및 경기용품 도매업	
3-2		• 운동, 경기용품 및 자전거 소매업	
3-2-1	52641	• 운동 및 경기용품 소매업	
3-2-2	52642	• 자전거 및 기타 운송장비 소매업	자전거 소매업
3-3	71303	• 경기 및 여가용품 임대업	

출처: 스포츠산업백서(2016).

KEY POINT • • •

2) 스포츠산업 특수 분류 v.2.0

2008년 6월 스포츠산업 특수 분류 v1.0을 개정한 스포츠산업 특수 분류 v2.0은 대분류 4, 중분류 15, 소분류 46으로 구성되어 있으며, 스포츠산업의 현실을 반영하기 위해서 소분류 항목에 스포츠미디어(스포츠 방송업, 스포츠 신문업) 분야가 추가되었다(스포츠산업백서, 2016). 스포츠산업 특수 분류 v2.0의 구체적인 분류 내용은 표 1-5와 같다.

〈표 1-5〉 스포츠산업 특수 분류 v2.0(2008.6)

대분류	중분류	중분류명	세분류	KSIC	산업분류명	품목명
1. 운동 및 경기용품 제조업	1-1	기타 비알콜음료 제조업	1-1-1	11209	기타 비알콜음료 제조업	스포츠음료(알카리성 이온음료)
	1-2	섬유제품 및 의복 제조업	1-2-1	13224	천막 및 기타 캔버스 제품 제조업	캠핑용 직물제품
			1-2-2	13229	기타 직물제품 제조업	구명자켓, 구명벨트
			1-2-3	14191	셔츠 및 체육복 제조업	스포츠의류 제조
			1-2-4	14199	그 외 기타 봉제의복 제조업	스포츠의류 부분품
1. 운동 및 경기용품 제조업	1-3	가방 및 신발 제조업	1-3-1	15129	가방 및 기타 보호용 케이스 제조업	등산용 배낭
			1-3-2	15219	기타 신발 제조업	경기용 및 특수용 신발 제조
			1-3-3	15220	신발부분품 제조업	경기용 운동화 부분품
	1-4	운동 및 경기용구 제조업	1-4-1	25200	무기 및 총포탄 제조업	수렵용 공기총, 경기용 총포탄
			1-4-2	31120	오락 및 스포츠용 보트 건조업	범선, 요트, 카누, 카약
			1-4-3	31991	자전거 및 환자용 차량 제조업	스포츠용 자전거, 자전거 부품
			1-4-4	33301	체조, 육상 및 체력단련용 장비 제조업	
			1-4-5	33302	놀이터용 장비 제조업	
			1-4-6	33303	낚시 및 수렵용구 제조업	
			1-4-7	33309	기타 운동 및 경기용구 제조업	
			1-4-8	33409	기타 오락용품 제조업	볼링용구, 당구용구
			1-4-9	33999	그 외 기타 달리 분류되지 않은 제품 제조업	회전목마, 기타 흥행장용품

대분류	중분류	중분류명	세분류	KSIC	산업분류명	품목명
2. 경기 및 오락 스포츠업	2-1	경기장 운영업	2-1-1	91111	실내경기장 운영업	
			2-1-2	91112	실외경기장 운영업	
			2-1-3	91113	경주장 운영업	
	2-2	기타 스포츠 서비스업	2-2-1	91191	스포츠 클럽 운영업	
			2-2-2	91199	그 외 기타 스포츠 서비스업	*스포츠미디어(방송, 신문)
	2-3	골프장 및 스키장 운영업	2-3-1	91121	골프장 운영업	
			2-3-2	91122	스키장 운영업	
	2-4	기타 스포츠시설 운영업	2-4-1	91131	종합 스포츠시설 운영업	
			2-4-2	91132	체력단련시설 운영업	
			2-4-3	91133	수영장 운영업	
			2-4-4	91134	볼링장 운영업	
			2-4-5	91135	당구장 운영업	
			2-4-6	91136	골프연습장 운영업	
			2-4-7	91139	그 외 기타 스포츠시설 운영업	
			2-4-8	91291	무도장 운영업	무도장
			2-4-9	91292	체육공원 및 유사 공원 운영업	체육공원 운영
2. 경기 및 오락 스포츠업	2-5	수상스포츠시설 운영업	2-5-1	91231	낚시장 운영업	
			2-5-2	91239	기타 수상오락 서비스업	수상스포츠 시설 운영
	2-6	갬블링 및 베팅업	2-6-1	91241	복권발행 및 판매업	스포츠토토
			2-6-2	91249	기타 갬블링 및 베팅업	경마. 경륜. 경정 관련 베팅시설
	2-9	기타 경기 및 오락스포츠업	2-9-1	73901	매니저업	스포츠인 매니저
			2-9-2		그 외 기타 경기 및 오락 스포츠업	

대분류	중분류	중분류명	세분류	KSIC	산업분류명	품목명
3. 운동 및 경기용품 유통·임대업	3-1	운동 및 경기용품 도매업	3-1-1	46464	운동 및 경기용품 도매업	
			3-1-2	46465	자전거 및 기타 운송장비 도매업	스포츠용 자전거 및 부품 도매
	3-2	운동, 경기용품 및 자전거 소매업	3-2-1	47631	운동 및 경기용품 소매업	
			3-2-2	47632	자전거 및 기타 운송장비 소매업	스포츠용 자전거 소매
	3-3	스포츠 및 레크리에이션 용품 임대업	3-3-1	69210	스포츠 및 레크리에이션 용품 임대업	
4. 스포츠 및 레크리에이션 교육기관	4-1	스포츠 및 레크리에이션 교육기관	4-1-1	85611	스포츠 교육기관	
			4-1-2	85612	레크레이션 교육기관	댄스교습

출처 : 통계청. 스포츠산업 특수 분류 v2.0(2013), 스포츠산업백서(2016).

스포츠산업 특수 분류 v2.0의 구체적인 분류 내용에 따르면 스포츠산업은 운동 및 경기용품 제조업, 경기 및 오락 스포츠업, 운동 및 경기용품 유통 및 임대업, 스포츠 및 레크리에이션 교육기관으로 대분류된다. 운동 및 경기용품 제조업은 크게 기타 비알코올음료 제조업, 섬유제품 및 의복 제조업, 가방 및 신발 제조업, 운동 및 경기용구 제조업으로 분류된다. 경기 및 오락 스포츠업은 경기장 운영업, 기타 스포츠서비스업, 골프장 및 스키장 운영업, 기타 스포츠 시설 운영업, 수상스포츠시설 운영업, 갬블링 및 베팅업, 기타 경기 및 오락 스포츠업으로 분류된다. 운동 및 경기용품 유통 및 임대업은 운동 및 경기용품 도매업, 운동, 경기용품 및 자전거 소매업, 스포츠 및 레크리에이션 용품 임대업으로 분류된다.

KEY POINT • • •

3) 스포츠산업 특수 분류 v.3.0

KEY POINT • • •

스포츠산업의 대분류
- **스포츠 시설업**
- **스포츠 용품업**
- **스포츠 서비스업**

스포츠산업 특수 분류 v2.0에 근거하여 시행된 스포츠산업 실태조사는 2010년 11월 국가승인통계(승인번호 제11321호)로 지정되었다. 2011년 기준 스포츠산업 실태조사까지는 스포츠산업 특수 분류 v2.0을 적용하였으나 2012년 12월 스포츠산업 특수 분류 v2.0을 개정하여 2012년 기준 스포츠산업 실태조사부터는 스포츠산업 특수 분류 v3.0을 적용하였다.

스포츠산업 특수 분류 v3.0은 3개의 대분류, 7개의 중분류, 20개의 소분류, 65개의 세분류로 구분된다. 스포츠산업은 대분류의 경우 스포츠 시설업, 스포츠 용품업, 스포츠 서비스업으로 구분된다. 스포츠 시설업은 크게 스포츠시설 운영업, 스포츠시설 건설업으로 분류되고 스포츠 용품업은 운동 및 경기용품 제조업과 운동 및 경기용품 유통 및 임대업으로 분류된다. 스포츠 서비스업은 스포츠 경기 서비스업, 스포츠 정보 서비스업, 스포츠 교육 기관, 기타 스포츠 서비스업으로 분류된다. 스포츠산업 특수 분류 v3.0은 표 1-6과 같고 이를 그림으로 표현한 것이 그림 1-4이다.

〈표 1-6〉 스포츠산업 특수 분류 v3.0(2012.12)

대분류	중분류	중분류명	소분류	세분류	KSIC	산업분류명	품목명
1. 스포츠 시설업	101	스포츠시설 운영업	경기장운영업	1010101	91111	실내경기장 운영업	
				1010102	91112	실외경기장 운영업	
				1010103	91113	경주장 운영업	
			참여스포츠시설 운영업	1010201	91131	종합 스포츠시설 운영업	
				1010202	91132	체력단련시설 운영업	
				1010203	91133	수영장 운영업	
				1010204	91134	볼링장 운영업	
				1010205	91135	당구장 운영업	
				1010206	91136	골프연습장 운영업	
				1010207	91291*	무도장 운영업	
				1010208	91292*	체육공원 및 유사 공원 운영업	
				1010209	91293	기원 운영업	
			골프장 및 스키장 운영업	1010301	91121	골프장 운영업	
				1010302	91122	스키장 운영업	

대분류	중분류	중분류명	소분류	세분류	KSIC	산업분류명	품목명
1. 스포츠 시설업	101	스포츠시설 운영업	수상스포츠시설 운영업	1010401	91231	낚시장 운영업	
				1010499	91239*	기타 수상스포츠시설 운영업	
			기타 스포츠시설 운영업	1019900	91139	그 외 기타 스포츠시설 운영업	
	102	스포츠시설 건설업	스포츠시설 건설업	1020001	41226*	조경 건설업	
				1020002	41229*	기타 토목시설물 건설업	
2. 스포츠 용품업	201	운동 및 경기용품업	운동 및 경기용품 제조업	2010101	33309	기타 운동 및 경기용 장비 제조업	
					33409*	기타 오락용품 제조업	
				2010102	33301	제조, 육상 및 체력단련용 장비 제조업	
				2010103	31991*	자전거 및 환자용 차량 제조업	
				2010104	33303	낚시 및 수렵용구 제조업	
				2010105	33302*	놀이터용 장비 제조업	
				2010106	33999*	그 외 기타 달리 분류되지 않은 제품 제조업	
				2010199	31120*	오락 및 스포츠용 보트 건조업	
					25200*	무기 및 총포탄 제조업	
			스포츠 의류 및 관련 섬유제품 제조업	2010201	14191*	셔츠 및 체육복 제조업	
				2010202	13224*	천막 및 기타 캔버스 제품 제조업	
				2010203	13229*	기타 직물제품 제조업	
				2010204	14199*	그 외 기타 봉제의복 제조업	
			스포츠 가방 및 신발 제조업	2010301	15129*	가방 및 기타 보호용 케이스 제조업	
				2010302	15219*	기타 신발 제조업	
				2010303	15220*	신발부분품 제조업	

대분류	중분류	중분류명	소분류	세분류	KSIC	산업분류명	품목명
2. 스포츠 용품업	202	운동 및 경기용품 유통 및 임대업	운동 및 경기용품 도매업	2020101	46464	운동 및 경기용품 도매업	
					46463*	장난감 및 취미용품 도매업	
				2020102	46465*	자전거 및 기타 운송장비 도매업	
				2020103	46413*	셔츠 및 외의 도매업	
				2020104	46491*	가방 및 여행용품 도매업	
				2020105	46420*	신발 도매업	
	202	운동 및 경기용품 유통 및 임대업	운동 및 경기용품 소매업	2020201	47631	운동 및 경기용품 소매업	
					47640*	게임용구, 인형 및 장난감 소매업	
				2020202	47632	자전거 및 기타 운송장비 소매업	
				2020203	47416*	셔츠 및 기타 의복 소매업	
				2020204	47430*	가방 및 기타 가죽제품 소매업	
	202	운동 및 경기용품 유통 및 임대업	운동 및 경기용품 소매업	2020205	47420*	신발 소매업	
				2020206	47911*	전자상거래업	
					47919*	기타 통신 판매업	
					47993*	그 외 기타 무점포 소매업	
					47999*	방문 판매업	
			운동 및 경기용품 임대업	2020300	69210*	스포츠 및 레크레이션 용품 임대업	
3.스포츠 서비스업	301	스포츠경기 서비스업	스포츠 경기업	3010100	91191	스포츠 클럽 운영업	
			스포츠 베팅업	3010201	91241*	복권발행 및 판매업	
				3010299	91249*	기타 겜블링 및 베팅업	
			스포츠 마케팅업	3010301	73901*	매니저업	
				3010302	73903*	사업 및 무형 재산권 중개업	
				3010303	71531*	경영컨설팅업	
				3010399	91199	그 외 기타스포츠서비스업	

대분류	중분류	중분류명	소분류	세분류	KSIC	산업분류명	품목명
3.스포츠 서비스업	302	스포츠 정보 서비스업	스포츠 미디어업	3020101	58121*	신문 발행업	
				3020102	58122*	잡지 및 정기간행물 발행업	
			스포츠 미디어업	3020103	60100*	라디오 방송업	
				3020104	60210*	지상파 방송업	
				3020105	60221*	프로그램 공급업	
				3020106	60222*	유선 방송업	
				3020107	60229*	위성 및 기타 방송업	
			기타 스포츠 정보 서비스업	3029900	63991*	데이터베이스 및 온라인정보 제공업	
	303	스포츠 교육기관	스포츠 교육기관	3030001	85611	스포츠 교육기관	
				3030099	85612*	기타 스포츠 교육기관	
	399	기타 스포츠 서비스업	스포츠 게임 개발 및 공급업	3990101	58211*	온라인·모바일 스포츠 게임 개발 및 공급업	
				3990199	58219*	기타 게임소프트웨어 개발 및 공급업	
			스포츠 여행업	3990200	75211*	일반 및 국외 여행사업	
					75212*	국내 여행사업	
					75290*	기타 여행보조 및 예약서비스업	

출처 : 통계청. 스포츠산업 특수분류 v3.0(2013).

〈표 1-7〉 국내 스포츠산업 분류(스포츠산업 특수 분류 v3.0)

- **스포츠 시설업**
  - **스포츠시설 운영업**
    - **경기장 운영업**
      - 실내경기장 운영업
      - 실외경기장 운영업
      - 경주장 운영업
    - **참여스포츠 시설 운영업**
      - 종합스포츠 시설 운영업
      - 체력단련시설 운영업
      - 수영장 운영업
      - 볼링장 운영업
      - 당구장 운영업
      - 골프연습장 운영업
      - 스포츠 무도장 운영업
      - 체육공원 운영업
      - 기원 운영업
    - **골프장 및 스키장 운영업**
      - 골프장 운영업
      - 스키장 운영업
    - **수상스포츠 시설 운영업**
      - 낚시장 운영업
      - 기타 수상 스포츠시설 운영업
    - **기타 스포츠 시설 운영업**
      - 기타 스포츠 시설 운영업
  - **스포츠시설 건설업**
    - **스포츠 시설 건설업**
      - 스포츠시설 조경 건설업
      - 스포츠 토목 시설물 건설업
- **스포츠용품업**
  - **운동 및 경기용품업**
    - **운동 및 경기용품 제조업**
      - 운동 및 경기용 장비 제조업
      - 체력단련용 장비 제조업
      - 자전거 제조업
      - 낚시 및 수렵용 장비 제조업
      - 놀이터용 기구 제조업
      - 스포츠 응원 용품업
      - 기타 운동 및 경기용품 제조업
    - **스포츠 의류 및 관련 섬유제품 제조업**
      - 스포츠 의류 제조업
      - 캠핑용 직물제품 제조업
      - 스포츠 관련 직물제품 제조업
      - 스포츠 관련 의류부분제조업
    - **스포츠 가방 및 신발 제조업**
      - 스포츠 가방 제조업
      - 스포츠 신발 제조업
      - 스포츠 관련 신발 부분품 제조업
  - **운동 및 경기용품 유통 및 임대업**
    - **운동 및 경기용품 도매업**
      - 운동 및 경기용구 도매업
      - 자전거 도매업
      - 스포츠 의류 도매업
      - 스포츠 가방 도매업
      - 스포츠 신발 도매업
    - **운동 및 경기용품 소매업**
      - 운동 및 경기용구 소매업
      - 자전거 소매업
      - 스포츠 의류 소매업
      - 스포츠 가방 소매업
      - 스포츠 신발 소매업
      - 스포츠 관련 무점포 소매업
    - **운동 및 경기용품 임대업**
      - 운동 및 경기용품 임대업
- **스포츠서비스업**
  - **스포츠 경기 서비스업**
    - **스포츠 경기업**
      - 스포츠 경기업
    - **스포츠 베팅업**
      - 스포츠 복권 발행 및 판매업
      - 기타 스포츠 베팅업
    - **스포츠 마케팅업**
      - 스포츠 에이전트업
      - 회원권 대행 판매업
      - 스포츠 마케팅 대행업
      - 기타 스포츠 마케팅업
  - **스포츠 정보 서비스업**
    - **스포츠 미디어업**
      - 스포츠 신문 발행업
      - 스포츠 잡지 및 정기 간행물 발행업
      - 스포츠 관련 라디오 방송업
      - 스포츠 관련 지상파 방송업
      - 스포츠 관련 프로그램 공급업
      - 스포츠 관련 유선 방송업
      - 스포츠 관련 위성 및 기타 방송업
    - **기타 스포츠 정보서비스업**
      - 기타 스포츠 정보서비스업
  - **스포츠 교육기관**
    - **스포츠 교육기관**
      - 스포츠 교육기관
      - 기타 스포츠 교육기관
  - **기타 스포츠 서비스업**
    - **스포츠 게임 개발 및 공급업**
      - 온라인·모바일 스포츠 게임 개발 및 공급업
      - 기타 스포츠 게임 개발 및 공급업
    - **스포츠 여행업**
      - 스포츠 여행업

출처 : 통계청, 스포츠산업 특수분류 v3.0(2013), 스포츠산업백서(2016).

1) 시설업

스포츠시설은 운동시설 또는 체육시설을 의미하며, 스포츠를 관람하거나 또는, 직접 참여할 수 있도록 설치된 공간을 말한다. 문화체육관광부는 국내 스포츠시설을 관리 및 설치의 목적에 따라서 공공스포츠, 민간스포츠, 직장스포츠, 학교스포츠로 구분하여 시설을 분류하고 있다.

공공스포츠시설: 민간의 스포츠 활동을 촉진시키기 위하여 제공되는 공간으로 국가 및 지방자치단체 등에서 운영하는 시설

학교스포츠시설: 국·공·사립의 학교에서 교육적 필요성에 의해 체육활동을 실시하기 위하여 설치 및 운영하는 시설

직장스포츠시설: 각종 직장 구성원의 건강 및 여가 증진을 위한 목적으로 운영되는 스포츠시설

민간스포츠시설: 비영리스포츠 시설 혹은 개인·영리단체 등에서 일반인의 스포츠 활동을 할 수 있는 공간을 제공함으로써 고유 목적을 달성하기 위해 운영되는 스포츠시설

KEY POINT • • •

스포츠 시설은 운동시설 또는 체육시설을 의미

스포츠시설의 관리 및 설치 목적에 따라 다음과 같이 구분된다.
- **공공스포츠시설**
- **학교스포츠시설**
- **직장스포츠시설**
- **민간스포츠시설**

〈표 1-8〉 스포츠시설의 분류 기준

분류	내용
활동장소에 의한 분류	실내스포츠, 실외스포츠
연령에 따른 분류	아동용, 청소년용, 성인용, 노인용
생활영역권에 따른 분류	근린스포츠시설, 광역스포츠시설
신체적 특성에 따른 분류	장애인용, 일반인용
설치목적에 따른 분류	공공스포츠, 민간스포츠, 직장스포츠, 학교스포츠

KEY POINT • • •

스포츠시설 이용 도시규모별, 성별, 연령별 모두 공공체육시설의 이용 희망이 가장 높음(통계청, 2012)

스포츠시설 이용과 관련하여 도시규모별, 성별, 연령별 희망 실태조사는 다음 〈표 1-9〉와 같다. 대도시의 경우 공공체육시설이 79.3%로 이용 희망정도가 가장 높았고, 이어 민간/상업체육시설이 37.4%, 학교체육시설이 31.8%, 민간 비영리 시설이 7.4%, 직장체육시설이 3.8%의 결과가 나타났다. 중소도시는 공공체육시설이 75.2%로 이용희망정도가 가장 높았고, 이어 민간/상업체육시설이 29.1%, 학교체육시설이 27.6%, 민간 비영리시설이 6.7%, 직장체육시설이 3.4%로 나타났다. 읍 · 면 이하는 공공체육시설이 74.3%로 이용희망정도가 가장 높았고, 이어 학교체육시설이 22.5%, 민간/상업체육시설은 13.6%, 민간비영리시설은 5.2%, 직장체육시설은 3.2% 순으로 나타났다.

성별에 따르면 남자는 공공체육시설이 76.1%로 이용 희망정도가 높았고, 이어 민간/상업체육시설이 32%, 학교체육시설이 31.3%, 민간비영리시설이 6.5%, 직장 체육시설이 3.9% 순으로 나타났다. 여자는 공공체육시설이 77.8%로 이용 희망 정도가 높았고, 민간/상업체육시설이 29.3%, 학교체육시설은 26,2%, 민간 비영리시설은 7.2%, 직장체육시설은 3.2% 순으로 나타났다.

연령별에 따르면 10대~70대까지 모든 연령이 공공체육시설에 대한 이용 희망정도가 가장 높게 나타났다. 반면, 10대, 60대, 70대는 공공체육시설 다음으로 학교체육시설(41.8%)에 대한 희망 정도가 높게 나타났다.

〈표 1-9〉 스포츠시설 이용 희망 실태조사(2012)

단위:%

대분류	중분류	민간비영리시설	학교체육시설	민간/상업 체육시설	직장 체육시설	공공체육시설
도시규모별	대도시	7.4	31.8	37.4	3.8	79.3
	중소도시	6.7	27.6	29.1	3.4	75.2
	읍·면 이하	5.2	22.5	13.6	3.2	74.3
성별	남자	6.5	31.3	32	3.9	76.1
	여자	7.2	26.2	29.3	3.2	77.8
연령별	10대	5.1	41.8	31.3	2.8	69.9
	20대	8	27.6	42.6	2.6	74.2
	30대	8	26.9	37.3	5.4	79.7
	40대	7.1	29.4	31.7	3.8	79.2
	50대	7.9	25.8	26.5	4.4	81.1
	60대	6	26.3	22.2	2.7	80
	70대 이상	3.4	19.3	9.1	1	71.5

자료: 통계청(2012)

통계청(2015)에서 스포츠 시설업과 관련해 년도 별 매출액 변화 조사에 따르면, 골프장 및 스키장 운영업의 매출액이 가장 높은 매출액을 보이는 것으로 나타났고, 급격하게 매출액의 변화를 보인 시설업은 경기장 운영업 중 실내경기장 운영업, 참여스포츠시설 운영업 중 체력단련시설 운영업, 수영장 운영업, 당구장 운영업, 체육공원 운영업 등으로 나타났다. 반면, 스포츠 건설업은 매출액이 하향세를 보였다.

KEY POINT • • •

〈표 1-10〉 스포츠 시설업 년도별 매출액 변화

분류1	분류2	2012	2013	2014	2015
경기장 운영업	실내 경기장 운영업	85	196	193	204
	실외 경기장 운영업	178	162	188	192
	경주장 운영업	2,910	2,977	3,160	3,449
참여스포츠시설 운영업	종합 스포츠시설 운영업	1,153	1,007	803	881
	체력단련시설 운영업	525	898	1,064	1,120
	수영장 운영업	132	216	198	207
	볼링장 운영업	85	137	125	130
	당구장 운영업	320	595	584	605
	골프연습장 운영업	932	1,376	1,467	1,543
	스포츠 무도장 운영업	9	9	9	10
	체육공원 운영업	60	153	176	184
	기원 운영업	25	32	33	26
골프장 및 스키장 운영업	골프장 운영업	2,967	4,022	4,308	4,728
	스키장 운영업	416	877	816	833
수상스포츠시설 운영업	낚시장 운영업	25	27	38	36
	기타 수상스포츠 시설 운영업	40	51	54	58
스포츠 건설업	스포츠시설 건설업	995	833	1,144	1,233
	스포츠 토목시설물 건설업	962	453	507	530
기타 스포츠시설 운영업	기타 스포츠시설 운영업	150	200	228	248

자료: 통계청(2015)

사례로 접근하기

프로 스포츠 경기장의 가치 - Value of Professional Sporting Venues

출처: https://www.osu.edu/

[그림 1-2] Ohio State University Football Stadium

미국에는 수많은 브랜드의 옷이 팔리고 있다. 많은 해외 상품들이 한국에도 수입돼 요즘에는 웬만한 브랜드의 옷은 한국에서도 쉽게 찾아볼 수 있다. 그런데 미국인들이 가장 선호하는 패션 브랜드는 무엇일까?

한 조사에 의하면 놀랍게도 자기가 응원하는 프로 또는 대학 스포츠팀의 로고가 새겨진 옷이라는 결과가 있다. 이처럼 미국의 프로와 대학스포츠는 지역사회(community)와의 밀착을 통해 살아간다.

NFL(미식축구) 32팀, MLB(야구) 30팀, NBA(농구) 30팀, NHL(아이스하키) 30팀으로 미국 4대 메이저 프로스포츠는 총 122팀을 가지고 있다. 여기에 최근 가파른 성장세를 보이는 MLS(축구) 20팀까지 합치면 144팀이 된다. 그리고 이 모든 팀들은 홈 경기장을 가지고 있다. 비록 일부 경기장들은 두 개 이상 팀을 위해 함께 사용되고 있지만, 미국 전역에 걸쳐 100개 이상의 프로스포츠 경기장(이하 프로 경기장)이 지어졌고, 현재 활용되고 있다. 여기에 하부리그 팀을 위한 경기장까지 포함하면 그 숫자는 더욱 늘어난다.

그렇다면 이 프로 경기장들은 누구의 돈으로 지어진 것일까? 한국에 알려진 바와는 다르게 100% 사적 자금 (private funding)으로 지어진 경기장은 많지 않다. 건설자금의 일부를 지원하거나 대지를 저렴한 비용에 매각 또는 장기임대하는 등 여러 가지 형태로 공적자금(tax money)이 투입되었다.

지난 2014년 NFL 마이애미 돌핀스의 구단주이며 선 라이프 스타디움의 소유주인 스테판 로스는 4,000억 원($350 million USD)을 선 라이프 스타디움의 리모델링에 투자하기로 결정했다. 이에 대해 지자체는 마이애미 돌핀스 구단에 매년 35억 원($3 million USD)의 소비세(sale tax)를 향후 30년간 돌려주는 방식으로 리모델링 지원을 고려하고 있다. 또 다른 형태의 공적자금 투입인 셈이다.

출처: https://commons.wikimedia.org/wiki/File:Sun_Life_Stadium_aerial_2012.jpg

[그림 1-3] 선라이프 스타디움

흔히들 프로 경기장의 가치는 수익창출(revenue generation)에 있다고 한다. 맞는 얘기다육프로스포츠 구단(이하 구단)은 다른 분야의 기업들과 마찬가지로 스포츠라는 콘텐츠를 가지고 경제활동을 하는 이익집단이다.

위에서 언급한 스테판 로스는 4,000억 원을 투자해 마이애미 돌핀스의 8번 홈 경기뿐만 아니라 65,000명이 모이는 대형콘서트, 슈퍼볼, 대학미식축구 플레이오프, 그리고 나아가 2026년에 열릴 가능성이 있는 미국 월드컵 경기 개최를 통해 더 큰 이익을 바라보고 있다.

새롭게 건설된 경기장이나 리모델링을 통해 더 나은 고객 경험(guest experience)을 제공하는 경기장이 더 많은 수익을 창출한다는 사실은 과거 많은 사례를 통해 증명되었다. 필자가 최근 디자인한 보스턴 셀틱스와 브루인스의 홈 경기장인 TD 가든의 리모델링도 티켓 매출(gate revenue) 8%, 식음료 매출(F&B revenue) 40%, 스폰서십 매출(sponsorship revenue) 150% 증대를 가져왔다.

하지만 프로경기장의 가치(value)가 구단이나 경기장 운영자의 수익창출에만 있다면 공적자금이 투입될 이유가 없다. 미국에도 프로경기장 건설에 공적자금이 쓰이는 것에 대해 많은 비판적 시각이 존재한다.

시민의 세금으로 사기업(구단이나 경기장 운영자)의 배를 불린다-실제 지역 경제에 미치는 영향이 미비하다-장기적인 일자리 창출과 세금수입 등의 경제 효과가 경기장에 투입된 세금보다 크지 않다는 등의 얘기는 새로운 경기장 건설 시 항상 거론되고 있다. 그럼에도 불구하고 아직도 프로경기장 건설에 공적자금은 투입되고 있다. 공적자금이 쓰일 때는 반드시 공공의 이익(public benefit)이 따라와야 한다. 즉, 프로경기장의 가치가 구단의 수익창출에만 있지 않고 공공성에도 있어야 한다는 말이다.

간단히 생각해보면 경기장의 공공성은 시민 누구나 최소한의 비용으로 경기장에서 만들어지는 컨텐츠를 즐길 수 있어야 하고 경기장을 활용할 수 있을 때 얻어진다. 하지만 프로경기장의 특성상 이러한 측면에서의 공공성은 쉽게 얻어질 수 없다.

오히려 정반대로 운영되는 것이 프로경기장이다. 여기서 우리는 프로경기장의 공공성을 다르게 정의할 필요를 가진다. 시민의 활용도를 넘어, 경기장이 성공적으로 운영돼 구단과 경기장이 지역사회의 자랑(civic pride)이 되며 경기장의 수익창출이 지역의 수익창출과 연결될 때 비로소 진정한 공공성을 지니게 될 것이다.

미국의 지자체가 프로 경기장의 건설에 공적자금을 투입하는 이유 또한 이러한 맥락에서 이해해야 한다. 다른 의미에서 공공성을 추구하는 것이다. 이런 면에서 보면 한국의 일부 프로경기장들이 지역사회에 혐오시설로 인식되고 있다는 현실이 안타깝게 다가온다.

출처: http://news.naver.com/main/read.nhn?mode=LSD&mid=sec&sid1=102&oid=277&aid=0003645981

[그림 1-4] 광주 KIA 챔피언스 필드

최근에 개정된 스포츠산업 진흥법은 구단이 경기장을 장기임대하고 운영할 수 있는 기반을 마련했다. 이에 따라 각 구단은 경기장 운영권을 가져가기를 기대하고 있다. 그런데 과연 한국에 경기장을 제대로 운영할 능력과 조직을 갖춘 구단이 얼마나 있는지 의문이 든다. 경기장 운영은 많은 인력과 전문성을 요구한다.

구단은 경기장 운영권을 가져오기 전에 철저한 준비 작업을 해야 한다. 그렇게 해야만 위에서 얘기한 프로 경기장의 두 가지 가치인 수익창출과 공공성을 다 실현할 수 있을 것이다. 또한, 이러한 가치 실현을 통해 미래의 한국 프로 경기장 건설과 리모델링에 사적자금과 공적자금이 함께 적절히 투입될 수 있는 바탕을 마련함으로써 진정한 한국 프로경기장의 발전을 이룰 수 있을 것이다.

출처: http://siri.or.kr/2016/08/%ed%94%84%eb%a1%9c-%ec%8a%a4%ed%8f%ac%ec%b8%a0-%ea%b2%bd%ea%b8%b0%ec%9e%a5%ec%9d%98-%ea%b0%80%ec%b9%98-value-of-professional-sporting-venues/

KEY POINT • • •

스포츠용품업은 기호성이 높은 특성을 가짐

2) 용품업

스포츠용품은 특정한 경기종목을 수행하기 위하여 소비자들이 구매하는 것으로 기호성이 높은 특성을 갖는다. 이러한 스포츠용품에는 스포츠 활동에서 필요한 신발류, 의류, 용 · 기구류 등을 포함하며 스포츠 동호인, 아마추어, 엘리트 등의 소비자들을 대상으로 한다. 통계청(2015)에서 보면 스포츠용품 산업의 규모는 대중들의 여가시간이 증대됨에 따라 국내 스포츠용품 시장의 규모가 상당히 증가한 것으로 보인다. 특히, 스포츠 신발 및 의류는 꾸준히 증가세를 보였고, 레저 스포츠의 유행과 미디어의 잦은 노출로 인해 자전거 관련 용품이 증가세를 나타냈다.

〈표 1-11〉 스포츠용품업 년도별 매출액 변화

대분류	중분류	2012	2013	2014	2015
스포츠의류 및 관련 섬유제품 제조업	스포츠 의류 제조업	3,159	3,535	3,947	4,054
	캠핑용 직물제품 제조업	328	95	99	105
	스포츠관련 직물제품 제조업	61	84	77	78
	스포츠관련 의류 부분품 제조업	37	49	41	42
스포츠가방 및 신발 제조업	스포츠 가방 제조업	220	165	103	107
	스포츠 신발 제조업	276	743	725	752
	스포츠관련 신발부분품 제조업	576	291	271	276
운동 및 경기용품 제조업	운동 및 경기용 장비 제조업	581	488	446	483
	체력단련용 장비 제조업	444	414	340	368
	자전거 제조업	43	63	91	93
	낚시 및 수렵용 장비 제조업	614	315	351	363
	놀이터용 기구 제조업	60	99	140	147
	스포츠 응원용품업	9	24	12	12
	기타 운동 및 경기용품 제조업	248	179	181	197

운동 및 경기용품 도매업	운동 및 경기용구 도매업	4,269	4,968	4,904	5,011
	자전거 도매업	278	326	510	535
	스포츠 의류 도매업	2,660	1,604	1,956	2,070
	스포츠 가방 도매업	41	88	125	128
	스포츠 신발 도매업	1,593	2,163	2,180	2,393
운동 및 경기용품 소매업	운동 및 경기용구 소매업	3,131	3,653	3,910	3,714
	자전거 소매업	332	525	604	647
	스포츠 의류 소매업	5,623	6,793	6,364	6,854
	스포츠 가방 소매업	19	77	32	31
	스포츠 신발 소매업	168	3,667	3,309	3,470
	스포츠 관련 무점포 소매업	2,403	576	556	585
운동 및 경기용품 임대업	운동 및 경기용품 임대업	64	117	102	101

출처: 통계청(2015).

대중들의 여가시간이 증대되고, 삶의 질 향상 및 다양한 여가생활에 대한 욕구가 더욱 증대되면서 스포츠용품을 구매하는 스포츠 소비자들의 특성도 도시 규모별, 성별, 연령, 직업 등의 분류에 따라 다양하게 나타나고 있다. 통계청(2016)은 이러한 스포츠 소비자들의 분류 기준에 따른 구매 성향에 대한 조사를 실시하였다.

KEY POINT • • •

스포츠용품을 구매하는 소비자의 특성은 다양하게 분류되고 있음

〈표 1-12〉 2016년 스포츠용품 구매 현황

대분류	중분류	스포츠 신발류	스포츠 의류	라켓류	구기류	기타
도시규모별	대도시	79.7	74	4.1	3.8	1.7
	중소도시	73.5	74.2	5.6	4.6	1.6
	읍, 면 이하	70.9	73.2	6.5	5.6	1.5
성별	남자	79.3	74.4	6.9	5.8	1.9
	여자	72	73.4	2.8	2.7	1.3

대분류	중분류	스포츠 신발류	스포츠 의류	라켓류	구기류	기타
연령별	10대	85.4	54.3	4.9	4.7	0.5
	20대	77.7	75.5	4	4.7	1.5
	30대	76.8	78	6	6.3	2.3
	40대	74.7	79.5	6.4	3.8	1.4
	50대	72.2	79.2	4.5	3.8	2.2
	60대	67.5	73.7	4.6	3.7	1.5
	70대 이상	78.3	61	2.9	1.8	1.2
직업별	관리자	66	85	15.3	3.6	0
	전문가 및 관련종사자	79.1	85.9	11.2	13	8.1
	사무 종사자	78.7	82.9	5.7	3.7	2.1
	서비스 종사자	72.2	76.2	4.2	4.6	2.1
	판매 종사자	75.6	77.2	6	4.9	0.6
	농림어업 숙련종사자	79	60.6	3.5	1.9	0.6
	기능원 및 관련기능	83.7	67.8	2.8	6.8	1.6
	장치/기계조작 및 조립	72.2	79.9	5.4	8.6	5.7
	단순노무종사자	73.1	68.4	8.2	3.3	0.2
	군인	52	46.1	19.4	0	0
	전업주부	67	75.5	2.4	2.2	1.5
	학생	83	60.4	4.1	4.6	0.4
	무직/기타	72.3	63.6	6.7	3.6	2.4

출처: 통계청(2016).

KEY POINT • • •

스포츠서비스업은 관람스포츠를 중심으로 이루어짐

경기업, 마케팅업, 정보업 등이 스포츠 서비스업에 해당

3) 서비스업

스포츠 서비스업은 관람 스포츠를 중심으로 주로 이루어지며, 스포츠와 관련된 경기업, 마케팅업, 정보업 등이 이에 해당되며, 이와 유사한 업종으로 마케팅 대행업, 이벤트 계획 및 관리업, 에이전시 등을 말한다.

스포츠 서비스업과 관련한 사업체의 수는 국민들의 여가생활 증가됨에 따라 더욱 활성화되고 많은 발전을 보이고 있다. 특히, 지속적인 미디어 매체 노출을 통해 스포츠 및 레크리에이션 교육기관과 대중적인 스포츠로 자리 잡은 골프장과 스키업의 경우 그 발전 규모가 상당히 크게 나타나고 있으며, 시설 경기장의 운영도 지속적으로 증가 추세를 보이고 있다.

〈표 1-13〉 스포츠 서비스업 사업체 수 현황

단위: 개

대분류	중분류	사업체수 (2011)	사업체수 (2012)	사업체 (2013)
경기 및 오락서비스업	경기장 운영업	193	170	656
	기타 스포츠 서비스업	441	416	393
	골프장 및 스키장 운영업	353	382	31,803
	수상스포츠시설 운영업	31,350	31,959	1,197
	갬블링 및 베팅업	1,169	1,162	56
	기타	52	55	27
스포츠 교육서비스업	스포츠 및 레크리에이션 교육기관	916	766	21,571

출처: 통계청(2013).

스포츠서비스업의 사업체 수가 지속적으로 증가하고 있는 업종의 경우는 서비스업의 매출액에 대한 변화도 대부분 증가 추세를 보였다. 특히, 스포츠 여행업의 경우 2012년과 비교해 2015년 2배 이상의 증가추세를 보이고 있고, 스포츠 미디어업의 매출액을 살펴보면, 스마트폰 보급의 대중화가 이루어지기 시작하면서 스포츠신문의 발행업, 스포츠잡지 및 정기간행물 발행업 등의 매출액 증가는 부진한 결과를 보이고 있다. 반면, 다양한 스포츠 채널의 제공, SNS를 활용한 스포츠 주요장면 제공 및 스마트폰을 활용한 웹사이트 정보검색 등을 통해 스포츠 관련 유선 방송업과 기타 방송업의 매출은 꾸준히 증가추세를 보이고 있다.

또한, e-스포츠의 스포츠 종목으로 인정받기 시작하면서 온라인과 기타 스포츠 게임 개발 및 공급의 증가 추세도 높게 나타나고 있으며, 스포츠 선수들의 영웅화를 통하여 선수들의 뒤를 따라가고자 하는 부모 및 유아·어린이들의 욕구가 늘어남에 따라 스포츠 교육기관의 매출은 지속적으로 증가추세를 보이고 있다.

KEY POINT • • •

스포츠서비스업의 발행업은 스포츠 채널의 다양화, SNS 활용 등의 인터넷 사용 증가로 감소를 보이고 미디어업이 상승세를 보임

〈표 1-14〉 스포츠 서비스업 년도별 매출액 변화

분류1	분류2	2012	2013	2014	2015
스포츠 경기업	스포츠 경기업	715	478	647	655
스포츠 베팅업	스포츠 복권발행 및 판매업	189	252	250	244
	기타 베팅업	11,759	9,045	8,270	7,547
스포츠 여행업	스포츠 여행업	886	1,314	1,643	1,761
스포츠 마케팅업	스포츠 에이전트업	31	17	21	20
	회원권 대행 판매업	184	111	167	168
	스포츠 마케팅 대행업	15	7	9	8
	기타 스포츠 마케팅업	825	1,170	1,178	1,266
스포츠 미디어업	스포츠 신문 발행업	170	112	63	61
	스포츠 잡지 및 정기간행물 발행업	23	14	24	25
	스포츠 관련 프로그램 공급업	120	54	49	104
	스포츠 관련 유선 방송업	53	95	122	-
	스포츠 관련 위성 및 기타 방송업	143	134	176	183
스포츠 교육기관	스포츠 교육기관	1,055	1,266	1,426	1,531
	기타 스포츠 교육기관	143	95	135	135
스포츠 게임 개발 및 공급업	온라인·모바일 스포츠게임 개발 및 공급업	1,875	1,986	2,115	2,194
	기타 스포츠 게임 개발 및 공급업	49	342	372	400
기타 스포츠 정보 서비스업	기타 스포츠 정보 서비스업	38	8	11	10

출처: 통계청(2013).

KEY POINT • • •

6 스포츠산업의 발전 방안

스포츠산업은 스포츠서비스업, 스포츠 시설업, 스포츠용품업이라는 이질적인 부문의 집합체로써 시장특성, 생산과정, 제품특성이 매우 상이할 뿐만 아니라 하위 영역간 결합을 통하여 새로운 사업 역영으로 등장할 수 있는 개척 분야가 다양하다. 따라서 향후 스포츠산업의 지속적인 발전을 도모하기 위해서는 스포츠산업의 하위 분야별 특성을 고려한 종합적이고, 다원적 육성 전략이 요구된다.

1) 스포츠산업 전담 부서 및 기구 설치

현재 우리나라 스포츠산업 관련 정부조직은 문화체육관광부에서 담당하고 있다. 그러나 현재 문화체육관광부의 체육국은 엘리트체육, 생활체육, 체육교류 등 방대한 체육행정 업무를 담당하고 있어 현대의 조직으로는 체육의 공공적, 생산적 가치를 개발하고, 실천하는 업무를 감당하기에 역부족인 상황에 처해 있다. 특히, 스포츠산업 육성과 같이 새로운 인력수요와 정책개발이 요구되는 정책사업의 경우 기존의 정부 체육조직만으로는 효율적이고 합리적인 정책 수립 및 집행에 한계가 있다. 따라서 이와 같은 한계를 극복하고 스포츠산업 관련 정책의 원활한 추진을 위해서는 현재의 문화관광부 체육국의 조직을 확대, 개편하여 과 단위의 스포츠산업 전담 부서의 설치는 효율적이고, 합리적인 스포츠산업 정책의 수립 및 집행에 기여할 수 있을 뿐만 아니라, 그동안 과중한 업무 분장으로 인하여 원활한 체육정책 업무를 추진하는데 제한을 받아 온 체육국의 기능을 정상화시킬 수 있다는 점에서 시급히 선결되어야 할 과제라 할 수 있다.

정부조직 내 스포츠산업 전담 부서의 설치와 함께 민간차원의 스포츠산업 육성 전문단체의 설립 또한 21세기 스포츠산업의 발전을 위하여 적극적으로 추진되어야 할 과제이다. 스포츠산업의 발전은 복잡한 환경의 영향을 받게 되므로 육성지원사업의 성공은 현장과의 협력적 관계와 원활할 커뮤니케이션 및 피드백이 관건이 된다. 특히 정부조직처럼 연단위의 예산 및 산업관리 형태로는 현장요구에 따른 다양한 신규 사업의 추진 및 민간기업의 지원 수요에 대한 즉시 대처가 어려울 것으로 전망된다.

KEY POINT • • •

스포츠산업 관련 정책의 원활한 추진을 위한 방안

- **문화체육관광부의 체육관련 조직을 확대**
- **정부조직 내 스포츠산업 관련 전담 부서의 설치**
- **민간차원의 스포츠산업육성의 전문단체 설립**

KEY POINT • • •

따라서 스포츠산업 정책과 관련된 정책 수행의 효율성을 합리성을 제고하고 스포츠산업을 21세기 신산업으로 육성하기 위해서는 가칭 '스포츠산업 육성재단'의 설립이 절대적으로 요청된다고 하겠다.

스포츠산업 육성재단의 설립은 최근의 기업 추세인 '지식정보의 집약형 벤처기업'의 창업지원 등이 가능한 지원 체계를 구축할 수 있도록 '벤처형 창업모델'을 적용하는 것이 바람직할 것으로 판단된다. 또한, 재단 운영의 측면에서도 지원은 하되 간섭은 배제하여 민간의 창의성을 최대한으로 배려함과 동시에 사업시행 초기 단계에는 기본시설 확보, 인력양성, 정보화를 위한 데이터베이스 구축 등 원스톱서비스 기반마련을 위한 공익성 투자에 대하여 정부의 지원을 아끼지 말아야 할 것이다.

2) 마케팅 역량 강화

스포츠산업의 지속적인 발전과 진흥을 위한 방안
- **스포츠산업 관련 인적 자원의 개발 시스템 구축**
- **체육단체 및 시설 경영의 합리성 제고**
- **공공체육시설 서비스를 수급반식 및 질적 개선을 도모를 위한 공공체육시설 인력의 연수 사업을 실시**

스포츠산업진흥의 핵심요소는 전문 인력의 확보와 이들에 의해서 창안되어 실행되는 아이디어이다. 따라서 스포츠산업의 지속적인 발전과 진흥을 위해서는 스포츠산업 관련 인적 자원의 개발 시스템의 구축은 물론 체육단체 및 시설 경영의 합리성 제고를 통하여 마케팅 역량을 강화하여야 할 것이다. 이를 위해서는 먼저 스포츠산업 전문 인력 양성 시스템 구축을 통하여 스포츠경영, 스포츠마케팅 등의 전문가 수요에 부응할 수 있는 선진지식 및 실용기법 연수 여건을 마련하여야 할 것이다. 스포츠산업 전문 인력의 발굴, 육성에 필요한 실무형 교육 시스템의 구축은 체육단체, 스포츠사업체, 스포츠시설 등의 경영 효율성 제고 및 신규 사업영역의 개발에 필요한 전문 인력의 원활한 공급을 가능하게 할 뿐만 아니라 스포츠산업 부문과 인적 네트워크 구성을 통하여 시너지 효과를 극대화할 수 있을 것으로 기대된다.

KEY POINT • • •

둘째, 아마추어 스포츠 조직의 경영여건을 개선할 수 있도록 스포츠마케팅 연계 지원 및 스포츠산업 전문가 육성 프로그램을 활용하여 경영 합리화를 위한 모델을 개발, 교육해야 할 것이다. 이와 같은 아마추어 체육단체의 마케팅 역량 강화 및 경영여건 개선은 다양한 마케팅 사업의 전개를 통한 단체의 재정자립도에 기여할 수 있을 뿐 아니라 선진국형 스포츠 조직 경영체계의 조직정착에 기여할 수 있을 것으로 전망된다.

셋째, 공공체육시설 관리자의 전문성 및 경영마인드를 제고하고, 공공체육시설 서비스를 수급반식 및 질적 개선을 도모할 수 있도록 지방자치단체 및 공공체육시설 관리자를 대상으로 한 공공체육시설 관리인력 연수 사업을 실시하여야 할 것이다. 공공 체육시설 관리인력 연수사업은 공공체육 관리 인력의 실무능력과 경영 마인드를 제고시킴으로써 소극적 시설관리 행정 관행을 개선할 수 있을 뿐만 아니라 효율적 시설관리를 통한 시설 운영수지 제고 및 운영경비 절감을 기대할 수 있을 것이다.

3) 정보기술 개발

스포츠산업 관련 정보 및 기술개발은 스포츠 산업의 지식기반 확충에 필요한 지적 인프라를 제공한다는 점에서 스포츠산업의 성패를 좌우하는 중요한 열쇠가 된다. 스포츠산업 정보 및 기술개발을 위해서는 먼저 스포츠산업백서 발간, 스폰서십 효과분석, 스포츠소비자 행동 조사연구 등과 같은 스포츠 산업 및 마케팅 연구 사업을 활성화시켜야 할 것이다. 이와 같은 연구 사업은 스포츠산업, 마케팅 전문 인력의 저변확대에 기여할 수 있을 뿐만 아니라, 과학적이고 체계적인 자료제공을 통하여 민간기업의 스포츠 투자를 유도할 수 있는 기반을 마련할 수 있을 것이다.

KEY POINT • • •

스포츠산업 정보 및 기술개발을 위한 방안
- 스포츠 산업 및 마케팅 연구사업 활성화
- 산학협동연구를 통한 기술개발을 지원
- 국산스포츠용품의 인증제도 도입

둘째, 산학협동연구를 통한 기술개발을 지원하여야 한다. 보다 구체적으로는 중소스포츠용품 제조업체가 연구기관이나 대학원 기술개발자원을 이용할 수 있도록 고동기술개발 체계 구축을 지원하고, 기술개발여력이 없는 중소업체에 대해서는 연구개발 사업비의 일부를 보조하는 방안을 강구하여야 할 것이다. 이와 같은 산학협동 연구는 기술개발 현장의 요구와 전문 인력의 연계를 통하여 신기술의 스포츠제품 개발 가능성을 높일 수 있을 뿐만 아니라 기술개발의 장기적 누적 및 확산에 기여할 수 있을 것이다.

셋째, 국산스포츠용품의 인증 제도를 도입함으로써 품질의 공신력을 높이고 우수제품을 만들 수 있는 첨단 기술력을 배양하여야 할 것이다. 또한 국제표준기구(ISO)의 인증기관화를 추진함으로써 국내스포츠용품의 국제경쟁력을 강화시켜야 할 것이다. 스포츠용품의 전문 인증제도의 제정 시행은 스포츠 용품 기구 제조기술개발과 운동성능을 향상시킬 수 있을 뿐만 아니라 제품성능의 등급화 부여를 통하여 스포츠용품의 전자상거래 촉진에 기여할 수 있을 것이다.

4) 인프라 구축

21세기 스포츠산업 발전을 위한 인프라를 구축하기 위한 방안으로는 첫째, 스포츠 메카도시조성 지원을 들 수 있다. 스포츠 메카도시의 조성을 위해서는 각 도시의 전통과 지리적인 환경을 고려하여 해당 지역의 특성에 적합한 종목을 선정하는 것이 바람직하다. 이러한 도시 조성에는 지역주민의 열의와 초기의 행정적 지원이 불가피하고 또한, 모델 지역을 지정함과 동시에 홍보 프로그램을 강구할 필요가 있다. 이와 같은 스포츠 메카도시 조성은 지방의 스포츠 관령 유·무형의 자원개발을 촉진함으로써 지역스포츠의 활성화는 물론 관광수입의 증대에도 기여할 것으로 전망된다.

둘째, 지역주민의 건강 체력 증진과 건전 여가생활을 위한 공간으로서 생활체육 테마파크의 조성을 적극적으로 추진하여야 할 것이다. 생활체육 테마파크에는 운동처방 및 의학검진이 가능한 체력센터를 포함하여 다목적 운동장과 산책로 조깅코스 등과 같이 청소년에게 인기 있는 스포츠시설도 함께 설치함으로써 건전 청소년 육성을 위한 복합적 놀이 공간을 마련하여야 할 것이다.

셋째, 국내 외 스포츠산업 지원정보망을 구축을 통하여 첨단 스포츠산업 정보의 입수 및 가공 서비스를 제공하여야 할 것이다. 특히, 개별 스포츠 산업체의 정보화를 지원할 수 있는 인적. 물적 정보망을 확보하여 스포츠마케팅 기업정보, 스포츠용품, 스포츠시설, 스포츠선수 마케팅 촉진을 위한 데이터베이스 구축을 통하여 스포츠 정보 컨텐츠를 개발하여야 할 것이다. 뿐만 아니라 해외 스포츠마케팅 관련 정보의 수집망을 구축 및 활용하여 각국의 프로선수 관리방식, 스포츠선수 에이전트 자료는 물론 스포츠마케팅 관련 저널 및 뉴스 검색서비스 등을 제공하여야 할 것이다. 이와 같은 스포츠산업 정보망 구축은 스포츠산업과 관련한 국내외 주요정보자원의 효율적 활용을 가능케 함으로써 생산성 제고에 기여할 수 있을 것이다.

5) 시장 확대 및 투자유치

스포츠 시장의 확대 및 투자 유치를 증진하기 위한 방안으로 첫째 궁도, 씨름, 택견 등과 같이 문화적 가치가 있는 전통 스포츠 종목의 문화 관광 상품화 지원을 들 수 있다. 전통스포츠의 관광 상품화 지원이 효과적으로 이루어지기 위해서는 전통계승과 국민체육진흥을 겸한 종목을 전략적으로 육성한 다음 대회 개최 후원은 물론 마케팅 프로그램 지원 등과 같은 지원책을 개발하고 제공하여야 할 것이다.

KEY POINT • • •

스포츠 메카도시의 조성의 필요성

- **지방의 스포츠관련 유·무형의 자원개발 촉진**
- **지역주민의 건강 체력 증진과 건전 여가생활 조성**
- **스포츠산업 정보망 구축은 스포츠 산업 자원의 효율적 활용과 생산성 제고 기여**

KEY POINT • • •

스포츠 시장의 확대 및 투자 유치를 증진하기 위한 방안

- **전통 스포츠 종목의 문화관광 상품화 지원**
- **범아시아적 대형 스포츠 이벤트의 개발을 추진**
- **세계시장에서의 경쟁력 있는 유망업체에 대한 지원**
- **막대한 비용이 요구되는 대형 스포츠시설의 관리는 위탁을 통해 정부의 재정 부담 축소**

전통종목의 보존 및 육성은 물론 종목별 발상지의 성역화를 통한 지역 관광사업의 활성화에 기여할 것으로 기대된다.

둘째, 국내 스포츠단체의 주도로 국내에 큰 경제적 효과를 가져 올 수 있는 범아시아적 대형스포츠이벤트의 개발을 추진하도록 한다. 이를 위해서는 축구, 농구, 배구와 같이 한국, 일본, 중국 등 3국에 공통적으로 적정규모의 팬을 확보하고 있어 흥행가능성이 높은 인기 스포츠종목을 대상으로 동북아리그를 결성한 다음 유로'2000'과 같은 대회로 발전시키는 방안을 강구하여야 할 것이다. 이와 같은 범아시아적 대형 스포츠이벤트의 개발은 국내기업이 세계 최대 중국시장에 진입하는 교두보로 활용할 수 있을 뿐만 아니라 중국의 거대한 스포츠 관광객을 국내에 유인하는 계기를 마련함으로써 관광수입의 증대는 물론 국내경제발전에 크게 기여할 것으로 전망된다.

셋째, 세계시장에서의 경쟁력 있는 유망업체에 대한 지원을 통하여 세계시장 개척 및 현지유통기지 설치를 적극 장려하여야 할 것이다. 이를 위해서는 중국을 비롯한 해외스포츠시장에 대한 정보를 수집, 보급함은 물론, 인건비가 상대적으로 저렴한 북한이나 중국에 스포츠용품 생산유통기지를 설립하는 방안을 적극적으로 검토하여야 할 것이다. 이와 같은 방안은 국내 스포츠용품의 해외시장 개척은 물론 국내제품의 우수성에 대한 홍보를 극대화할 수 있으며, 경쟁력 있는 스포츠용품의 세계시장 진출에 기여할 것으로 기대된다.

넷째, 막대한 유지비용이 소요되는 대형스포츠시설의 관리를 실수요자인 프로스포츠 조직에게 위탁함으로써 지방자치단체나 정부의 재정 부담을 축소하여야 할 것이다. 대형스포츠시설의 프로스포츠조직 위탁운영은 앞으로 프로구단의 유치 및 장기임대 성사로 지방자치단체와 정부의 재정 부담을 감소시킬 수 있을 뿐만 아니라 스포츠이벤트를 통한 지역경제개발 효과를 촉진할 것으로 기대된다.

6) 제도개선

KEY POINT • • •

스포츠산업 발전을 위한 제도개선 필요

스포츠산업 발전을 위한 제도적 부문에서의 발전 방안은 무엇보다도 먼저 스포츠산업 육성을 위한 법적 근거를 마련하려는 노력이 선행되어야 한다. 현행 스포츠산업 지원정책의 근거는 국민체육진흥법 제 15조 2항(여가체육의 육성), 16조(체육용구의 생산 장려) 등으로 지원의 범위가 운동용구제조업, 체육시설업의 육성 등에 한정되어 있다. 따라서 광범위한 스포츠산업지원정책을 수행하기 위해서는 국민체육진흥법을 개정하거나 또는, 스포츠산업육성지원법(가칭)과 같은 별도의 특별법을 마련하여야 할 필요가 있다. 특히 새로 제·개정되는 법안에는 반드시 중앙정부와 지방단체의 스포츠산업 육성 노력을 의무화하고, 스포츠산업 관련 용어의 정리와 육성정책의 대상을 명기하도록 하며 육성 및 지원 정책의 재원조달 근거 규정이 포함되도록 하여야 할 것이다.

융자제도와 관련하여 현행 스포츠용품산업과 스포츠시설업에 한정되어 있는 국민체육진흥기금 융자운용규정을 개정하여 체육서비스업에 대한 기금융자지원이 가능하도록 제도적 근거를 마련하여야 할 것이다.

스포츠산업은 미래 가장 유망한 산업이 될 것이다. 우리나라의 미래를 위해서는 스포츠산업이 이제 막 자리 잡고 활성화되기 시작한 지금이 제도를 개선하여 현재 자동차, 조선업 등과 같은 제조 산업의 부진을 만회할 수 있는 길이다. 따라서 스포츠산업의 가치를 상승하기 위한 현실적이고, 구체적인 제도개선을 기대한다.

생각해 볼 문제

01. 스포츠산업이란 무엇인가?

02. 스포츠산업은 어떻게 구분하는가?

03. 국내 스포츠시설업의 현황은 어떠한가?

04. 국내 스포츠용품업의 현황은 어떠한가?

05. 국내 스포츠시설업의 현황은 어떠한가?

06. 스포츠산업의 발전방안에 대하여 설명할 수 있는가?

참고문헌

김려경, 유동균, 정수봉(2017). 행복한 여가 및 레크리에이션. 인천: 진영사.

김홍백, 김진국(2008). 레저스포츠산업론, 서울: 형설

노수연(2010). 스포츠산업과 경영. 서울: 광림북하우스

문화체육관광부(2017). 2016 스포츠산업 백서.

문화체육관광부(2017). 2016 체육백서.

박광(2002). 현대 스포츠상업론, 서울: 대경북스

백우열, 김성겸, 김화룡, 추종호(2015). 스포츠산업의 이해. 경기: 북코리아.

스포츠산업백서(2016). 스포츠 산업 특수분류

신승호(2015). 스포츠 산업 마케팅. 서울: 커뮤니케이션북스.

이재우(2010). 스포츠 경영. 보니 파크하우스, 서울: 커뮤니케이션북스.

임번장(2008). 사회체육개론. 서울: 서울대학교출판부.

조호경(2004). 스포츠 산업 정보론. 서울: 21세기교육사

통계청(2012; 2013; 2015; 2017). 통계청 홈페이지. http://kosis.kr/search/search.do;jsessionid=vya2EDhrp1XzefDX2wj5Swh8L26kXEWh0xqnfb2f213SLLg90bZ3uvmHbtwhu4Aj.STAT_WAS1_servlet_engine1

한상호(2015). 스포츠 산업 마케팅. 서울: 통계

Caillois, R.(1961). Man, play, and games. New York:Free.

Huizinga, J.(1955). Homo Ludens: A study of the play elements in culture. London: Routledge & Kegan Paul.

McCarthy, J.(1978). Sports violence: Caveat vendor. Journal of physical Education and Recreation, 49(9), pp.34-58.

2장 레저산업

1 레저와 레저산업의 개념

1) 레저의 개념

KEY POINT • • •

여가의 3가지 차원에서의 개념화
- 시간적 의미의 여가
- 활동적 의미의 여가
- 경험적 의미로의 여가

레저(leisure)어원의 변화를 보면 레저는 라틴어의 licere에서 유래가 시작되어 불어인 leisser로 파생되었으며 이는 영어인 leisure로 변화되었다. 이러한 레저는 국내에서 '여가'와 유사한 개념으로 사용되어 왔고, 여가 자체를 자유시간으로 인식하거나 이러한 여가를 레저와 동일하게 여가스포츠와 레저 스포츠라는 용어를 생성해 개념을 부여하고 있다. 그러나 이 두 개의 용어가 갖고 있는 내용적인 측면에서의 개념은 구분할 필요가 있다.

먼저 여가의 개념을 명확하게 하려면 3가지 차원에서 여가를 개념화할 수 있다. 시간적 의미로의 여가는 하루 24시간 중 수면시간, 노동시간, 생리적 필요시간 등으로 필수적으로 필요한 생활시간을 제외한 시간이 여가시간을 즐길 수 있는 시간이라고 볼 수 있다. 활동적 의미로의 여가는 필수적으로 필요한 생활시간을 제외한 시간에 벌어지는 자유 시간에서 나타나는 활동으로 이는 의무적으로 일어나는 활동과 경제적 이득을 얻기 위한 활동이 포함될 수 없다. 즉, 여가는 자유 시간에 심리적인 재충전, 자유, 기분전환 등의 본인의 만족을 위한 활동을 즐기는 것이라 볼 수 있다. 경험적 의미로의 여가는 자유 시간을 어떻게 활용할 것인지에 대해 과거의 경험, 경험하고자 하는 욕구 등으로 나타나며, 여가를 통한 즐거움과 만족은 주관적 경험을 바탕으로 다르게 나타날 수 있다.

KEY POINT • • •

[그림 2-1] 여가의 개념

레저: 자기계발 및 신체적, 심리적 만족감을 얻기 위해 행해지는 구체적인 활동으로 개인의 만족감을 느끼기 위해 참여하는 시간으로 이해

레저는 여가와 같이 단순히 자유 시간에 행해진다고 해서 반드시 레저라고 할 수 없다. 이는 대부분의 사람들이 자유 시간을 모두 가질 수는 있지만 모두가 레저 시간을 갖지는 않는다는 점에서 이 두 용어는 구분된다. 레저는 여가와 달리 자기계발 및 신체적, 심리적 만족감을 얻기 위해 행해지는 구체적인 활동으로 한정되며, 레저는 일상생활에서 벗어나 개인의 만족감을 느끼기 위해 참여하는 시간이라고 할 수 있다. 국내에서는 여가와 레저의 단어를 혼용하여 사용하고 있는 경우가 있지만 큰 의미에서 다소 차이가 있으므로 여가와 레저의 단어를 사용하는데 있어서 보다 신중해야 할 것이다.

레저의 특성
- 스스로의 선택에 의해 행해지는 활동
- 경제적 이득을 위한 활동이 아님
- 스스로의 만족감을 위한 활동

레저는 다음과 같은 특성이 존재한다. 첫째, 레저는 참여자 스스로의 선택에 의해 주어지는 시간과 공간 등에 행해지는 것이다. 둘째, 경제적 이득을 위해 행해지는 것이 아니다. 셋째, 레저 활동 참여에 대한 목적 자체는 스스로의 만족감을 얻기 위한 것이어야 한다. 넷째, 참여자의 개성과 각자의 존엄을 지켜야 한다.

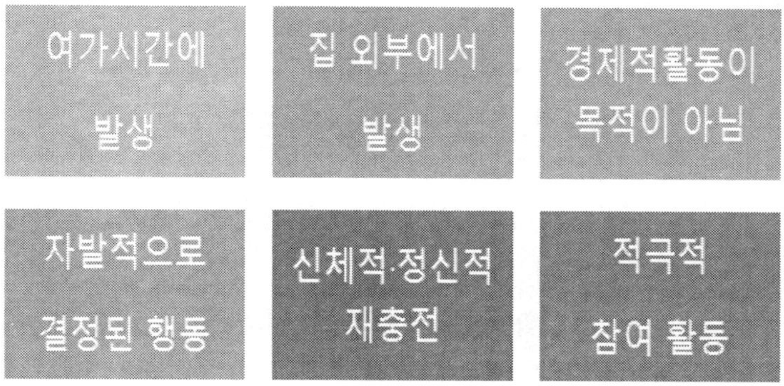

[그림 2-2] 레저의 구성요소에 필요한 요건

더불어 현대사회에 있어 레저의 중요성은 다음과 같다.

첫째, 현대사회에서 레저는 자기만의 인생을 완성하고, 삶의 질을 결정짓는 중요한 요인으로 인식이 되고 있으며, 각 개인의 삶에서 뿐만 아니라 국민의 복지 실현 차원에서의 정책적 접근에서도 레저에 대한 인식이 변화하고 있다.

둘째, 레저는 개인의 주관적인 기준을 중심으로 개인의 삶에 깊숙이 관여되어 있지만 사회적으로 확장된 접근에서는 레저의 개념을 개인의 내·외적인 요인을 반영하여 변화가 가능하기 때문에 개인의 삶에 기여하는 정도가 다를 수 있으며, 삶의 질 등의 측면에서 진지하게 다루어야 할 중요한 사회제도적인 영역으로 인식되고 있다.

셋째, 레저는 개인적인 차원에서 전통적인 휴식의 역할을 넘어선 사회적 차원의 다양한 역할을 부여받고 있으며, 레저가 더 이상 개인의 영역이 아닌 사회적 차원에서 다루어야 할 영역으로 확대되어 적용되고 있다.

Baud-Bovy와 Lawson(2002)은 레저 및 레저 활동에 대한 정의를 다음과 같이 내렸다.

KEY POINT • • •

레저의 중요성
- **국민복지차원**
- **삶에 대한 만족감**
- **사회적 차원의 영역 확대**

KEY POINT • • •

- 레저는 개인이 일과 수면 그리고 다른 기본적인 필요를 충족시켰을 때 이용할 수 있는 자유 시간이다. 이제는 개인의 재량에 따라 결정된 방식으로 사용될 수 있는 시간이다. 기본적인 필요는 필수적인 요리, 쇼핑, 집안일, 육아와 위생을 포함한다. 일에는 출퇴근 시간이 포함되어 있다.
- 레저 활동은 사람들이 전념하는 것을 제외하고는 여가 시간 동안 취해지는 거의 모든 것을 다룬다(초과 근무, 부업, 가정 학습, 각종 가정 유지 관리 등). Tribe(2005)는 레저 활동에 독서와 텔레비전 시청과 같은 재택 활동과 스포츠, 극장, 영화 및 관광을 포함한 외부의 활동이 포함된다고 덧붙였다. 관광은 여가 및 휴일, 사업, 직업 또는 기타 관광 목적으로 최소 1박 이상 방문(Tribe, 2005)을 의미한다.

여가활동이 끝나고 관광이 시작되는 곳에 선을 긋는 것은 정말 어렵다. 통계학에 대해 이야기하지 않을 때는 통계학이 그리 중요하지 않다. 두 가지 방법 모두 환경을 보호하고 지속 가능한 방법으로 사용하기 위해 노력해야 한다는 점을 이해하는 것이 중요하다. 또한, 두 가지 모두 주요 목표물-지역 주민과 관광객을 대상으로 해야 한다. 두 그룹 모두 해당 지역에서 개발된 시설을 사용할 수 있으며 이를 통해 이익을 얻는다.

복지 선진국 대열에 진입하고 있는 우리나라의 레저산업은 앞으로 다른 산업에 비하여 매우 중요한 의미를 가지게 될 것이다.

〈표 2-1〉 레저와 여가 그리고 관광의 개념

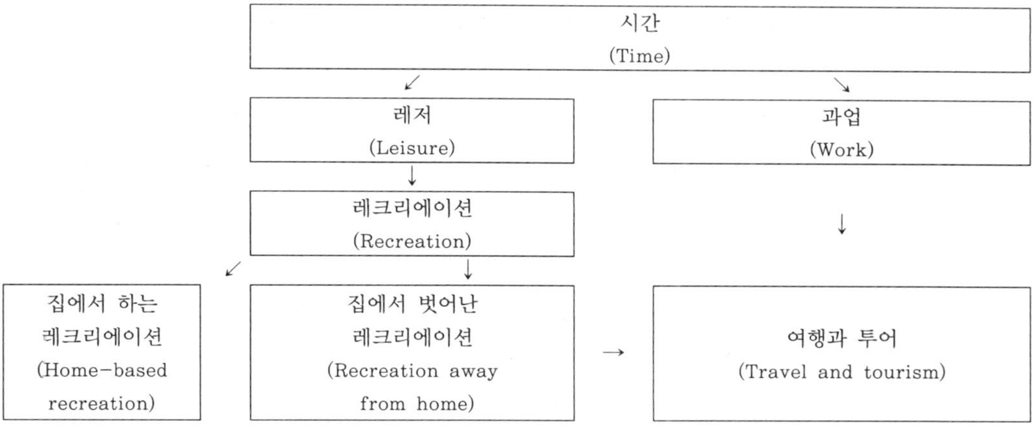

출처: Hall, C. M. & Page, S.(2007). The geography of tourism and recreation: environment, place and space. London; New York: Routledge.

〈표 2-1〉에서 보면 레저, 여가, 관광은 서로 중복되는 개념이라고 말할 수 있다. Hall과 Page(2007)는 관광과 여가 활동이 여가에 대한 넓은 개념의 일부로 간주되어야 한다고 결론지었다. 점선은 개념 사이의 경계가 "부드러움"을 나타내는 데 사용된다. 일과 레저는 중복되는 두 가지 주요 영역, 즉 여가 취미와 여가 생활에 대한 진지한 관심사를 구분하기 위한 일과 여가에 기초한 여행의 두 가지 측면에서 구별된다.

KEY POINT • • •

레저, 여가, 관광은 서로 중복되는 개념

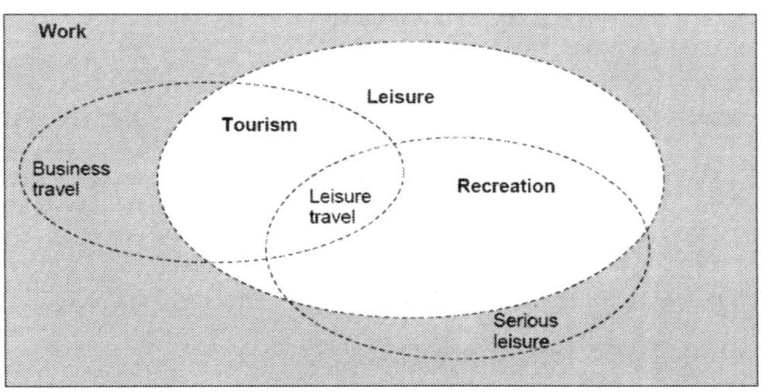

[그림 2-3] 레저와 유사한 용어들의 포지셔닝

KEY POINT • • •

Williams과 Walker(2006)는 레저와 관광의 대부분의 지역이 더 넓은 여가 분야에 올바르게 위치해 있다고 결론지었다. 이러한 것들은 대부분의 사람들이 레저시간이라고 생각하는 것에서 그리고 그들이 레저 활동에 이용되는 개인적인 보상과 이익을 제공하는 곳에서 일반적으로 발생한다. 하지만 레저의 궤도를 벗어나 일의 영역까지 이어지는 관광과 레저 활동의 영역이 존재하는 것은 사실이다. 이는 비즈니스 관광의 경우에 명백하지만, 해당 활동에서 전문적인 역량을 추구하기 위해 레저 활동에 대한 관심을 유발하는 심각한 레저 활동의 경우에도 분명하다. 가장 단순한 수준에서 볼 때, 시간과 공간에 있어 관광객과 레저 활동자의 일반적인 우연한 일치에 있어서, 레크리에이션과 관광 사이에는 상당한 부분 중복이 있다.

레저:
자유 시간을 포함하며 레저 시간에 행해지는 활동

앞에서 보았듯이, 관광업과 레저산업은 서로 중복되는 개념이며, 용어를 정의하는 데 어려움이 있다. 하지만 두 개념에는 특정한 기준이 있다. 레저는 자유 시간을 포함하고, 레저시간에 하는 활동이며, 관광은 일시적으로 방문하는 것이다.

관광:
일시적으로 방문하는 것

Torkildsen(1999)은 놀이, 레크리에이션과 레저의 유사성을 논해 왔다.

이러한 유사점들은 놀이, 레크리에이션과 레저가 통합되어 있다는 것을 강조하며, 집합적으로 내적인 중심을 가지는 것으로 보인다. 놀이, 레크리에이션 및 레저의 각 개념을 설명할 때는 다음과 같은 몇 가지 단어, 아이디어 또는 주제가 자주 사용된다.

- 자유: 자유는 놀이 표현의 자유, 레저의 자유로운 선택, 레저에서의 선택의 자유이다.
- 자기표현: 각각은 개인의 자기표현을 강조한다.

KEY POINT • • •

- 만족: 놀이는 하는 과정에서의 만족, 분명한 즐거움에 의해 특징지어진다. 레크리에이션과 레저는 모두 다양하게 만족스럽다.
- 품질: 경험의 질은 모두에게 중요하다.
- 자기 주도형: 놀이는 대개 자기 주도형이며, 레저는 다른 사람이 감독할 수도 있다.
- 필연성 부재: 놀이는 강제적으로 할 수 없고, 놀이로 남아 있을 수 없다. 레저는 같은 의미를 지닌다. 레크리에이션에서는 필요성의 부재가 있지만, 어느 정도의 의무는 그것의 제도적 환경에 부여되어 있다.
- 놀이: 놀이는 진지하긴 하지만, 자주 심각하지만, 재미가 풍부하다.
- 레크리에이션: 종종 놀이이지만, 많은 요소들이 너무 경쟁적이어서 일에 더 유사하게 보인다.
- 레저: 더 자유롭고, 더 느슨하다.
- 모든 활동: 가장 순수한 용어로, 거의 모든 활동은 누군가를 위한 놀이, 레저로 기능할 수 있다. 하지만, 레저는 그것의 제도적인 환경에서 더 사회적으로 제한된다.
- 체험: 다시 말해, 가장 순수한 관점에서는, 각각의 내면적 특성이 있고, 놀이는 하는 중에 완전히 흡수된다("놀이에 빠짐"). 레저는 자유로움에 대한 개념이 될 수 있다.
- 박자: 놀이와 레크리에이션의 완전한 흡수 상황에서, 시간은 정지해 있을 수 있다. 레저는 시간 틀을 가지고 있는 반면, 레저 행동은 시간 의식이 있어서는 안 된다.

2) 레저산업의 개념

레저산업은 레저 수요를 수용하기 위하여 유형적 혹은 무형적 재화를 공급·제공하거나 서비스를 공급 및 판매하는 것이며, 포괄적으로는 레저 분야 소비의 촉진을 위한 하나의 산업이라고 할 수 있다.

KEY POINT • • •

스포츠 산업에서 레저산업의 기여
- 건강증진
- 행복추구
- 복지혜택

정광현(2002)은 레저산업을 레저 공급 요소의 일부로써 영리를 목적으로 하는 산업이다. 레저산업이라 함은 사람들이 레저 시간에 행하는 여러 가지 활동에 대하여 유형(레저 관련 시설 및 용구), 무형(서비스, 레저 활동의 지도)의 레저상품을 제공하거나 제조, 판매 및 나아가서는 소비의 촉진을 포함한 모든 유형의 산업을 총칭한다고 개념 정리를 하고 있다. 대게 레저산업이라고 하면 서비스업을 중심으로 하는 협의의 레저산업을 의미한다. 이러한 레저산업은 스포츠 참여자들의 건강증진, 행복 추구, 복지 혜택 등에 많은 기여를 할 수 있는 주요 산업으로 보고 있다. 즉, 레저산업은 레저 활동을 참여할 수 있도록 다양한 정보를 제공, 장소 · 시설의 임대 및 대여, 레저용품의 생산과 판매와 관련된 업종을 포함한다. 후기산업사회는 제조업 중심의 산업보다는 레저를 즐기기 위한 편의를 제공하는 등의 서비스산업이 발전하였으며, 최근에는 제4차 산업인 빅데이터, 인공지능, 정보화 · 융합산업이 각광받기 시작했다.

- 제2차 산업: 자연으로부터 얻어진 것을 가공한 제조업 중심 사회
- 제3차 산업: 제조업과 같은 물리적 재화를 제공하는 것에 중점을 두기보다는 편의를 제공함으로써 이윤을 창출할 수 있는 서비스업 중심 사회
- 제4차 산업: 빅데이터, 인공지능, 의료, IT 등의 다양한 정보와 다른 분야와의 융합을 통해 시너지를 얻기 위한 정보화 산업 중심 사회

정광현(2002)은 레저산업을 크게 광의의 레저산업과 협의의 레저산업으로 나누어 주장하고 있다. 광의의 레저산업이란 관광농업, 관광임업, 관광어업과 같은 1차 산업으로부터 레저 관련 장비의 제조나 시설 등에 관련되는 2차 산업, 그리고 여행 관련 산업, 숙박 관련 산업, 교통 관련 산업, 음식 관련 산업, 관광시설산업 등 3차 산업을 포함한 전체의 개념을 말했다.

그리고 협의의 레저산업이란 레저를 수용 또는 촉진하는 서비스의 제공과 알선을 목적으로 하는 산업을 말하며, 일반적으로 우리가 레저산업이라고 지칭하는 것은 서비스업을 중심으로 한 협의의 레저산업이라고 정립하였다.

과거 2000년대 초반부터 주 5일 근무제의 도입이 추진되어 시행되기 시작하면서 레저산업은 급속도로 성장하기 시작하였으며, 일반 근로자들의 근로시간 단축을 통한 레저산업의 발전과 함께 여가시간의 확대를 통한 국민들의 정치, 문화, 사회 전반에 걸쳐 민주주의도 더욱더 발전하기 시작하였다는 것이 일반적인 이야기들 이다.

최근의 4차 산업 혁명이 가지고 온 레저산업의 변화와 새로운 트렌드들은 매우 다양하고 융합적인 형태를 나타내고 있다. 가상현실, 드론축구, 드론레이싱, 인공지능과 인간의 바둑대결 등 우리가 기존에 가지고 있었던 산업의 틀에서 벗어나 완전히 새로운 형태와 문화 그리고 산업을 만들어내고 있다. 따라서 기존의 레저산업 역시 4차 산업혁명에 발맞추어 융합된 분야를 개발하고, 연구하여 만들어간다면 미래는 매우 희망적으로 우리에게 다가올 것이다.

KEY POINT • • •

4차 산업의 혁명이 가지고 온 레저산업의 변화
- **가상현실**
- **드론축구**
- **드론레이싱**
- **인공지능과 인공바둑대결 등**

2 레저산업의 분류

레저 활동을 즐기기 위한 레저산업의 분류 기준은 공간, 용품, 서비스로 구분되며, 공간 산업은 호텔, 리조트, 골프장 등이 있다. 용품 산업은 스포츠용구·용품, 전자오락용품 등이 있으며, 서비스산업은 여행사, 레저 정보 서비스 제공, 문화센터 등이 있다.

〈표 2-2〉 레저산업의 분류

레저공간산업	레저용품산업	레저서비스산업
호텔	스포츠용구·용품	여행사
콘도미니엄	낚시용품	교통회사
리조트	레저용 승용차	레저정보서비스 제공
골프장	등산 및 캠핑용품	이벤트회사
스키장	수상·수중스포츠용구	문화센터
스포츠센터	골프 및 스키용품	외식업체
카지노	전자오락용품	오락실

출처: 김홍백, 김진국(2008).

KEY POINT • • •

레저행동을 분류하는 기준
- **유형화 기준**
- **동기 및 활동내용의 기준**
- **수단 기준**
- **이용가치 기준**
- **이용형태 기준**

레저 행동을 분류하는 기준과 방법에 따라 다양하게 제시되고 있다. 유형화 기준은 레저활동 수단 형태, 레저 이용 형태, 레저 이용가치, 레저동기 및 활동 내용 등으로 구분된다. 동기 및 활동내용 기준에 따라 추출된 유형은 스포츠 및 건강 활동, 취미 및 오락 활동, 오락 및 사교활동 등이 포함되며, 수단 기준에 따라 추출된 유형은 사교활동, 관람활동, 오락 활동, 취미 · 교양활동 등이 포함된다. 이용가치에 따라 추출된 유형은 활동형, 소극형, 부정형 등이 포함되며, 이용형태에 따라 추출된 유형은 관광부문, 스포츠부문, 오락부문 등이 포함된다.

아울러 여가백서(2013)에 의하면 여가부문의 하위산업은 스포츠산업 · 관광산업 · 예술산업 · 엔터테인먼트산업 · 기타산업 등 5개로 구분된다. 스포츠산업이란 스포츠 활동과 관련된 경제활동을 일컫는다. 관광산업은 관광활동과 관련된 경제활동을 말한다. 예술산업은 아름다움을 추구하는 여가활동과 관련된 경제활동이다. 엔터테인먼트산업은 오락을 주목적으로 하는 여가활동과 관련된 경제활동이다. 그리고 기타산업이란 아름다움이나 오락을 주목적으로 하지 않는 사교 · 휴식 · 교육 등 기타 여가활동과 관련된 경제활동을 말한다. 이와 같이 여가부문의 5개 하위산업별로 해당 해당 여가활동을 구분하면 아래 표와 같다.

〈표 2-3〉 여가부문 산업별 분류

여가부문	구분
스포츠산업	- 시설·용품·경기
관광산업	- 여행·식사·숙박·교통
예술산업	- 고전음악·회화·무용 및 공연예술·공예·도예
엔터테인먼트 산업	- 텔레비젼/라디오 · 외식 및 식도락 · 영화 · 연극 및 기타 공연 · 대중음악/뮤지컬 · 기타 관람 · 독서 · 사진 · 리조트/테마파크 · 게임 · 도박 · 놀이 · 패션 · 미용
기타산업	- 사교 · 휴식 · 교육 · 종교 · 원예 · 기타(애완동물)

출처: 여가백서(2013).

〈표 2-4〉 국내 레저행동의 유형

연구자	유형화 기준	추출된 유형
동아대학교 관광레저연구소	레저활동 수단형태	행락·관광활동, 사교활동, 근린활동, 감상, 관람활동, 스포츠 활동, 취미·교양활동, 유흥·오락활동, 기타 활동 등
교통개발연구원	레저 이용형태	관광부문, 취미·교양부문, 스포츠 부문, 오락, 기타 부문
고영복	레저의 이용가치	활동형, 소극형, 중간형, 부정형
김광득	레저 동기 및 활동내용	스포츠 및 건강 활동, 취미 및 오락 활동, 오락 및 사교활동, 감상 및 관람활동, 행락 및 관광활동

출처: 김홍백, 김진국(2008).

KEY POINT • • •

3 레저산업 규모

새천년에 들어선 이후 국내 경제의 흐름을 금액으로 살펴보면, 지난 2000년 국내 재화와 서비스의 총 공급 규모는 1,632조 7,160억 원이었는데, 이 중 239조 7,883억 원어치의 재화와 서비스를 수입해서 총 공급에서 수입이 차지하는 비율은 14.7%였다. 나머지 85.3%에 해당하는 1,392조 9,278억 원은 국내 총산출이었다. 2003년 중 총 공급규모는 역사상 최초로 2,000조를 넘어 선 2,009조 2,419억 원으로 증가했으며, 이 중 수입해서 국내에 공급된 것 역시 268조 2,965억 원으로 증가하였으나 그 비율은 13.4%를 차지해서 1.3% 줄어들었다. 2005년에는 역사상 최초로 국내 총산출 규모가 2,000조를 넘어선 2,068조 8,079억 원에 이르렀고 수입 역시 300조를 넘어 선 302조 6,464억 원에 이르러서 총 공급 규모는 2,401조 4,543억 원이었다. 2009년 우리나라 총 공급규모는 3,286조 7천억 원으로 3,320조 3천억 원이었던 2008년보다 1% 감소했다. 서브프라임 모기지 부실사태로 촉발된 미국의 경제위기로 말미암아 전 세계 경제가 위축된데 따른 것이다. 국내 총 산출은 2,775조 원으로 2008년보다 오히려 증가하였으며, 수입은 511조 7천억 원으로 전년보다 1.9% 감소했다. 국내수요와 수출액도 각각 0.6%와 3.0% 감소했으나, 전 세계적인 경제위기를 감안한다면 국내 경제의 흐름은 크게 나빠지지 않음을 알 수 있다.

전체 국가경제에서 여가부문이 차지하는 규모를 살펴보면, 금액으로는 131조에서 252조로 증가해서 거의 두 배가량 커졌으며, 성장률도 전체 경제 성장률을 상회했고, 전체 국가경제에서 차지하는 비율도 8.03%에서 10.31%로 증가했다.

KEY POINT • • •

그러나 2008년 미국발 경제위기로 말미암아 성장률은 전체 국가경제 성장률에 훨씬 못 미치는 1.94%로 낮아졌고, 이에 따라 전체 국가경제에서 차지하는 비율도 7.68%로 떨어진 것으로 나타났다. 요컨대 여가부문은 경기가 좋아질 때 전체 국가경제보다 더 빠른 속도로 좋아지고, 경기가 나빠지면 더 빠른 속도로 나빠진다. 이런 특성을 이용해서 여가부문 성장률과 경제전체 성장률의 차이에 따라 당해 연도의 경기를 대략적으로 파악할 수 있다. 국내 전체의 경제성장률과 여가부문의 성장률이 비슷했던 2000년에는 경기가 보통이었고, 여가부문 성장률이 전체 경제성장률을 앞질렀던 2003년과 2005년에는 상대적으로 경기가 좋았고, 전체 경제가 빠른 속도로 확대되는데도 여가부문 성장률에는 변화가 없었던 2009년에는 경기가 좋지 못했다.

〈표 2-5〉 여가부문 총 공급 규모

(단위 : 억 원 / %)

연 도	여가부문			경제전체	
	액수(억 원)	비율(%)	성장률(%)	액수(억 원)	성장률(%)
2000	1,311,778	8.03	198.26	16,327,160	192.95
2003	1,836,006	9.14	39.96	20,092,419	23.06
2005	2,474,764	10.31	34.79	24,014,543	19.52
2009	2,522,876	7.68	1.94	32,867,249	36.86

출처: 최석호(2006), 한국은행(2003; 2007; 2008; 2011), 여가백서(2013).

이를 다시 여가부문 내 산업별로 나누어서 살펴보면, 스포츠산업과 기타산업은 지속적인 성장세를 유지하다가 2009년에 더 빠르게 성장한 반면, 엔터테인먼트산업과 관광산업은 지속적으로 성장하다가 경제위기와 함께 축소되었다.

KEY POINT • • •

엔터테인먼트산업과 관광산업은 미국발 경제위기에 직접적인 영향을 받았지만, 스포츠산업과 예술산업 그리고 기타산업은 별다른 영향을 받지 않았다. 이 중에서도 스포츠산업과 기타산업은 거의 영향을 받지 않았을 뿐만 아니라 오히려 빠른 속도로 성장했다. 특히 스포츠예술산업은 경제위기가 없었던 2003년과 2005년은 감소하다가 경제위기가 닥친 2009년에는 가장 큰 규모로 성장했다. 공공부문의 지원에 주로 의존하기 때문에 경기 변화에 별다른 영향을 받지 않은 것으로 보인다.

〈표 2-6〉 여가부문 산업별 공급규모

(단위 : 백만 원)

여가부문	여가활동	2000년	2003년	2005년	2009년
스포츠산업	시설	3,071,414	3,637,955	6,010,187	8,954,372
	용품	2,989,449	3,754,540	3,322,902	6,498,655
	경기	1,442,861	2,104,664	1,963,216	1,744,322
관광산업	여행	636,853	894,184	1,234,480	1,633,808
	식사	25,336,522	35,594,922	64,056,974	42,835,163
	숙박	3,189,179	4,313,894	4,412,972	5,409,803
	교통	10,025,621	12,311,364	14,765,286	18,903,437
예술산업	고전음악	426,588	543,009	627,372	815,581
	회화	88,059	91,308	86,133	121,772
	무용 및 기타공연예술	417,101	499,900	539,332	775,601
	공예	1,015,899	883,290	709,023	717,478
	도예	267,951	40,030	12,650	6,780

여가부문	여가활동	2000년	2003년	2005년	2009년
엔터테인먼트 산업	TV라디오	8,317,171	11,673,348	19,917,328	14,814,669
	외식 및 식도락	19,316,205	23,567,237	36,540,508	28,504,796
	영화	2,729,777	4,712,205	1,384,407	2,645,870
	연극 및 기타공연	348,797	566,764	743,751	1,067,740
	대중음악 뮤지컬	3,927,211	4,006,253	4,230,323	3,599,938
	기타관람	130,153	82,475	137,850	37,107
	독서	7,566,199	9,535,036	10,185,003	11,192,351
	사진	1,254,579	2,410,490	1,651,137	2,949,328
	리조트 및 테마파크	1,792,312	2,075,372	2,798,902	5,183,792
	게임	2,103,586	2,525,807	2,931,184	2,004,026
	도박	1,360,467	5,479,533	3,166,628	5,499,315
	놀이	1,672,068	3,034,103	4,286,766	4,002,594
	패션	1,679,791	4,012,471	2,021,873	2,148,556
	미용	6,273,567	7,633,372	11,813,646	11,958,474
기타산업	원예	1,295,338	1,710,684	1,859,877	1,725,129
	사교	12,014,310	15,370,471	18,611,755	29,174,748
	휴식	5,854,829	9,066,759	9,126,909	10,624,290
	교육	2,507,534	8,322,371	14,180,002	21,607,027
	종교	2,126,408	3,415,483	4,147,977	4,932,527
	애완동물	-	-	-	198,583

출처: 한국은행(2003; 2007; 2008; 2011), 여가백서(2013).

기타산업 역시 경제 위기에도 불구하고 성장세를 계속 이어가면서 경제 위기에 별다른 영향을 받지 않았다. 지속적으로 성장하고 있는 휴대전화 매출과 경제 상황에 크게 영향을 받지 않는 종교의 특성 때문이다.

스포츠산업은 하계유니버시아드 유치 및 개최, 세계 육상선수권 대회 유치 및 개최, 동계올림픽 유치 등 스포츠 메가 이벤트를 유치하거나 개최함으로써 스포츠 경기산업이 빠른 성장세를 유지하였을 뿐만 아니라 지난 2008년 이후로 아웃도어 열풍이 불어서 스포츠용품산업 역시 빠르게 성장하였기 때문에 경제 위기에도 불구하고 성장세를 계속 이어갈 수 있었다.

KEY POINT • • •

KEY POINT • • •

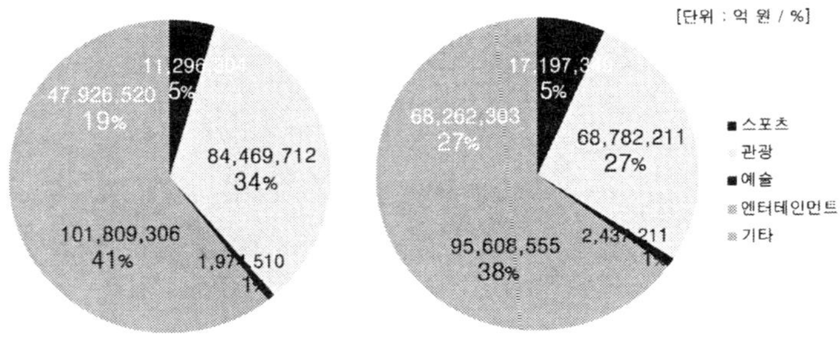

출처: 한국은행(2008, 2011), 여가백서(2013).

[그림 2-4] 2005년 및 2009년 여가부문 산업별 공급규모

재화와 서비스를 생산하기 위해서 원재료와 연료 등 중간 투입물과 노동과 자본 등 본원적 투입물을 사용하게 된다. 다시 말해, 다른 부문 생산물을 사서 노동력을 투입하여 여가 부문 재화와 서비스를 생산하고 그 생산물을 시장에 내다 팔아서 이익을 얻으면 그 이익 중 일부로 생산에서 소모된 건물과 기계의 감가상각비를 비축하고 이익에 대한 세금을 지불한다. 중간투입물의 투입액과 본원적 투입물의 부가가치액을 합하면 총 투입액이 된다. 이 때 각 산업부문이 해당 부문의 재화와 서비스를 생산하기 위해서 다른 부문으로부터 구입한 원재료 및 연료 등 중간 투입액을 총 투입액으로 나눈 것을 투입계수(율)라 한다. 또한 본원적 투입물의 대가에 해당하는 근로자임금 · 영업이익 · 감가상각비 · 순생산세 등 부가가치액을 총 투입액으로 나눈 것을 부가가치계수(부가가치율 또는 소득률)라 한다. 이것을 비율로 환산하여 중간투입계수와 부가가치계수가 되는데, 중간투입율과 부가가치율을 합치면 항상 100이 된다.

2009년 국내 전 산업 평균 중간투입률은 62.2%(투입계수 0.622)였다. 당연한 결과로 부가가치율은 37.8%(부가가치계수 0.378)이었다.

이를 여가부문 투입계수와 비교해보면, 기타산업을 제외한 모든 여가부문 산업의 투입계수가 전 산업 평균 투입계수보다 낮았다. 즉, 전체 산업 평균보다 여가부문에서 더 많은 부가가치가 생산되고 있다. 여가부문 산업 중에서 관광산업 부가가치율(53.94%)이 가장 높고, 관광산업 내에서는 숙박의 부가가치율(67.02%)이 가장 높다. 관광산업은 관광산업 재화와 서비스를 생산하는 과정에서 전 산업 평균보다 거의 두 배 가량 높은 부가가치가 창출된다.

KEY POINT • • •

〈표 2-8〉 여가부문 투입계수표

여가부문	2009년	2005년	2003년	2000년	여가활동	2009년
스포츠	0.5374	0.5415	0.5152	0.5155	시설	0.4496
					용품	0.7327
					경기	0.4298
관광	0.4606	0.4440	0.4989	0.5099	여행	0.3692
					식사	0.6575
					숙박	0.3298
					교통	0.4860
예술	0.5765	0.5585	0.5813	0.5838	고전음악	0.6859
					회화	0.5106
					무용 및 기타공연	0.4139
					공예	0.6305
					도예	0.6414
엔터테인먼트	0.5795	0.5618	0.5719	0.5916	TV라디오	0.7016
					외식 및 식도락	0.5778
					영화	0.7381
					연극 및 기타공연	0.4453
					대중음악 뮤지컬	0.7043
					기타관람	0.4068
					독서	0.5796
					사진	0.7674
					리조트 및 테마파크	0.3551
					게임	0.7067
					도박	0.3596
					놀이	0.5749
					패션	0.6649
					미용	0.5317
기타	0.6294	0.5975	0.5147	0.5240	원예	0.6899
					사교	0.6257
					휴식	0.6659
					교육	0.3793
					종교	0.5112
					애완동물	0.9045

출처: 한국은행(2003; 2007; 2008; 2011), 여가백서(2013).

KEY POINT • • •

4 레저산업의 동향과 전망

1) 미국의 레저산업 동향

(1) 미국의 레저산업 규모

리처드밀러사(Richard K. Miller & Associates)의 『2015-2016 레저시장 연구핸드북』(Leisure Market Research Handbook)에 따르면 2013년 미국레저시장은 약 2,668조 원(2조 5,000억 달러)으로 추정되며, 미국의 2013년 소매업 약 5,444조 원(5조 1,000억 달러)과 미국 국가 의료보험 지출 약 3,309조 원(3조 1,000억 달러)과 비교해 보면 미국의 레저시장은 무척 큰 규모라 할 수 있다.

미국 주요 레저시장
1. 여행 및 관광
2. 외식
3. 프리미엄비디오 시청
4. 전자기기 소비
5. 문화예술산업

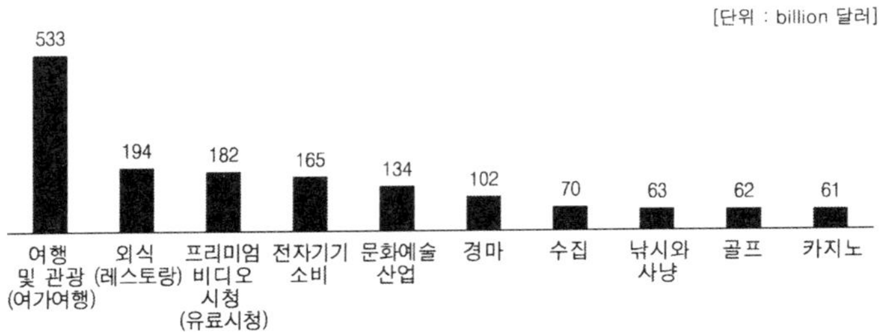

출처: Richard K. Miller & Associates(2016).

※ 1달러 = 1,067원

[그림 2-5] 미국 주요 레저시장 규모

2015-2016 시준에 맞춰 표 수치 변경

미국의 주요 여가시장의 규모를 살펴보면 레저를 위한 여행 및 관광이 약 534조 원(5,010억 달러)으로 제일 큰 규모를 차지하고 있으며, 그 다음이 외식관련 시장이 약 226조 원(2,120억 달러)의 규모로 2위이며, 3위는 프리미엄 비디오 시청이 194조 원(1,820억 달러)로 나타났다[그림 2-5].

미국인의 시간 활용 조사(The American Time Use Survey:ATUS)에 따르면 2013기준으로 미국 성인 남자와 여자의 24시간 활용 분배는 다음과 같다.

KEY POINT • • •

〈표 2-9〉 미국인의 시간 활용 조사

항목	남성	여성
수면과 개인관리	9.31 hours	9.76 hours
레저와 스포츠	5.61 hours	4.94 hours
업무	4.20 hours	2.77 hours
집안활동	1.34 hours	2.19 hours
식사	1.26 hours	1.20 hours
상품 구매	0.63 hours	0.86 hours
집안돌봄 및 도움활동(가족)	0.36 hours	0.69 hours
교육활동	0.47 hours	0.48 hours
종교활동	0.29 hours	0.36 hours
집안돌봄 및 도움활동(가족 외)	0.17 hours	0.22 hours
전화, 메일, 문자	0.10 hours	0.19 hours
기타 활동	0.27 hours	0.35 hours

출처: Richard K. Miller & Associates(2016).

미국인의 시간 활용 조사(The American Time Use Survey:ATUS)에 따르면 미국인들은 하루 평균 5.25시간을 레저 활동에 참여한다는 것을 알 수 있다. 인구통계학적특성에 따른 하루의 레저시간 분배는 다음과 같다.

〈표 2-10〉 인구통계학적특성에 따른 레지시간 분배

* 성별
- 남성: 5.41 시간
- 여성: 4.83 시간

* 나이
- 15-19: 5.78 시간
- 20-24: 5.10 시간
- 25-34: 4.30 시간
- 35-44: 4.20 시간
- 45-54: 4.67 시간
- 55-64: 5.27 시간
- 65이상: 7.16 시간

* 교육/일
- 중졸: 6.07 시간
- 고졸: 5.37 시간
  - 나이 25이상과 풀타임 업무: 3.18 시간
- 대졸 이상: 4.30 시간
  - 나이 25이상과 풀타임 업무: 2.98 시간

KEY POINT • • •

미국의 여가활동
1. 수집
2. 걷기 운동
3. 정원가꾸기
4. 영화관람
5. 해변가기
6. 공원 아웃도어
7. 독서
8. 소셜 네트워킹
9. 여행
10. TV시청

레저시장 연구핸드북에 나타난 2014년 미국의 상위 10개의 여가활동을 살펴보면 수집, 걷기 운동, 정원가꾸기, 영화관에서 영화관람, 해변가기(Going to the Beach), 공원에서 아웃도어 활동, 독서, 소셜네트워킹, 여행, 텔레비전 시청이었다.

〈표 2-11〉 2011년 미국의 상위 10개의 여가활동

2011년 상위 10개 여가활동
수집, 걷기 운동, 정원가꾸기, 영화관에서 영화관람, 해변에 가기, 공원에서 아웃도어 여가즐기기, 독서, 소셜 네트워킹, 여행, 텔레비전 시청

출처: Richard K. Miller & Associates(2016).

이 외에도 400만 명 이상의 미국인들은 〈표 2-12〉와 같은 레저 활동에 참여하고 있다.

〈표 2-12〉 기타 레저 활동

- 대학 또는 프로스포츠 경기 관람	- 사냥과 사격
- 페스티발 관람	- 복권 구매
- 음악 콘서트 관람	- 당구
- 영화, 오페라, 심포니 관람	- 비디오 게임
- 자전거	- 카시노
- 요리	- 박물관 관람
- 헬스장	- 테마파크 관람
- 낚시	- 동물원 뜨는 아쿠아리움 관람
- 하이킹과 캠핑	- 봉사

(2) 미국의 레저 분야별 산업 특징

최근 갤럽 폴(www.gallup.com)에 의하면, 응답자의 54%가 자신들이 스포츠팬이라 하였다. 조사에 의하면 스포츠 경기의 시청이 카지노게임, 조각활동, 정원관리, 취미활동, 예술활동, 애완견 돌보기, 비디오게임, 그리고 야생동물 등의 활동보다 높게 나타났다.

KEY POINT • • •

아울러, Marist College Institute for Public Opinion의 2013년 12월 조사에 의하면 55%의 미국 성인들이 자신들이 스포츠 팬이라고 하였다. 다음은 스포츠팬의 인구통계학적 특성이다.

〈표 2-13〉 스포츠팬의 인구통계학적 특성

성별
· 남성: 65%
· 여성: 46%

나이
· 18-29: 49%
· 30-44: 53%
· 45-59: 62%
· 60이상: 54%

수입
· 5,343만원(5만 달러) 이하: 49%
· 5,343만원(5만 달러) 이상: 62%

지역
· 북동: 56%
· 중서: 56%
· 남부: 60%
· 서부: 47%

교육
· 고졸: 56%
· 대졸이상: 54%

출처: Marist College Institute for Public Opinion(2013)

2013년 12월 Harris Poll에 의하면, 18세 이상의 성인들을 대상으로 조사한 가장 선호하는 스포츠는 다음과 같다.

〈표 2-14〉 미국인의 가장 선호하는 스포츠

종목	2013	2011	2004
프로 미식축구	35%	36%	30%
야구	14%	13%	15%
대학 미식축구	11%	13%	11%
자동차 경주	7%	8%	7%
남자 프로야구	6%	5%	7%
하키	5%	5%	4%
남자 대학야구	3%	5%	6%
남자 골프	2%	2%	4%
남자 축구	2%	1%	3%
수영	2%	2%	1%
권투	2%	2%	2%
남자 테니스	2%	2%	2%
볼링	1%	1%	1%
말 경주	1%	2%	1%
트랙	1%	1%	1%
여자 테니스	1%	1%	2%
여자 대학농구	1%	0%	1%

출처: Harris Poll(2013)

KEY POINT • • •

2013 스포츠비지니스 저널에 의하면 스포츠팬들은 다음의 스포츠 이벤트를 가장 관람하고 싶다고 하였다.

- 슈퍼 볼(Super Bowl)
- 마스터즈(The Masters)
- 하계 올림픽(Summer Olympics)
- FIFA 월드컵(FIFA World Cup)
- 대학농구 파이널(NCAA Final Four)
- 경마 레이스(Kentucky Derby)
- 프로야구 월드시리즈(World Series)

전체 스포츠 산업의 추정 가치는 4천 7백만 달러이다. 이는 다음과 같은 분야로 나눠진다.

1. 프로야구(Major League Baseball): $6.8 billion
2. 프로 미식축구(National Football League): $8.8 billion
3. 프로농구(National Basketball Association): $3.7 billion
4. 프로하키(National Hockey League): $3.4 billion
5. 대학농구(National Collegiate Athletic Association): $871.6 million
6. 관람스포츠(Spectator Sports): $33.1 billion
7. 스포츠 용품 소매점(Sporting Goods Retail Sales): $42.6 billion
8. 헬스장(US Health Clubs): $21.8 million
9. 스톡 자동차 경주(Nascar): $612.4 million

가장 활성화된 상위 10개 주(States)는 다음의 10개 주가 여가 활동에 가장 많은 인구를 차지하고 있다.

1. 유타(Utah) - 61.7%
2. 아이다호(Idaho) - 61.3%
3. 뉴햄프셔(New Hampshire) - 60.9%

KEY POINT • • •

4. 콜로라도(Colorado) - 60.1%
5. 미네소타(Minnesota) - 57.4%
6. 버지니아(Virginia) - 56.6%
7. 위스콘신(Wisconsin) - 55.2%
8. 네바다(Nevada) - 55.2%
9. 오레곤(Oregon) - 54%
10. 일리노이(Illinois) - 53.6%

다음의 리스트는 미국의 레저 활동 빈도와 관여율에 기초한 가장 많이 참여하는 10개의 리스트입니다.

1. 외식(Dining Out) - 49.3%
2. Entertaining at Home - 38.3%
3. 독서(Reading Books) - 37.9%
4. 바비큐(Barbecuing) - 34.7%
5. 해변가기(Go to the Beach) - 25.7%
6. 제빵(Baking) - 25.3%
7. 재미를 위한 요리(Cooking for Fun) - 22%
8. 카드놀이(Playing Cards) - 20.3%
9. 술집/나이트 클럽 방문(Visit Bars/Night Clubs) - 19.1%
10. 보드게임(Play Board Games) - 16.7%

Outdoor Industry Association (www.outdoorindustry.org)의 Outdoor Recreation Participation Topline Report 2014에 따르면, 2013년 기준으로 6세 이상의(142.6 million) 49% 미국인들은 아웃도어 레크리에이션 활동에 참여한다고 보고되었다. 아웃도어 레저 그리고 레크리에이션은 다양한 범위의 활동과 범주〈표 2-15〉를 포함하고 있다.

KEY POINT • • •

〈표 2-15〉 다양한 범위의 활동

· 자전거	· 야생동물 구경
· 보트	· 캠핑
· 낚시	· 골프 관람
· 정원관리	· 등산
· 골프	· 노 젓기
· 하이킹	· 스카이다이빙
· 채집과 사냥	· 보물사냥
· 오토바이	· 연날리기
· 테니스	· 얼티미트 프리스비
· 산책	

출처: Outdoor Industry Association(2014)

2) 국내의 레저산업 동향

(1) 레저 활동의 주된 목적

레저 활동: 주로 경제적 활동 일생을 살면서 필요한 시간 외에 남는 시간에 이루어지는 활동

레저 활동은 주로 남는 시간에 이루어지는 활동을 이야기하는 것으로 그 형태와 목적은 다양하게 나타나고 있다는 것을 예측할 수 있다. 레저 활동에 대한 주된 목적은 성별과 연령에 따라 다양한 결과를 나타낸다. 남성과 여성은 개인의 즐거움을 위해 레저 활동을 주된 목적으로 하고 있다. 연령에 따른 분류에서도 개인의 즐거움이 가장 주된 목적으로 하고 있다. 50대 이상부터는 건강을 위한 레저 활동이 상대적으로 높은 반면, 20대 미만의 여가 · 레저 활동이 건강이 주된 목적이 아닌 것으로 나타났다. 젊은 층에 속하는 20대 미만과 20대가 자기계발을 위한 레저 활동의 목적이 상대적으로 높게 나타났으나 30대 이후에서는 자기계발을 위한 레저 활동이 적게 나타났다.

〈표 2-16〉 레저 활동 주된 목적 및 선호도

대분류	중분류	개인의 즐거움	스트레스 해소	마음의 안정과 휴식	건강	자기 만족	대인관계·교제	시간 보내기	가족과의 시간	자기 계발
성별	남성	37	15	15.7	9.9	7.4	6.3	3.5	2.9	2.3
	여성	37.2	18.9	12.2	10.7	8.5	4.2	2.8	3.1	2.3
연령	20대미만	47.2	10.5	22.1	1.2	6.1	5	0.5	1.9	5.5
	20대	44.1	12.4	16.6	4.6	10.9	5.9	0.6	1.7	3.2
	30대	37.3	16.2	17.6	5.8	8.7	5	5.4	2.1	1.9
	40대	34.4	18	14.6	8.2	8.1	5.6	7	2.1	1.9
	50대	35.4	18.8	12.8	14.2	6.9	5.3	2.6	2	2
	60대	33.4	20.7	8.3	18.7	7	4.4	1.4	4.3	1.7
	70대이상	31.8	19.8	6.1	19.5	6.3	4.9	–	9.1	1.4

출처: 통계청(2016).

(2) 레저 활용 방법

KEY POINT • • •

2000년대부터 2015년도까지 대중들의 여가 · 레저 활용방법은 변화를 보이고 있다. 2000년~2015년 휴식활동을 통한 여가 · 레저 활용 방법을 가장 선호하였으나, 2012년에 들어서면서 휴식활동을 통한 여가 · 레저 활용 방법이 과반 수 이상의 높은 선호도를 보이고 있다. 또한 스포츠 참여활동은 2008년 잠시 하향세를 보이다가 2010년을 기점으로 여가 · 레저 활용 방법으로써 스포츠 참여활동이 높게 나타나고 있다.

〈표 2-17〉 년도별 여가 · 레저 활용 방법

년도	사례수	스포츠 참여활동	문화예술 관람활동	문화예술 참여활동	관광활동	취미오락활동	휴식활동	기타
2000	3,894	12.2	–	–	–	9.8	37.2	31.1
2003	5,034	19.2	11.3	–	2	24	33.9	9.6
2006	8,944	20.5	8.9	–	2.5	20	34.1	14.1
2008	10,000	8.6	2.4	1.5	0.9	32.3	47	7.2
2010	9,000	20.5	2	0.8	0.8	23.6	45.4	6.9
2012	9,000	26.9	6.8	0.8	2.6	54.2	78.7	49.2
2014	9,000	33.1	8.1	2.1	5.2	50.1	73.6	2
2015	9,000	31.6	7.1	1.5	4.8	53.4	75.3	2

출처: 통계청(2016).

KEY POINT • • •

(3) 레저 활동의 선호도

주 40시간 근무제가 시행되면서 대중들의 레저 활동의 참여는 지속적으로 증가하고 있는 추세이다. 성별에 따른 레저 활동의 선호도는 차이를 보이고 있다. 남성의 경우, 10위권 내 레저 활동 중 스포츠와 관련한 레저 활동은 등산, 국내캠핑, 낚시, 스포츠경기직접관람, 헬스/에어로빅, 골프로 60% 이상을 차지했고, 여성의 경우, 10위권 내 레저 활동 중 스포츠와 관련된 레저 활동은 등산, 산책으로 20%를 차지하는 것으로 나타났다.

〈표 2-18〉 레저 활동의 선호도

대분류	중분류	소분류	2012
남성의 희망 여가 · 레저 활동	1순위	등산	27.7
	2순위	영화보기	15.5
	3순위	친구만남/동호회모임	12.4
	4순위	국내캠핑	12
	5순위	낚시	11.4
	6순위	스포츠경기직접관람	10.8
	7순위	해외여행	10.6
	8순위	TV시청	10.6
	9순위	헬스(보디빌딩)/에어로빅	9.7
	10순위	골프	8.9
여성의 희망 여가 · 레저 활동	1순위	영화보기	26.4
	2순위	쇼핑/외식	21.5
	3순위	등산	16.5
	4순위	해외여행	14.6
	5순위	TV시청	11.4
	6순위	산책	10.6
	7순위	친구만남/동호회모임	10.3
	8순위	온천/해수욕	8.9
	9순위	목욕/사우나/찜질방	8.5
	10순위	자연명승 및 풍경관람	8.2

출처: 통계청(2012).

(4) 2016년 스포츠 활동 유형

KEY POINT • • •

레저 활동에 대한 대중들의 관심과 참여가 높아지면서 스포츠 활동을 통한 여가·레저시간을 보내는데 있어 성별에 따라 스포츠 활동 유형은 차이를 보이고 있다. 남자의 경우, 당구와 포켓볼이 22.3%로 가장 높게 나타났고, 이어 농구, 배우, 야구, 축구, 족구가 19.9%, 배드민턴, 줄넘기, 스트레칭 체조가 17.8%로 높게 나타났다. 여자의 경우, 배드민턴 줄넘기, 스트레칭 체조가 18.6%로 가장 높게 나타났고, 요가/필라테스/태보가 13.3%, 수영이 12.2%로 높게 나타났다.

〈표 2-19〉 2016년 성별에 따른 스포츠 활동 유형

활동 유형	남	여
배드민턴 줄넘기 스트레칭체조	17.8	18.6
당구, 포켓볼	22.3	3.1
헬스, 보디빌딩, 에어로빅	12.9	11.2
농구, 배구, 야구, 축구, 족구	19.9	1.8
볼링, 탁구	13.7	6.7
수영	7.7	12.2
육상, 조깅, 속보	9.9	5.1
요가/필라테스/태보	1.2	13.3
사이클링, 산악자전거	8.1	1.9
골프	7.2	2.3
스노보드, 스키	5.6	3
인라인스케이트	2.2	1.7
테니스 스쿼시	2.5	1.3
댄스스포츠	1	2.7
격투기	2.1	0.8
윈드서핑, 수상스키, 스쿠버다이빙	1.5	1
승마 암벽등반 철인삼종경기 서바이벌	0.9	0.4

출처: 통계청(2016)

KEY POINT • • •

지난 10년 동안 레저용 상품 및 서비스에 대한 지출은 빠른 속도로 증가

5 레저산업의 추세와 미래

지난 10년 동안 레저용 상품 및 서비스에 대한 지출은 비레저용 상품에 대한 지출보다 더 빠른 속도로 증가해 왔으며, 특히 과거 몇 년 동안 동일한 서비스, 시설 및 고객 관리 수준을 유지할 경우 더욱 그러했다. 여가에 대한 사람들의 기대가 급격히 상승하고 있고, 여가에 대한 태도와 여가에 대한 인식 및 일과의 관계가 변화하고 있다.

소비자들은 점점 더 분별력과 식견이 높아지고, 돈에 대한 가치를 요구하게 된다. 따라서 지역주민들은 지역사회 여가 측면에서 민간 부문에서 기대할 수 있는 우수한 시설과 서비스 품질을 제공 받기를 기대하고 있다. 여가 제공 및 활동 선택이 외부 변수의 영향을 점점 더 많이 받고 있다. 그들은 건강, 체력, 패션 그리고 환경에 대한 관심에 점점 더 많은 영향을 받고 있다(Torkildsen, 1999).

Trends in Outdoor(2000) 따르면, 여가와 관광 경험에 대한 수요는 향후 몇 년 동안 증가할 것으로 예상된다. 관광객의 변화는 개발된 국가 보다는 개발도상국에 더 유리할 것으로 예상된다.

인구 변화에 대한 경향(예: 나이, 생활 방식, 가족 형태)은 여가 및 여가활동 제공에 영향을 미친다. 여가 및 여가 전문가는 효과적이고 지속 가능한 방식으로 계획을 수립하고 관리하기 위해 인구통계학적 변화 및 예측에 대응해야 한다.

Torkildsen(1999)은 몇 가지 인구통계학적변화와 경향- 지난 20년 동안 사회적 행동의 가장 큰 변화 중 하나는 여성들이 아이를 갖는 것을 늦추는 경향이었다. 이러한 경향은 고등 교육과 노동력 모두에 참여하는 것과 관련이 있다. 게다가, 많은 여성들이 이전의 결혼이나 협력 관계가 붕괴된 후에 두 번째 가족을 꾸리기 시작한다. 사회적 행동의 또 다른 놀라운 변화는 1인 가구의 증가이며, 외로운 부모 가정의 상당한 성장이 있었다.

KEY POINT • • •

나이든 사람들은 더 많은 건강관리를 필요로 하고, 그들은 건강에 대해 더 많이 의식하고 더 활동적이며, 특히 여가활동이 더 인기를 끌고 있다. Torkildsen(1999)은 다른 연령층의 사람들이 다른 패션과 취향을 갖고 있다고 덧붙였다. 나이든 집단들은 더 많은 시간과 더 많은 부유함 그리고 더 많은 기대치를 가지고 있다. 의료는 성장산업이다. 특히 수익성이 좋은 상업 부문에서 젊은이들을 위한 공급이 주요 표적 시장 영역이었다. 이제는 표적이 더욱 다양해졌다. 젊은이 시장이 더 이상 문화적 그리고 상업적으로 지배적이지 않을 때, 노인들을 위한 레저 용품의 조정 시장이 만들어져야 한다. 예를 들어, 사람들이 자신의 속도에 맞게 활동을 수행할 수 있도록 하는, 더 조용하고 더 사회적인 분위기를 가진 제공이 이제 고려되고 있다. 레저 제공자들은 점점 더 자신이 표준화된 대중 시장 공급에서 좀 더 세분화된 시장을 위한 좀 더 유연한 공급으로 이동하고 있다고 본다.

인구가 노령화 되어 감에 따라 위에 언급된 바와 같이, 여가와 여행과 관련된 의료 서비스는 훨씬 더 중요하게 여겨질 것이다. 사냥과 같은 성숙한 여가 활동과 함께 시장 인식이 성공의 열쇠가 될 것이다(Trends in Outdoor, 2000).

시골에 살고 있는 사람들이 도심 지역만큼 레저와 관련된 서비스 혜택을 받지 못할 수 있다.

Torkildsen(1999)은 사회의 주요한 경향은 출생률 하락, 중년층, 장수, 일부 시장 부문의 가처분 소득 증가, 부유층과 비정규직 근로 패턴의 증가, 직장에서 여성비율 증가, 그리고 개인적인 독립적인 생활 방식에 더 많은 중점을 두는 것으로 결론지었다.

KEY POINT • • •

사회적 환경 변화가 미치는 영향
- **건강**
- **위생**
- **식단**
- **교육**
- **근무 시간**
- **휴식시간 증가**

Jennings(2007)는 선진국들의 사회적 환경 변화로 인해 건강, 위생, 식단, 교육 처분 가능한 수입, 사회 정의 프로그램, 지원 메커니즘 뿐만 아니라 근무시간, 여가시간의 긴 업무 시간의 변화에 대한 휴식시간의 증가도 가능성이 높다고 말했다. 추가로, 성별, 나이, 신체적, 심리적, 그리고 정서적 능력에 대한 태도가 변화함에 따라, 많은 사람들이 여가 경험 참여자가 될 기회를 늘어나거나 지속하게 되었다.

새로운 기술은 또한 장애를 가진 사람들이 캠핑, 항해, 낚시, 암벽 등반, 스키와 같은 야외 여가 활동에 참여하는 것을 가능하게 하며, 장애가 있는 사람들을 위한 특별한 제안이 있다.

Trends in Outdoor(2000)에 따르면, 토지와 관련된 여가 문제에 대한 많은 다양한 가능성이 참여에 있어 제한이 될 수 있다는 결론을 내릴 수 있다. 사유지에 둘러싸인 공유지는 매년 더 많은 사유지가 올라옴에 따라 접근이 점점 더 어려워지고 있다. 이용 가능한 공공 토지와 사용자 그룹과 관리 사이의 인접 서비스 커뮤니티의 갈등이 계속 증가하고 있다.

위에서 언급한 동향과 관련된 많은 사항들이 더 나은 교육을 받은 직원의 필요성으로 해석되고 있다. 인적 자원 구성 요소는 통신 기술을 사용하여 대체되지 않고 대신에 그것에 의해 변형될 것이다. 급격하게 변화하는 통신 기술을 활용할 수 있는 능력과 함께 고객요구사항에 대한 더 큰 인식이 시장에서 성공을 위한 요건이 될 것이다. 인적 자원 요구사항의 변화는 관광 상품이 어떻게 판매되는지에 영향을 미칠 뿐만 아니라 여가서비스제공을 위한 모든 관리 수준에 영향을 미칠 것이다(Trends in Outdoor, 2000).

Pigram과 Jenkins(2006)는 레크리에이션은 일반적으로 자발적이고 자유 재량권이 있는 행위가 특징이라고 하였다. 사람들은 참여할지 여부를 선택하고, 발생 위치, 시기, 활동 및 비용을 결정한다고 하였다. 이러한 속성 중 예측하거나 제어할 수 없는 요인에 의해 수정 또는 제거될 수 있다. 더군다나, 선택의 과정은 가족 관계와 개인적 특성과 같은 요인들에 의해 감지할 수 없을 정도로 영향을 받고 소득, 교육, 생활방식, 사회적 관습, 전통과 문화의 변화에 대한 포괄적인 조정에 영향을 받는다. 그러한 변화의 배경 하에서, 야외 여가를 위한 수요를 충족시키고자 하는 계획 입안자들은 어떻게든 예상하기 어려운 힘의 집합에 의해 영향을 받는 미래를 예상해야 한다. 이러한 불확실성을 고려하여, 계획 이니셔티브는 환경변화에 쉽게 대응할 수 있을 만큼 충분히 유연하고 탄력적인 실외 여가 활동의 형태와 패턴을 보강하는 데 훨씬 더 중요해진다.

세계화는 부자와 가난한 분열에 영향을 미치고, 이로 인해 작은 집단이 비싼 목적지를 선택하고 큰 집단이 더 많은 가치를 찾게 만들 것이다. 점점 더 세분화되는 시장의 요구를 충족하기 위해서는 더 많은 상품과 서비스의 포장이 필수적이다. 지역사회는 그들의 자원을 개발하고 확인하는 데 통합되고 잘 협력해야 한다. 그들은 또한 외부이해관계자들의 요구와 목표를 존중하는 산업을 만들기 위해 외부이해관계자들과 협력해야 한다. 특정 프로그램 목표에 도달하기 위해서는 프로그램 계획과 결과를 지향하는 더 많은 연구와 평가가 필요하다(Trends in Outdoor, 2000).

Pigram과 Jenkins(2006)는 자동차 기술의 발전과 경로 방법 및 정비 기술의 발전을 강조하여 여가 활동 장소의 범위와 접근성을 증가시켰다. 4륜구동 차량을 포함해 모든 지형 차량이 개발됨에 따라 일반인들도 원격으로 차량을 개조하여

KEY POINT • • •

레크리에이션의 특징: 자발적이며 자유 재량권이 있음

세분화되는 시장의 요구를 충족시키기 위한 방안
- **다양한 상품 제공 및 서비스 포장**
- **지역사회의 통합과 협력**
- **외부 이해관계자들의 요구와 목표를 존중하고 그들과의 협력관계 유지**
- **시장의 요구를 충족시킬 수 있는 연구와 평가가 필요**

KEY POINT • • •

위험할 수 있는 환경에 진입할 수 있게 되었다. 이것은 생태학적 장애, 자원고갈, 쓰레기 그리고 혼잡의 잠재적인 문제를 가져온다.

Pigram과 Jenkins(2006)에 따르면, 미래의 여가환경을 위한 계획은 공원과 놀이터와 같은 일련의 서비스나 시설을 구축하는 것 이상으로 발전해야 한다. 과제는 개인이 직면할 수 있는 경제적 한계와 자원 제약 내에서 여가이익을 충족시킬 수 있는 물리적, 사회적 환경을 조성하는 것이다. 여가 계획자는 특정 시설만 제공하는 것이 아니라 적절한 여가기회를 제공하는 것에 대해서도 우려하고 있다. 그것은 여가기회를 만들어내고 궁극적으로 참여와 만족을 이끌어내는 사람들의 가치, 필요 그리고 원하는 것의 상호 작용이며, 계획과정의 최종 결과물이다.

레저산업의 특성
- 복합적산업
- 무공해산업
- 노동집약적산업
- 미래지향적산업

정광현(2002)은 레저산업의 특성으로 산업구조상 복합적 산업이며, 무공해산업, 노동집약적 산업, 고부가 가치산업으로 미래지향적인 산업이라고 주장하였다. 이 주장처럼 레저산업은 다른 산업에 비하여 매우 미래지향적인 산업이며, 다양한 산업 분야에 긍정적인 요소와 발전을 가져올 산업이다. 하지만 그냥 간단히 이루어지는 산업은 절대로 아니며, 다른 산업에 비하여 변화의 주기와 성공의 방법이 매우 복잡한 구조의 산업이다. 따라서 레저산업을 보다 구체적으로 연구하는 기관과 대학 그리고 레저산업관련기업들의 보다 적극적이고, 발전적인 협업과 노력이 절대적으로 필요한 산업이라는 것을 우리는 꼭 기억해야 할 것이다.

생각해 볼 문제

01. 레저란 무엇인가?

02. 레저산업이란 무엇인가?

03. 국내 레저산업은 어떻게 분류되고 있는가?

04. 미국 또는 선진국의 레저산업 규모는 어떠한가?

05. 국내 레저산업 동향에 대해 설명할 수 있는가?

06. 레저산업의 미래에 대하여 설명할 수 있는가?

참고문헌

권혁철, 박석영(2013). 레저심리학. 서울: 학지사
김재석, 박진경(2011) 레저관광산업론. 서울: 새로미
김재호, 최공집, 김윤태(2006). 레저스포츠개론. 서울:대경북스.
김치조(1997). 스포츠레저산업론. 서울: 21세기교육사
김홍백, 김진국(2008). 레저스포츠산업론. 서울: 형설출판사.
문병일(2013). 레저스포츠개론. 전남; 전남대학교 출판.
문화체육관광부(2013). 2013 여가백서.
설민신(2002). 현대레저스포츠마케팅. 서울; 학문사
신우성(2008). 관광 레저 스포츠경영. 경기: 대왕사
엄서호(2002). 레저산업론. 경기: 학현사
정광현(2002). 레저와 생활. 서울-학문사.
최석호(2006). 한국사회와 한국여가. 한국학술정보
한국은행(2003; 2007; 2008; 2011). 산업연관표
통계청(2012, 2016). http://kosis.kr/search/search.do;jsessionid=vya2EDhrp1XzefDX2wj5Swh8L26kXEWh0xqnfb2f213SLLg90bZ3uvmHbtwhu4Aj.STAT_WAS1_servlet_engine1
Richard K. Miller & Associates(2016). 2015-2016 Leisure Market Research Handbook.
Torkildsen, G.(1999). Leisure and Recreation Management. London, New York: Routledge.
Trends in Outdoor Recreation, Leisure and Tourism(2000). Ed. Gartner, W. C., Ed. Lime, D. W. Cambridge, MA, USA: CABI Publishing.
Jennings, G.(2007). Water-based tourism, sport, leisure and recreation experiences. Amsterdam Elsevier/Butterworth Heinemann.
Pigram, J. J & Jenkins, J. M.(2006). Outdoor recreation management. New York: Routledge.

Baud-Bovy, M.(2002). Tourism and recreation handbook of planning and design. Oxford: Architectural Press.

Tribe, J.(2005). The economics of recreation, leisure and tourism. Amsterdam: Elsevier.

Hall, C. M. & Page, S.(2007). The geography of tourism and recreation: environment, place and space. London; New York: Routledge.

Williams, D. J. & Walker, G. J.(2006). Leisure, deviant, and crime: "Caution: Objects may be closer than they appear." Leisure/Loisir, 30, 193-218.

3장 스포츠 · 레저 경영

KEY POINT • • •

1 경영의 정의 및 개념

1) 경영의 정의

스포츠 · 레저 경영은 쉽게 설명하자면 Sport와 Leisure의 분야를 경영하는 것을 의미한다. 우리는 일상생활 속에서 경영이라는 말을 수없이 들어봤을 것이다. 경영은 개인, 조직, 개인과 조직, 그리고 조직과 조직뿐만 아니라 모든 분야에서 서로 상호 작용하며 운영되고 있다.

경영은 사람들을 통해 목표를 달성하는 예술, 즉 과학이다. 관리자도 책임을 지기 때문에 관리자는 문자 그대로 "검토" 즉, 사람들이 해야 할 일을 하도록 하는 것으로 해석할 수 있다. 따라서 관리자들은 생산성 향상을 보장하거나 현재의 전문성을 사용하여 '지속적인 개선'을 해야 한다. 보다 광범위하게 말하면, 관리는 개인들이 그룹으로 함께 일하면서 선택된 목표를 효율적으로 달성하는 환경을 설계하고 유지하는 과정이다.

이 기본적인 정의는 확장된 형태로 여러 가지를 의미한다. 첫째, 관리자로서, 사람들은 계획, 조직, 인력, 지도, 그리고 통제의 관리 기능을 수행한다. 둘째, 경영진은 어떤 조직에도 적용된다. 셋째, 관리는 모든 조직 수준의 관리자에게 적용된다. 넷째, 모든 관리자들의 목표는 같다(흑자를 창출하는 것). 다섯째, 경영은 연속적이다. 경영활동은 일반적으로 계획을 세우고(Plan), 계획한 것을 실행하며(Do), 이를 평가(See)하는 연속적인 활동이다.

그러므로 경영진은 크고 복잡한 의사 결정 과정의 전략적 계획, 조정, 조정의 필요성에서 그 중요성을 파생하는 관료주의의 발전을 말한다.

경영의 정의
- **관리자로서의 관리기능을 수행**
- **모든 조직의 경영진 존재**
- **이익창출**
- **연속성**

KEY POINT • • •

따라서 근본적으로, 경영진은 경영 역량의 획득과 문제 해결, 행정, 인적 자원 관리, 그리고 조직의 리더십과 같은 주요 분야의 효율성을 수반한다.

2) 경영의 목적

경영은 인간의 가장 중요한 활동 중 하나이다. 인간 시대부터 목적과 목표를 달성하기 위해 사회 조직을 형성하기 시작하였고, 개인으로서 성취할 수 없는 노력의 조정을 보장하는데 필수적이었다. 사회가 지속적으로 집단의 노력에 의존하고 많은 조직화된 그룹이 커짐에 따라 관리자들의 업무는 중요성과 복잡성이 증가하고 있다. 그 이후로 경영 이론은 경영자들이 복잡한 조직을 관리하는 데 있어 중요하게 되었다.

세계 각지의 일부 관리자들이 경영에 대한 기본적인 이론적 지식이 없었다면 경영 성공을 거둘 수 있었을 것이라는 것이다. 경영 이론이 혼합된 관리자의 일상적인 작업 방식이 개인과 조직 모두를 달성하기 위해 조직을 보다 효율적이고 효과적으로 관리할 수 있는 기회를 제공한다는 점을 분명히 강조해야 한다. 따라서 현대 조직의 경영자들은 정해진 목표를 달성하기 위해서는 그들이 각각의 조직에서 수행하는 중요한 역할에 비중을 두어야 하며, 조직 내의 모든 사람들, 특히 관리자들 자신들 사이에서 우수성을 촉진할 필요가 있다.

경영의 목적
- 이익창출
- 직원들의 복지
- 조직의 재산을 보호

경영의 목적에는 기본적으로 세 가지 관리 목표가 있다. 첫 번째 목적은 조직의 목적과 목표를 최소의 비용과 최소의 낭비로 달성하는 것이다. 두 번째 목적은 건강과 복지, 그리고 직원들의 안전을 지키는 것이다. 세 번째 목적은 인적 자원을 포함한 조직의 기계와 자원을 보호하는 것이다.

무엇보다도, 경영진은 목적과 목표를 달성하기 위해 고군분투하는 조직의 과정에서 항상 떠오르는 문제를 해결하는 것이다. 문제 해결에는 문제 파악, 분석 및 관리 문제 해결 방안 이행이 수반되어야 한다. 둘째, 행정은 실행, 통제, 의사소통, 우임 및 위기관리를 위해 규정된 절차를 따르는 것을 포함한다. 셋째, 인적 자원 관리는 인적 자원의 전략적 통합, 근로자 평가, 주주와 근로자 간의 의견 교환에 기반을 두어야 한다. 마지막으로, 대인 관계, 팀워크, 자기 동기 부여, 감정의 힘과 성숙, 상황 대처 능력, 개인적인 청렴, 그리고 일반적인 관리 능력을 따라 조직적인 리더십이 개발되어야 한다.

KEY POINT • • •

3) 경영의 기능

경영을 이해하기 위해서는 계획, 조직, 인력, 지도, 그리고 통제의 다섯 가지 경영 기능을 파악하는 것이 우선시 되어야 한다. 다양한 업계에서 경영을 위한 기반을 제공하며, 비즈니스 관리자는 고용된 조직에 따라 다양한 책임을 질 수 있다. 경영의 기능은 다음과 같다.

경영의 기능
- 계획
- 조직
- 인력
- 지도
- 통제

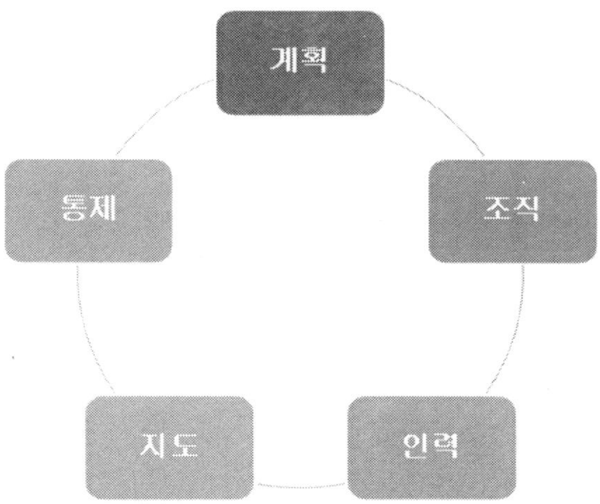

[그림 3-1] 경영의 기능

KEY POINT • • •

경영은 다른 사람과 효과적이고 효율적으로 일을 완성하는 과정입니다.

(1) 계획(Planning)

조직을 준비할 때 계획해야할 사항
- **예산 예측**
- **시장조사**
- **전략적 계획**

사업 관리자는 장래의 일에 대비하고 조직을 준비시킬 책임이 있다. 다음과 같은 계획을 포함하고 있다.

•예산 예측 •시장 조사 •전략적 계획

계획 수립에는 임무와 목적 및 이를 달성하기 위한 조치를 선택하는 것이 포함된다. 이를 위해서는 의사 결정이 필요하다. 즉, 대안 중에서 미래의 행동 방침을 선택해야 한다. 계획은 전반적인 목적과 목적에서부터 가장 세부적인 조치까지 다양하다. 인적, 물적 자원의 투입이라는 결정이 내려지기 전까지는 실제 계획이 존재하지 않는다. 다른 말로 하면, 결정이 내려지기 전에, 존재하는 모든 것은 연구, 분석, 또는 제안을 계획하는 것이다. 실제 계획은 없다.

(2) 조직(Organizing)

조직의 최적화 환경을 만들 때
- **수행해야 할 책임 파악**
- **필요한 인력 및 도구 분석**
- **대표의 책임**

조직의 목적은 워크 플로우 효율성 및 결과에 최적화된 환경을 만드는 것이다. 목표는 비즈니스 관리자를 구성하기 전에 먼저 정의해야 한다.

•수행해야 할 책임 파악 •필요한 인력 및 도구 분석
•대표의 책임

여기에는 새로운 부서를 재정비하거나 개발하거나 새로운 역할을 만드는 것이 포함될 수 있다. 어떤 목표를 달성하기 위해 그룹으로 함께 일하는 사람들은 반드시 해야 할 역할이 있어야 한다. 일반적으로 이러한 역할은 사람들이 특정한 방식으로 그룹 활동에 기여하기를 원하는 사람에 의해 정의되고 구조화되어야 한다. 그러므로 조직화는 사람들이 조직을 채울 수 있도록 의도적인 역할의 구조를 구축하는 것을 포함하는 경영의 한 부분이다. 목적 달성에 필요한 모든 업무는 그것을 가장 잘 할 수 있는 사람들에게 할당되고 부여된다.

실제로, 조직 구조의 목적은 인간의 수행을 위한 환경을 만드는 것을 돕는 것이다. 하지만, 조직 구조를 설계하는 것은 해야 할 일의 종류를 정의하는 것과 해야 할 사람을 찾는 것을 포함하여 구조가 맞는 상황을 만드는 데 많은 문제가 있기 때문에 쉬운 관리 작업이 아니다.

(3) 인력(Staffing)

이 역할은 모든 비즈니스 관리자의 업무에서 큰 부분을 차지한다.

•직원 요구 결정 •직무 기술서 작성 •인터뷰 •교육

효과적인 관리자는 다음과 같은 문제를 이해한다.

•다양성 •윤리 •정치

인력 배치는 조직 구조 내의 자리를 채우는 것을 포함한다. 이는 작업 인력 요건을 파악하고, 이용 가능한 인력을 탐색하며, 현재 일자리의 채용, 배치, 승진, 효율적인 직업 계획, 보수, 훈련 또는 기타 개발을 통해 이루어진다.

(4) 지도(Leading)

지도의 "달콤한 점"은 직원들의 필요와 경제적 생산 사이의 균형을 찾는 것이다. 지도는 다음을 포함한다.

KEY POINT • • •

관리자의 역할

- **직원 요구 결정**
- **직무 기술서 작성**
- **인터뷰**
- **교육**

효과적 관리자

- **다양성**
- **윤리**
- **정치**

KEY POINT • • •

- 자원의 적절한 배분
- 문제에 신속하게 대응하는 지원 시스템 제공
- 직원 동기화
- 강력한 대인 관계 기술로 직원들을 공통의 목표를 향해 지도

효과적인 관리자가 되기 위한 방안
- **동기부여**
- **리더십 스타일**
- **접근방식**
- **소통**

주도적인 것은 사람들이 조직과 그룹의 목표에 기여할 수 있도록 영향을 미치는 것이다. 그것은 주로 관리의 대인 관계 측면과 관련이 있다. 관리자들에게 가장 중요한 문제는 욕망과 태도, 개인과 집단의 행동 등 사람들에게서 발생한다. 따라서 효과적인 관리자들은 효과적인 지도자가 될 필요가 있다. 선도적인 것에는 동기 부여, 리더십 스타일, 접근 방식과 소통이 포함된다.

(5) 통제(Controlling)

통제는 조직의 모든 수준에서 품질을 평가하는 것을 포함한다. 업무를 추적하고 전략적 계획과 비교함으로써, 사업 관리자는 계획으로부터의 편차를 최소화할 수 있다. 통제 작업에는 다음의 분석이 포함된다.

- 사업비용
- 정보관리
- 성능측정

예를 들어, 비용에 대한 예산 통제는 사건이 계획에 부합하는지 확인하기 위해 부하 직원의 활동을 측정하고 수정하는 것이다. 그것은 목표와 계획을 기준으로 성과를 측정하고, 부정적인 편차가 존재하는 곳을 보여 주며, 편차를 시정하기 위한 움직임을 함으로써 계획의 달성을 보장한다.

계획이 통제에 앞서 이루어져야 하지만, 계획이 스스로 실행되는 것은 아니다. 특정 목표를 달성하기 위해 리소스를 사용하는 가이드 관리자를 계획한다. 그런 다음 활동이 계획에 부합하는지 여부를 확인합니다. 계획에 부합하기 위해 이벤트를 완료한다는 것은 계획된 조치와 다른 결과를 책임지는 사람을 찾은 다음 성과를 개선하기 위해 필요한 조치를 취한다는 것을 의미한다. 따라서 사람들이 하는 일을 통제하는 것은 조직의 결과를 통제한다.

마지막으로, 조정은 그룹 목표 달성을 향한 개인적인 노력들 사이에서 조화를 이루기 위한 경영진의 본질이다. 앞에서 논의한 각 관리 기능은 조정에 기여하는 활동이다. 왜냐하면 개인들은 종종 다른 방식으로 유사한 관심사를 해석하고, 상호 목표를 향한 그들의 노력이 다른 사람들의 노력과 자동적으로 맞물리지 않기 때문이다. 따라서 접근 방식, 시기, 노력 또는 관심사의 차이를 조정하고 조직 목표에 기여하기 위해 개별 목표를 조화시키는 것이 관리자의 주요 업무가 된다.

이러한 관리 기능은 조직 내의 성능을 위한 내부 환경과 관련이 있지만 관리자는 조직의 외부 환경에서도 운영해야 한다.

관리자는 자신의 업무 영역에 영향을 미치는 경제적, 기술적, 사회적, 정치적, 윤리적 요소 등 외부 환경의 많은 요소를 이해하고 이에 대응하지 않으면 업무를 제대로 수행할 수 없다.

비즈니스 관리자의 중요한 지식 영역은 다음과 같다.

•통계 •마케팅 •인적 자원 •경제학
•의사 결정 •논리 •문제 해결 •기업 간 기술

KEY POINT • • •

비즈니스 관리자 지식 영역
- 통계
- 마케팅
- 인적자원
- 경제학
- 의사 결정
- 논리
- 문제 해결
- 기업 간 기술

KEY POINT • • •

경영을 보는 관점
- **과정측면에서의 관점**
- **업무측면에서 보는 관점**
- **의사결정 측면에서 보는 관점**

4) 경영을 보는 관점

경영을 보는 관점은 과정측면에서 보는 관점, 업무측면에서 보는 관점, 의사결정 측면에서 보는 관점으로 구분이 가능하다.

(1) 과정측면에서 보는 관점

기업이 목표한 바를 효율적으로 달성하려고 경영활동을 세부영역으로 구분한 것이 과정측면에서 경영을 보는 관점이다.

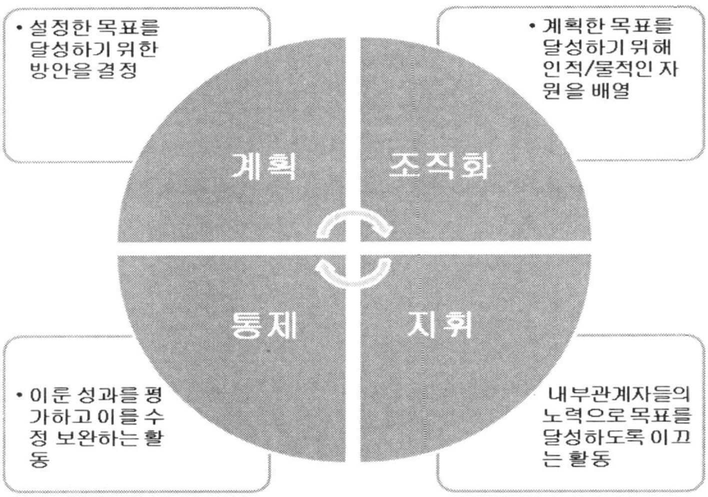

[그림 3-2] 과정 측면에서 보는 경영

① 계획 활동 : 설정한 목표를 달성하기 위한 방안을 결정하는 활동

② 조직화 활동 : 계획한 목표를 달성하기 위해 인적 · 물적인 자원을 배열하는 활동

③ 지휘활동 : 내부관계자들의 노력으로 목표를 달성하도록 이끄는 활동

④ 통제활동 : 이룬 성과를 평가하고 이를 수정 · 보완하는 활동

KEY POINT • • •

(2) 업무측면에서 보는 관점

업무의 특성별로 경영활동을 구분하는 것이 업무측면에서 경영을 보는 관점이다.

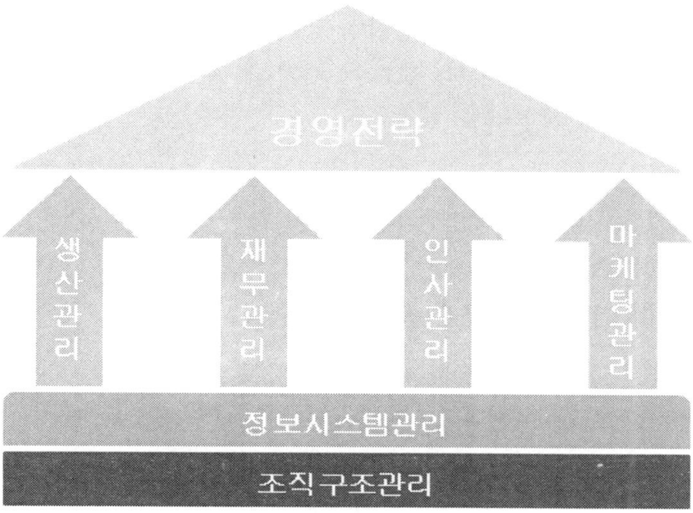

[그림 3-3] 업무측면에서 보는 경영

① 경영전략: 환경변화에서 야기되는 기회와 위협요인에 기업의 능력차원의 속성을 연결하는 것 또는 기업의 활동 범위와 기업이 나아가야 할 방향을 명확하게 제시하는 것.

② 생산관리 : 소비자가 원하는 제품이나 서비스를 제공하기 위할 목적으로 이에 필요한 자원을 생산하여 활용하는 활동.

③ 재무관리 : 경영에 필요한 자본을 합리적으로 운용하여 기업의 목표를 달성하는 활동.

업무측면의 경영
1. 경영전략
2. 생상관리
3. 재무관리
4. 인사관리
5. 마케팅관리
6. 정보시스템관리
7. 조직구조관리

KEY POINT • • •

④ 인사관리 : 기업의 목표를 달성하기 위하여 기업 내 인력 관리와 관련한 업무를 수행하는 활동.

⑤ 마케팅관리 : 기업이 이익을 창출할 목적으로 소비자가 원하는 제품 또는 서비스를 다양한 방법을 활용하여 제공하기 위해 행해지는 업무 활동

⑥ 정보시스템관리 : 기업의 목표를 달성하기 위한 전략 수립 과정에서 또는 기업을 관리하는 데 필요한 정보를 수집하여 이를 필요한 시기에 적절한 부서 또는 인력에게 제공하는 업무 활동.

⑦ 조직구조관리 : 기업의 조직구조를 어떤 식으로 구성할 것인지와 관련한 의사결정 활동.

(3) 의사결정 측면에서 보는 관점

의사결정의 방향성에 따라 경영활동을 구분하는 것이 의사결정 측면에서 보는 관점이다.

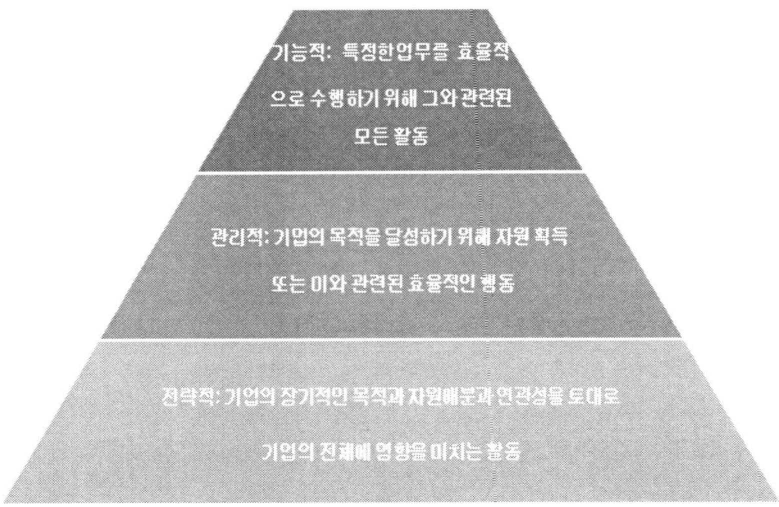

[그림 3-4] 의사결정 측면에서 보는 경영

KEY POINT • • •

- 기능적: 특정한 업무를 효율적으로 수행하기 위해 수행되는 모든 활동을 의미한다.
- 관리적: 기업이 목표로 한 것을 달성하기 위하여 자원을 획득하거나 이와 관련된 효율적인 행동을 수행하는 것을 의미한다.
- 전략적: 기업의 장기적인 목적을 달성하는 것과 자원배분과의 연관성을 토대로 기업의 전체에 영향을 미치는 활동을 의미한다.

2 스포츠 경영의 정의 및 의의

1) 스포츠 경영의 정의

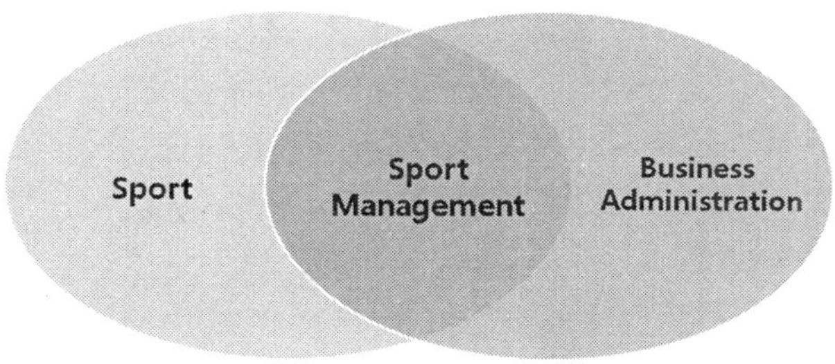

[그림 3-5] 스포츠 경영의 정의

스포츠 경영은 Sport와 Business Administration의 합성어로 스포츠 경영은 Sport Management라는 용어로 쓰인다. 경영학자들은 경영 혹은 행정이라는 뜻을 가지는 Administraion이 경영 혹은 관리의 의미를 갖는 Management 보다 포괄적인 의미를 갖고 있다고 주장한다. 스포츠 경영학 학자들은 Sport Administration이 행정의 개념으로 사용돼 왔기 때문에 경영적인 측면을 포함한 것처럼 보이는 Management라는 용어를 더 선호한다.

KEY POINT • • •

스포츠경영: 스포츠와 관련성이 있는 계획, 지휘, 평가 등을 담당하는 것

스포츠 경영의 용어와 관련해 Sport Management, Sport Administration, Athletic Administration이 미국대학에서 혼용되어 사용하고 있기 때문에 정확한 구분이 쉽지 않다. 그러나 북미 스포츠 경영학회(North American Society of Sport Management:NASSAM)는 스포츠 경영학의 공식 명칭을 Sport Management로 사용하고 있다.

스포츠 경영은 경영적인 측면에서 스포츠와 연관성이 있는 계획, 조직 및 지휘, 평가 등을 담당하는 것을 의미한다. 스포츠 신체활동, 여가 등과 관련된 제품을 생산하고 이를 판매촉진시키는 인력, 활동, 사업, 기업 등을 나타내는 광범위한 영역이라고 할 수 있다. 스포츠 경영은 스포츠 현장에서 나타나는 현상을 관찰하고 이를 분석하여 스포츠 경영 현장에 적용할 수 있는 기술과 전략을 세우는 것이라고 할 수 있다. 즉, 스포츠 경영은 경영과 밀접한 관련이 있는 것으로 스포츠 현장에서의 지식을 바탕으로 스포츠 조직의 경영과 연관성이 있는 원칙을 추구하는 사회과학이라고 정의할 수 있다. 오늘날 스포츠 경영은 스포츠 산업의 관련 현장과 더불어 다른 분야와의 복합적인 관계를 구축한 산업에 치중해 있다.

2) 스포츠 경영환경의 의의

경영과 관련한 행동을 직 · 간접적으로 규제하는 외부 요인을 경영환경이라고 한다. 이는 기업의 내 · 외부적으로 기업 활동에 영향을 미칠 수 있는 모든 영역이라고 볼 수 있다.

KEY POINT • • •

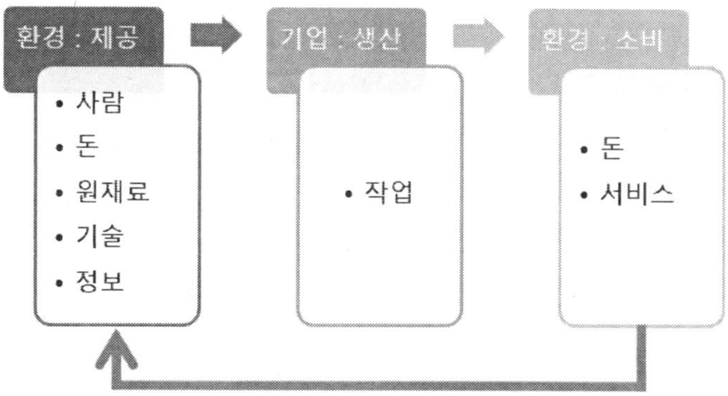

[그림 3-6] 경영환경의 구조

3 스포츠 경영의 목적

스포츠를 소비하는 사람들의 수요에 대응하기 위하여 필요한 다양한 조건을 갖춰 이를 수행하고자 하는 것이 스포츠 경영의 목적이다. 즉, 스포츠를 활성화시키고 스포츠가 추구하는 목표를 달성할 수 있도록 조건을 정비하는 것이다. 이에 이와 관련이 있는 조직, 단체, 기업 등을 보다 나은 환경에서 발전할 수 있도록 조직의 기능을 정비하고 효율적으로 운영하기 위한 것이라 할 수 있다.

4 스포츠 경영의 성격

스포츠 경영은 스포츠의 영역이라고 구분되어 왔지만 스포츠에 대한 관심과 스포츠산업 시장이 커지면서 경영의 영역에서 스포츠를 중요한 요소로 다루기 시작하였고 경영학

KEY POINT • • •

측면에서 스포츠 경영을 하나의 영역으로 인정하고 있다. 체육학은 두 가지의 분야로 구분할 수 있는데 하나는 기초적인 분야이고 다른 하나는 응용적인 분야이다.

운동생리학, 운동역학, 스포츠 영양학, 스포츠 심리학, 스포츠 사회학 등은 기초적인 분야에 속한다. 반면, 스포츠 경영학은 응용적인 분야에 속하며, 체육관리, 체육경영이라는 영역을 포괄한다. 스포츠 경영은 체육/신체활동 · 스포츠 활동 등의 정도를 묻는 것에 있지만 그 활동의 정도에서도 특히 경영관리 부문과 직접적인 연관을 갖고 있다.

5 스포츠 경영의 구성요소

경영의 목적을 달성하기 위한 필요 요소는 인력, 자본, 전략, 정보로 구성된다.

스포츠경영 구성요소
1. 인력
2. 자본
3. 정보
4. 전략

① 인력 : 기업은 기업의 목표를 달성하기 위한 목적으로 이에 필요한 인력을 채용한다. 이러한 인력은 기업의 제품 또는 서비스의 생산성을 높이는 데 매우 중요한 역할을 한다.

② 자본 : 기업을 운영하는 데 있어 필요한 자금으로 이는 자체적으로 마련하기도 하지만 주식 또는 채권을 통해 투자자로부터 자금을 제공받을 수도 있다.

③ 정보 : 정보화 시대에 정보력은 기업의 경쟁력을 좌우하는 중요한 요소로 작용한다. 이러한 정보는 앞서 제시한 인력, 자본과 더불어 기업이 갖춰야 할 필수 요소로 그 가치는 더욱 높아질 것이다.

④ 전략 : 기업이 달성하고자 하는 목표를 위해 기업이 나아가야 할 방향성을 계획하여 이를 실현시키기 위한 업무를 수행하는 것을 전략이라고 한다.

KEY POINT • • •

6 스포츠 경영의 원리

스포츠 경영의 원리에는 스포츠 경영 전략, 조직구조, 인적자원관리, 리더십, 재정관리, 그리고 수행관리 등이 있다.

1) 스포츠 경영 전략

(1) 전략 경영의 원리

전략적 관리에는 경쟁 환경에서 조직의 상황 분석, 방향과 목표 결정, 적절한 전략의 선택 및 고유 자산의 활용 등이 포함된다. 스포츠 조직의 성공은 조직의 전략적 결정의 질에 크게 좌우될 수 있다. 경쟁 시장에서는 스포츠 매니저들이 의미 있는 시장 분석을 수행하고, 명확한 방향을 정하고, 기회에 맞는 전략을 만들어냄으로써 그들 자신의 미래를 주도해야 한다. 전략적 관리 원칙과 이러한 원칙이 스포츠의 특정 산업 맥락에서 어떻게 적용될 수 있는지에 대한 이해는 미래의 스포츠 관리자에게 필수적이다.

가능한 가장 간단한 용어로, 전략은 조직과 조직의 외부 환경 간의 일치 또는 인터페이스이다. 전략의 중심에는 이 두 요소가 동일하게 중요하다는 가정이 있다.

또한 전체 조직 및 조직 운영뿐 아니라 전체 환경과 관련된 전략도 있다. 이러한 전체적인 접근 방식은 전략 관리 과정을 다른 차원의 관리와 구별한다. 전략적 관리의 한 가지 골치 아픈 측면은 복잡하고 다면적인 성격이다. Johnson과 Scholes(2002)는 전략적 의사결정과 관련된 몇 가지 중요한 특징을 언급했다.

① 전략은 조직 활동의 방향 및 범위에 영향을 준다.
② 조직의 활동을 환경과 일치시키는 것이 전략이다.

KEY POINT • • •

③ 조직의 활동과 자원 역량을 일치시켜야 하는 전략이다.
④ 전략의 본질은 주요 이해관계자의 견해와 기대에 의해 영향을 받는다.
⑤ 전략적 결정은 조직의 장기적인 방향에 영향을 미친다.

Johnson과 Scholes(2002)의 언급을 염두에 두고, 전략의 관리는 결정의 결과뿐만 아니라 조직, 환경, 그리고 결정에 대한 강한 이해를 필요로 한다는 결론을 쉽게 내릴 수 있다. 그러나 이러한 요점들은 전략 과정에서 중요한 결과를 놓치고 있다. 전략의 핵심 목적은 경쟁과 다르다. 이러한 관점에서, 전략은 한 축구 클럽이 다른 클럽과 어떻게 다른지, 혹은 왜 고객이 같은 지역에서 다른 축구 클럽보다 레크리에이션 시설을 이용하도록 선택해야 하는지를 설명하는 데 도움이 될 것이다. 조직과 조직의 환경 간의 경쟁은 다른 조직도 쉽게 복사할 수 없는 명백한 경쟁 우위를 야기해야 한다.

(2) 전략적 경영의 과정

전략적 관리는 준비와 기회의 교차점을 찾기 위해 고안된 과정이다. 이런 사고방식은 군에서 나온 전략 개념의 첫 활용에서 나왔다.
예를 들어, 군사 전략의 핵심 원칙 중 하나는 상대방을 분쟁 지점에서 수적으로 우세하게 만드는 것이다. 지형과 같은 변수와 전방과 측면 모두에서 적을 동시에 공격한다. 공격할 기회는 전략적 결정을 더욱 복잡하게 만든다. 또한 이러한 원칙은 〈표 3-1〉에 설명된 전략적 스포츠 관리 프로세스에도 적용된다.

〈표 3-1〉 전략 경영의 과정

전략분석 (Strategy Analysis)	**내부분석(Internal Analysis)** –역량, 결함 (Capabilities, Deficiencies) –이해관계자(Stakeholders)	–강점(Strengths) –약점(Weaknesses)
	외부분석(External Analysis) –환경, 경쟁자 (Environment, Competitors) –고객(Customers))	–기회(Opportunities) –위협(Threats)
전략방향 (Strategy Direction)	사명(Mission) 비전(Vision) 목표(Objectives)	수행측정 (Performance Measures)
전략공식화 (Strategy Formulation)	전략옵션(Strategic Options)	일반적인 전략 –비용리더십(Cost Leadership) –차별화(Differentiation) –집중(Focus)
전략실행 (Strategy Implementation)	전략구현(Deployment of Strategy)	제품 –서비스(Services) –시스템(Systems) –구조(Structure) –문화(Culture)
전략평가 (Strategy Evaluation)	수행측정 (Performance Measurement)	행동수정 (Corrective Action)

KEY POINT • • •

STAGE 1: 전략분석(Strategy Analysis)

스포츠 매니저들이 직면하고 있는 가장 큰 도전 중 하나는 전략을 즉시 수립하고 지체 없이 조치를 취하려는 열망과 싸우는 것이다. 동기부여가 된 관리자들에게 자연스러운 경향이지만, 많은 전략은 예비 작업이 적절하게 수행되지 않았기 때문에 실패할 수 있다.

이 예비 작업에는 내부 및 외부 환경에 대한 포괄적인 검토가 수반된다. 이를 위한 도구는 다음과 같다.

가. SWOT 분석
나. 이해관계자와 고객의 니즈 분석
다. 경쟁자 분석
라. Five forces model 분석

SWOT 분석
강점(Strength)
약점(Weakness)
기회(Opportunity)
위협(Threat)

가. SWOT 분석

SWOT 분석에는 두 부분이 있다. 첫 번째 부분은 조직의 강점과 약점으로 요약될 수 있는 내부 분석을 나타낸다. 이 분석에서는 조직이 통제할 수 있는 모든 것, 그 중 일부는 잘 수행되고, 일부는 능력(강력)으로 간주될 수 있는 반면, 다른 것들은 잘 수행하기가 더 어렵고 부족한 것(약점)으로 보일 수 있다. SWOT 분석의 두 번째 부분은 조직이 직접 통제할 수 없는 외부 요인에 관한 것이다. 그것들은 기회와 위협으로 나누어진다. SWOT 분석의 목적은 조직의 방향이나 전략의 성공에 있어 중요한 역할을 할 수 있는 요소를 찾는 것이다. 이것을 염두에 두고, 스포츠 매니저는 중요한 문제들을 찾아야 한다.

나. 이해관계자와 고객의 니즈 분석

KEY POINT • • •

이해관계자와 고객에 대한 평가 필수

환경 분석이 완료되기 전에 조직의 이해관계자와 고객에 대한 평가가 필수적이다. 이해관계자는 임직원, 참가자, 회원, 리그 또는 기구, 정부, 지역사회, 시설 소유자, 후원자, 방송사 및 팬들을 포함하여 조직에 관심을 가진 모든 사람과 그룹이다. 스포츠 관리자가 대답해야 하는 끊임없는 문제는 그들이 누구를 행복하게 만드느냐 하는 것이다. 다른 이해당사자들보다 우선하여 의도적으로 또는 무심코 일부 이해관계자의 이익을 다루는 것은 전략적 방향 설정 및 제한된 자원의 분포에 심각한 영향을 미친다. 따라서 스포츠 조직과의 제휴에서 각 이해관계자의 의도와 목표에 대한 신중한 분석은 전략적 방향을 설정하기 전에 완료되어야 한다. 전략의 실체는 가장 강력한 이해당사자들의 믿음, 가치 및 기대치에 의해 영향을 받는다.

다. 경쟁자 분석

기회와 위협은 선수의 존재와 활동을 포함하여 외부 환경의 모든 것을 포함할 수 있다. 경쟁사의 행동이 전략적 접근법의 성공에 큰 영향을 미칠 수 있기 때문에, 경쟁자 분석은 조사가 체계적으로 이루어지도록 하기 위해 사용된다.

경쟁사 분석에는 여러 가지 형태가 있으며, 세부적으로 범위가 넓을 수 있다. 그러나 대부분의 경쟁사 분석은 치수 〈표 3-2〉에 요약한 것으로 간주한다. 경쟁자의 전략, 강점, 취약성, 자원, 그리고 그들의 다음 예상 행동을 평가할 때 시간과 주의를 기울여야 한다.

〈표 3-2〉 경쟁자 분석

관점	설명
지리적 범위	위치 및 공통
비전과 의도	생존에서 지배에 이르는 다양한 시도
목표	단기 및 중장기 의도
시장 점유율 및 포지션	소규모에서 독점자로
전략	경쟁 우위 확보 방법
자원	부피 및 가용성
표적 시장	제품 및 서비스를 지시하는 대상
마케팅 접근법	제품, 서비스, 프로모션, 가격, 그리고 유통

KEY POINT • • •

라. Five forces model 분석

경쟁적 환경 분석의 확장은 Michael Porter가 개발한 Five forces model 분석이다. dlrjt은 경쟁 환경을 설명하기 위해 가장 흔히 사용되는 도구이다. 그 기술은 5개의 경쟁력에 초점을 맞춤으로 한다(Porter, 1980) 〈표3-3〉.

〈표 3-3〉 Five forces model 분석

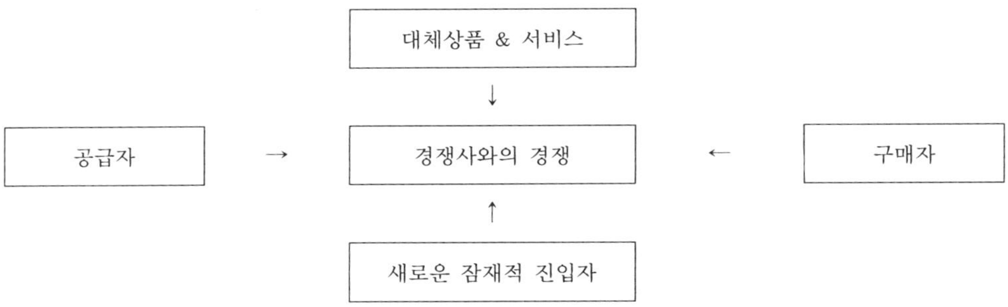

KEY POINT • • •

STAGE 2: 전략방향(Strategy Direction)

전략적 분석이 완료되면 전략적 방향을 설정할 수 있다. 이러한 방향을 명확히 하고 문서화하는 데 사용되는 네 가지 기존 도구가 있다.

가. 미션 제시(Mission statements)
나. 비전 제시(Vision statements)
다. 조직 목적(Organizational objectives)
라. 수행 측정(Organizational objectives)

가. 사명 제시(Mission statements)

사명 제시가 조직의 목적을 나타낸다. 이것을 서면으로 작성해야 하는 것이 이상하게 보일 수도 있지만, 그러한 진술은 전략적 혼란의 위험을 줄이기 때문에 중요하다. 사명 제시는 왜 조직이 설립되었는지, 어떤 서비스와 제품을 제공하고 누구에게 제공하는지를 정의해야 한다. 이 임무는 하나의 진술로 축소될 때 강력한 의도와 책임의 표현이다.

나. 비전 제시(Vision statements)

전략적 방향을 정하는 아이디어 뒤에는 미래를 내다보고 조직이 어떤 모습일 수 있는지에 대한 분명한 심상을 형성해야 한다는 것은 말할 필요도 없다. 이러한 방식으로 생각하는 것은 분석 단계에서 수집된 정보를 해석하고 그들이 제시하는 기회를 찾을 수 있다는 것을 의미한다. 비전 진술은 한 조직의 중장기적 야망을 선언하는 진술이다. 이 진술은 이 단체가 약 3년에서 5년 사이에 달성하고자 하는 것을 표현한 것이다. 그 진술은 보통 한 문장이 아니다.

KEY POINT • • •

다. 조직 목표(Organizational objectives)

비전 제시가 조직의 중장기적 야망을 반영한 것임을 감안할 때, 조직 목표는 이 목적지로 가는 과정에서 지표 역할을 한다. 목표는 비전을 실현하기 위해 반드시 이뤄져야 하는 성취를 반영한다. 예를 들어 만약 한 클럽이 챔피언 결정전의 맨 하위에 있다면, 그들의 비전은 3위 안에 드는 것일 수 있다. 하지만, 한 시즌 안에 이 비전을 달성하는 것은 비현실적인 일이기 때문에 목표는 다음 시즌까지 가장 중요한 비전을 향한 진전으로서 3위 안에 들고자 하는 야망을 나타내는 것일 수 있다. 목표는 일반적으로 현장성과, 개발, 재정, 시설, 마케팅 및 인적 자원 등 조직의 주요 운영 영역별로 설정된다. 그러나 이러한 목표는 측정할 수 있어야 한다.

라. 수행 측정(Performance measures)

성공 또는 실패를 설정하기 위해 핵심성과지표(Key Performance Indicators: 이하 KPIs)를 조직적 목표와 함께 사용한다. 따라서 핵심성과지표(KPIs)는 목표와 분리할 수 없으며 동시에 생성해야 한다. 성과 측정을 사용할 때마다, 그것이 실제로 구체적인 방법으로 측정될 수 있도록 주의해야 한다. 예를 들어, 조직의 '공공 이미지 개선'에 대한 마케팅은 수량화할 수 있는 무언가를 수반하지 않는 한 의미가 없다. 또한 효율성을 측정하는 데 사용할 수 있다. 즉, 적은 자원으로도 동일한 작업을 수행하거나 더 많은 작업을 동일한 방법으로 수행할 수 있다.

STAGE 3: 전략공식화(Strategy Formulation)

전략적 분석은 스포츠 조직의 경쟁적 입장과 전략적 방향을 정하는 것이 미래를 위한 방향을 보여준다.

KEY POINT • • •

전략 관리 프로세스의 전략 수립 단계에서, 스포츠 관리자와 팀은 경쟁적인 환경에 그들의 조직을 배치하는 임무를 맡고 있다. 이것은 상상력과 시나리오 사고의 조합을 필요로 한다. 즉, 그들은 각각의 잠재적 전략적 접근법의 영향을 고려해야 한다. 하지만, 문제를 돕기 위해, 전략적인 위치 결정적 관점에서, 스포츠 관리자가 이용할 수 있는 전략은 한정되어 있다. 이를 일반적인 경쟁 전략이라고 한다.

Porter(1985)는 산업, 제품 및 서비스, 환경 및 자원과 상관없이 모든 조직에 적용할 수 있는 기본 또는 일반 전략은 세 가지뿐이라고 주장했다. 일반적인 경쟁 전략은 스포츠 관리자가 전략적 선택을 할 때 직면하는 가장 기본적인 질문에 답한다. 다른 방법으로 말하자면, 모든 스포츠 조직은 시장 어딘가에 위치해야 한다. 그 도전은 기회도 좋고 유리한 위치를 찾는 것이다. 결과적으로 일부 스포츠 단체들은 그들의 제품과 서비스를 더 저렴하게 제공할 수 있기 때문에 상대방을 앞지르려고 하고, 다른 것들은 다른 사람들이 복제하기 어려운 고유한 제품이나 서비스를 기반으로 경쟁하지만, 다른 것들은 여전히 그들 스스로 자리를 잡으려고 한다. 이 세 가지 전략적 입장은 비용 리더십(Cost Leadership), 차별화(Differentiation), 집중(Focus)으로 자세한 내용은 아래에 설명되어 있다.

가. 비용 리더십(Cost Leadership)

가능한 한 많은 고객에게 최저 비용으로 제품과 서비스를 제공함으로써 비용 선두 주자가 되는 것이다. 이러한 전략적 접근법의 논리는 다른 어떤 경쟁자들보다 더 많은 판매가 수익성을 증대시키는 크기와 시장 점유율에 의해 좌우된다. 이러한 일반적인 경쟁 전략에 있어 필수적인 것은

KEY POINT • • •

효율성과 비용을 최소로 유지하는 능력이다. 이러한 접근법은 샴푸와 같은 소비자 제품에서 흔하지만 스포츠에서는 덜 흔하다. 그러나 일부 장비 및 스포츠 의류 제조업체들은 더 비싼 경쟁사들보다 훨씬 더 많이 팔릴 수 있기를 바라며 그들의 제품을 저렴한 가격으로 제공하고 있다. 특히, 많은 레저 시설들은 낮은 가격을 근거로 고객들을 끌어들이려고 한다.

나. 차별화(Differentiation)

경쟁업체가 복제하기 어려운 차별화된 제품 및 서비스를 제공한다. 이러한 전략적 접근법의 논리는 소비자들이 독특한 제품과 서비스에 높은 가치를 둘 것이라는 가정에 의해 뒷받침된다. 일반적으로 이러한 접근 방식은 강력한 브랜드 이미지를 구축하고, 정기적인 혁신과 새로운 기능을 통합하고, 대응력이 뛰어난 고객 서비스를 통합하려는 시도로 지원된다. 많은 스포츠 단체들이 그들의 제공물들의 특성 때문에 거의 기본적으로 이 자리에 배치된다. 예를 들어, 테니스 클럽은 다른 스포츠나 레저 활동과 비교했을 때, 정의에 의해 구별되는 다양한 서비스를 제공한다. 하지만 두 개의 테니스 클럽이 비슷한 지역에서 경쟁할 때, 새로운 전략적 위치를 차지하는 것이 필요할 수도 있다. 한 가지 옵션은 아마도 주중 선수들을 위한 아이 돌봄 서비스나 더 심각하게 경쟁하는 선수들을 위한 체육관과 같은 새롭고 혁신적인 것을 제공함으로써, 그들의 서비스를 더 차별화하는 것이다.

다. 집중(Focus)

시장 점유율을 장악할 목적으로 시장에서 틈새시장에 일련의 제품과 서비스를 제공하는 것이다. 이러한 전략적 접근 방식을 이끄는 논리는 대규모 시장의 작은 부분에서 우위를

KEY POINT • • •

차지하는 것이 훨씬 크고 더 나은 재원 조달 조직과 경쟁할 필요 없이 조직이 조기에 성공을 거두는 방법이다.

이러한 접근법으로 성공하기 위해서는, 제공된 제품과 서비스가 고객에게 특정한 요구를 충족시켜야 한다는 것을 알고, 시장 분야를 매우 신중하게 선택해야 한다. 많은 스포츠 단체들도 이러한 접근법을 취하고 있다. 예를 들면, 전문 스포츠 장비, 스포츠 클럽과 암벽 등반이나 탁구 협회 등이 있다. 이러한 대안들 사이에서 결정을 내리는 열쇠는 전략 관리 과정의 분석과 방향 단계에 있다.

전략에 정통한 스포츠 관리자는 항상 어수선한 시장에서 조직을 배치할 방법을 찾고 있다. 스포츠 조직이 다른 조직보다 더 잘 할 수 있는 것, 즉 비용을 낮게 유지하거나 훌륭한 고객 서비스를 제공하는 것과 같은 경쟁 우위를 결정하는 것도 선택 사항 중 하나이다. 또 다른 부분은 탐색할 가치가 있는 기회를 환경에서 찾는 것이다. 이러한 요소들 사이에 전략적 방향과 일치하는 부분이 있다면, 전략적 공식이 탄생한다. 가장 최악의 장소는 전략 간의 '중간'이라는 점을 기억할 가치가 있지만, 전략 옵션을 결합하는 것이 효과적으로 관리된다면 유리할 수 있다.

STAGE 4: 전략실행(Strategy Implementation)

전략 구현은 조직이 선택한 경쟁력 있는 전략의 도입을 나타낸다. 예를 들어, 차별화 전략을 선택한 경우 실행 단계에서는 조직의 제품, 서비스 및 활동 전반에 걸쳐 차별화된 전략을 도입할 수 있는 방법을 고려해야 한다. 여기에서 의사결정의 전략적 수준과 실행 수준 사이에는 중요한 차이가 있다. 다시 군사적 비유로 돌아가자면, 전략은 군대 전체가 어떻게 배치되는가 하는 것이다. 전술적 및 운영적

KEY POINT • • •

결정도 이루어진다. 이것은 각 대대의 선택과 같다. 항상 가장 중요한 목표는 군대의 목표들을 반영하는 것이지만, 군대의 작은 부분들은 결국 전쟁에서 성공할 수 있는 작은 성취들을 위해 일한다.

조직 목표를 달성하기 위해 채택될 전략에 관한 결정이 확정되면 이를 행동으로 전환하는 작업이 시작된다. 이는 조직의 각 주요 영역 또는 부서의 대표가 일반적인 전략에 기여할 수 있는 방법을 결정하는 데 참여해야 한다는 것을 의미한다. 예를 들어, 만약 클럽의 한 목표가 현장 실적에 관심이 있다면, 개발 프로그램의 리더들이 계획하는 데 역할을 할 가능성이 높다. 마찬가지로, 재무성과와 관련된 목표에는 후원을 담당하는 마케팅 직원이 참여해야 한다. 이러한 각 영역에서는 일반적인 전략을 지원하기 위해 전술 및 운영 수준에서 수행될 일련의 활동을 설명하는 계획을 개발해야 한다. 이러한 각 작업은 측정 또는 KPI를 필요로 한다. 종종 구현 프로세스에는 리소스 분배, 조직 구조, 제품 및 서비스 제공 시스템, 조직 문화 및 리더십의 변경도 필요하다.

STAGE 5: 전략평가(Strategy Evaluation)

전략적 관리 보다 어려운 측면 중 하나는 수행된 작업에 대한 통제 또는 평가이다. 스포츠 분야에서는 현장 실적이 전략의 다른 요소들을 압도하는 경향이 있다는 분명한 것을 포함하여 이 과정을 더 복잡하게 만드는 많은 문제들이 있다. 전략적 평가 단계에서는 전략의 두 가지 관련 측면을 평가해야 합니다. 첫째, 각 조직의 목표와 관련된 핵심성과지표(KPIs)를 실제 결과와 비교하고, 둘째, 실행된 작업의 성공 여부를 확인해야 한다.

KEY POINT • • •

2) 조직 구조

(1) 조직 구조란 무엇인가?

조직 구조는 업무들이 조직 내에서 어떻게 분할되고, 조정되는지를 설명하는 프레임워크이다. 모든 스포츠 조직은 개인과 팀이 수행해야 할 과제를 요약한 구조를 가지고 있다. 조직을 위한 올바른 구조를 찾는 것은 혁신과 창의성을 촉진하는 동시에 절차를 공식화하는 요구 사항을 조정하는 것을 포함한다. "권한" 구조란 소유주와 관리자가 사람들의 일에 대한 동기나 태도에 과도하게 영향을 주지 않고 직원 활동에 대한 적절한 통제를 행사할 수 있는 구조를 의미한다. 또한 불필요하고 비용이 많이 드는 관리 계층을 줄이면서 명확한 보고 및 통신 라인을 제공한다. 조직의 구조는 업무, 의사결정 절차, 협업의 필요성, 책임 수준 및 보고 메커니즘의 측면에서 직원과 지원자가 서로 '적합'하는 위치를 정의하기 때문에 중요하다. 즉, 조직의 구조는 조직 내 위치가 어떻게 관련되어 있는지, 조직 내 개인과 작업팀이 어떤 작업을 수행하는지에 대한 로드맵을 제공한다.

(2) 조직구조의 규모

조직의 구조를 설계할 때, 관리자는 업무 전문화, 부서화, 지휘 체계, 통제 범위, 중앙 집중화 및 분산화, 공식화 등 6가지 요소를 고려해야 한다(Robbins et al., 2004b).

가. 업무 전문화

대부분의 스포츠 단체들은 종종 하루, 주 또는 일 년에 걸쳐 다양한 종류의 업무를 수행해야 하는 소수의 직원을 고용한다. 이런 경우 조직의 구조는 낮은 수준의 전문화를

KEY POINT • • •

필요로 한다. 예를 들어, 주 또는 지방 스포츠 조직 내의 스포츠 개발 담당자는 주니어 선수들과 함께 기술 클리닉을 운영하거나, 코치 교육 과정을 설계하거나, 임시 직원의 데이터베이스를 관리하거나, 코스를 통해 후원 또는 자금 지원 기관을 대표하는 등의 활동에 참여할 수 있다. 이러한 역할은 매우 다른 기술을 필요로 하며, 이러한 조직에서는 낮은 수준의 업무 전문화를 통해 구조가 도움이 된다.

나. 부서화

부서화는 공통 작업이나 관련 작업을 조정할 수 있도록 개인들을 그룹으로 묶는 것이다. 본질적으로, 사람들은 조직 목표를 달성하기 위해 부서를 맡는다. 조직은 기능, 제품 또는 서비스, 프로세스, 지역 또는 고객 유형에 따라 부문을 구성할 수 있다. 부서별 분류의 가장 일반적인 형태는 개인이 수행할 수 있는 기능에 따라 다양한 부서에 사람 또는 위치를 할당하는 것이다. 예를 들어, 주 또는 지방 스포츠 조직은 선수 개발, 경기 관리, 특별 이벤트 및 기업 업무 부서에 따라 직원을 그룹화 할 수 있으며, 각 부서는 매우 구체적인 기능을 수행할 수 있다. 조직은 둘 이상의 기준을 사용하여 부서를 설계할 수 있으며 부서 선택은 조직 규모, 기능 및 운영 요구 사항에 따라 달라진다.

다. 지휘 체계

명령 체인은 조직의 상위 및 하위 수준 사이에 존재하는 보고이다. 본질적으로, 그것은 조직 내의 각 위치를 최고 행정부와 연결하는 권한의 선이다. 그것은 조직 내 각 위치에 대한 명확한 권한과 책임을 확립하는 개념을 포함한다. 권한은 권리관리자들이 조직의 다른 구성원들에게 명령을

KEY POINT • • •

내려야만 하는 것과 명령이 수행될 것이라는 기대를 말한다. 특정 조직의 특정 단계에 있는 관리자에게는 작업을 수행할 권한이 제공되면 그에 상응하는 책임도 할당된다. 단 한 명의 직원이 책임을 지는 것은 지휘권의 통합으로 알려져 있다. 두 명 이상의 관리자의 요구를 조정할 때 직원들이 잠재적인 갈등을 겪지 않도록 함으로써 명확한 의사 결정을 내리는 데 도움이 된다.

라. 통제 범위

통제 범위란 관리자가 비효율적이거나 비효율적으로 되지 않고 직접 감독할 수 있는 직원 수를 말한다. 관리자가 효과적으로 제어할 수 있는 정확한 수는 직원의 전문 지식 또는 경험 수준에 따라 결정된다. 즉, 경험이 많고 숙련된 직원이 감독을 덜 필요로 한다는 논리가 있다. 직무의 복잡성, 직원의 위치, 배치되는 보고 메커니즘, 직무의 표준화 정도, 관리자의 스타일 및 조직의 문화 또한 개별 관리자의 이상적인 관리 기간을 결정하는 데 역할을 한다. 통제 기간은 특정 조직에서 요구되는 관리 수준의 수에 영향을 미친다. 관리 기간이 길어질수록 한 명의 관리자가 더 많은 직원을 감독할 수 있으므로 관리 비용이 절감된다. 그러나, 이 비용 절감은 효과적이어서, 이 단일 관리자는 많은 수의 직원과 연락하고 소통하는데 더 많은 시간을 할애해야 하기 때문이다.

마. 중앙 집중화 및 분권화

중앙 집중화는 조직의 맨 위에 의사 결정이 위치하는 정도를 나타낸다. 조직은 대부분의 결정이 하위 계층의 직원들로부터 거의 투입되지 않은 고위 관리자들에 의해 이루어질 때

KEY POINT • • •

고도로 중앙 집중화된 것으로 간주된다. 대신에, 조직은 그렇게 할 수 있는 권한을 부여 받은 직원과 하위 관리자들에 의해 의사결정이 이루어질 수 있을 때 분산된다. 중앙집권화와 분권화의 개념은 조직이 결코 배타적이지 않다는 점에서 상대적이라는 것을 이해하는 것이 중요하다. 모든 결정이 소수의 최고 관리자 그룹에 의해 이루어졌거나 모든 결정이 하위 직원에 위임된 경우 조직은 기능할 수 없었다.

바. 공식화

공식화는 작업이 표준화되는 정도와 직원 행동이 규칙과 절차에 의해 안내되는 정도를 나타낸다. 이러한 규칙 및 절차는 신입 직원 선택, 교육, 작업 수행 방법에 대한 일반 정책, 일상적인 작업에 대한 절차 및 작업 설명에 제공되는 세부 정보의 양을 포함할 수 있다. 조직을 공식화하면 관리 책임자가 직원들에 대해 가지는 것과 개별 직원이 가질 수 있는 의사결정 재량의 양이 증가한다. 지역 스포츠클럽과 같은 단체는 일이 어떻게 진행되는지 대한 절차나 규칙이 거의 없을 수도 있지만, 프로스포츠 리그의 재판소는 어떻게 사건들이 보고되고, 듣고, 기소되는지에 대한 매우 세부적인 절차와 정책을 가질 것이다.

(3) 구조 모델

스포츠 단체에 의해 채택된 구조의 종류는 4가지 공통 유형으로 분류될 수 있다. 단순한 구조, 관료주의, 매트릭스 구조, 그리고 팀 구조. 이러한 각 항목을 간략히 살펴보고 스포츠 조직과 관련성을 알아보겠다.

단순한 구조에는 낮은 수준의 부서별 분류와 공식화, 광범위한 관리 기간이 있으며 소수의 사람들에게 집중된 결정이 있을 가능성이 높다. 그러한 구조는 10명의 파트타임 및

KEY POINT • • •

풀타임 직원과 소유자/관리자를 가진 작은 스포츠 용품 소매점에서 사용될 것이다(그림 3-5).

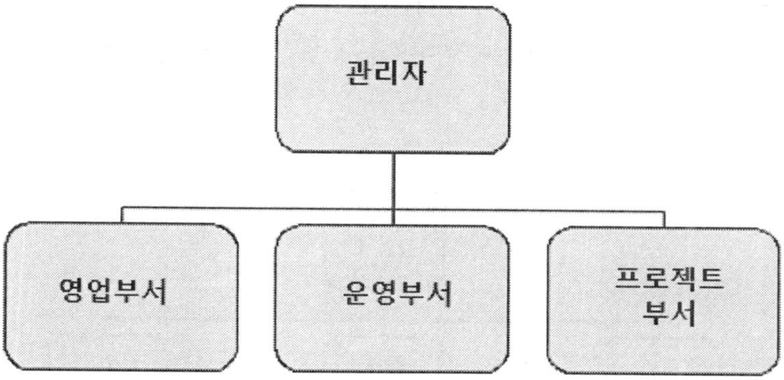

[그림 3-5] 단순구조 조직

관료적 구조는 직원과 활동의 조정과 제어를 극대화하기 위해 조직의 운영을 표준화하려고 한다. 그것은 높은 수준의 공식화, 특정한 기능이나 과제를 다루는 분리된 업무 팀으로 사람들을 그룹화하기 위한 부서의 이용, 고도로 중앙 집중적인 의사 결정 그리고 분명한 명령 체인에 의존한다. 스포츠 잉글랜드, 호주 스포츠 위원회 또는 주/지방 스포츠 정부 부서와 같은 조직은 이러한 노선을 따라 구성될 것이다. 조직의 규모가 확대되거나 서비스를 제공하는 위치의 수가 증가하거나 활동의 범위가 다양화됨에 따라 관료화의 일부 요소를 반영할 가능성이 더 높아졌다.

매트릭스 조직 구조(그림 3-6)는 기능 및 제품에 따라 부서로 구성된 사람들의 조직을 반영한다. 예를 들어, 엘리트 스포츠 협회에서는 스포츠 심리학자들, 생체 기술자, 기술 습득 코치와 운동 생리학자 같은 전문가를 별개의 팀으로 그룹화 할 수 있다. 동시에, 이 팀들의 개인들은 다양한 스포츠 그룹이나 선수들에게 서비스를 제공하는 데 관여할 수

KEY POINT • • •

있으며, 그들을 위해 두 명의 상사를 효과적으로 만들 수 있다. 이것은 명령 원칙의 통합을 깨뜨리지만, 조직이 전문가들을 함께 그룹화하여 전문지식을 최대한 공유하고 다수의 프로젝트 또는 서비스 제공 영역에 참여하도록 지원한다.

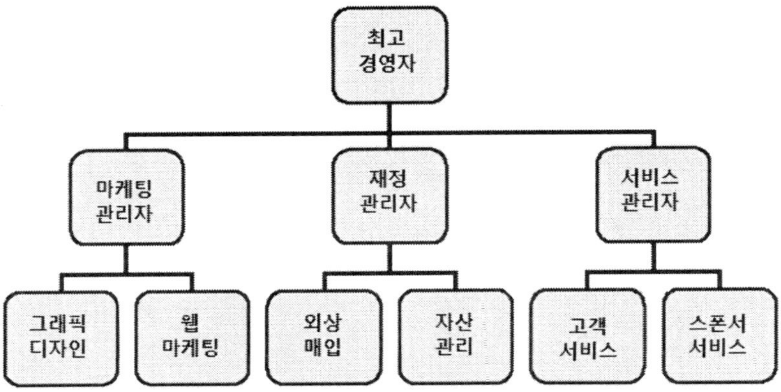

	운영 부서	서비스 부서	마케팅 부서
팀 1	매니저 1	프로젝트 업무 1	업무 1
팀 2	매니저 2	프로젝트 업무 2	업무 2
팀 3	매니저 3	프로젝트 업무 3	업무 3

[그림 3-6] 매트릭스 조직구조

비교적 새로운 구조 설계 옵션은 팀 구조입니다(그림 3-7). 팀 구조는 다양한 업무를 수행할 수 있는 기술을 가진 사람들로 구성된 팀에게 의사 결정을 분산시켜야 한다. 축구 클럽 프랜차이즈는 선수들에 대한 재정, 인력, 영향과 관련하여 신속한 결정을 가능하게 만들기 때문에 클럽 행사나 마케팅 캠페인을 위해 구성된 팀들로 그러한 구조를 채택할 수 있다.

KEY POINT • • •

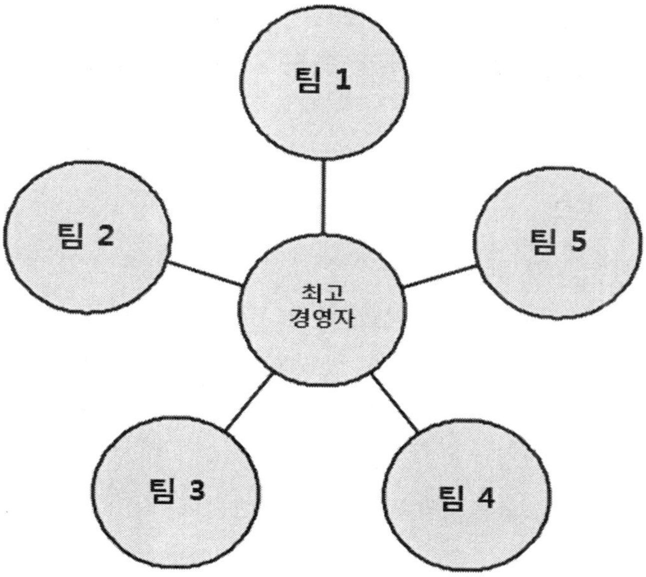

[그림 3-7] 팀 구조

(4) 어떤 구조가 스포츠조직에 영향을 미치는가?

일반적으로 조직의 구조에 영향을 미치는 4가지 요소는 전략, 규모, 기술, 그리고 환경적 불확실성이다.

가. 전략
나. 규모
다. 기술
라. 환경적 불확실성

가. 전략

완벽한 세상에서는 조직의 구조가 조직의 전략적 목표가 달성될 가능성을 극대화하기 위한 요구사항을 중심으로 설계될 것이다. 이것은 거의 가능하지 않지만, 전략은 스포츠 단체에 의해 채택된 구조를 결정하는데 중요한 역할을 한다.

KEY POINT • • •

조직이 혁신, 비용 최소화 또는 모방이라는 전체적인 전략을 추구하는지 여부는 특정 조직 구조의 설계를 필요로 할 것이다.

나. 규모

조직의 크기 또한 그것의 가능한 최고의 구조가 될 것을 결정하는 데 중요한 역할을 한다. 대규모 조직은 소규모 조직보다 더 많은 전문 역할 및 부서와 더 높은 수준의 관리를 통해 보다 공식화된 경향이 있다. 이는 경영자들이 대규모 조직에서 정보의 양과 커뮤니케이션을 관리하기 위해 더 큰 통제 수단을 구현해야 하기 때문에 의미가 있다.

다. 기술

기술은 조직 구조에 영향을 미친다. Robbins et al. (2004b)은 조직이 주로 일상적인 작업을 수행하는 경우 높은 수준의 부서화와 높은 수준의 중앙 집중식 의사결정이 있다고 주장한다. 이것은 논리적인 것으로 보인다. 왜냐하면 비경로적인 작업들은 그들이 실제로 일어나는 조직 수준에서 결정을 내려야 하기 때문이다. 전문 스포츠클럽과 같은 스포츠 단체와 관련하여, 정보와 통신 기술의 사용이 증가한다는 것은 비디오 기술자, 통계학자, 네트워크 프로그래머와 같은 추가적인 전문직 종사자들이 일을 수작업으로 수행하던 직원을 대체할 수 있다는 것을 의미한다.

라. 환경적 불확실성

스포츠 조직의 환경 불확실성은 공급 업체, 서비스 공급자, 고객, 스폰서, 운동선수, 자원봉사자, 직원, 이해관계자 그룹, 정부 규제 기관의 행동과 경제 또는 시장 상황의 일반적인

KEY POINT • • •

변화의 영향을 받을 수 있다. 예를 들어, 프로 선수들의 그룹이 부적절하게 행동한다면, 그들의 행동은 그들의 클럽이나 팀이 후원금을 유지하거나 개발하는 능력에 영향을 미칠 수 있으며, 이는 다시 직원 유지 능력에 영향을 미치고 따라서 구조 조정이 필요할 수 있다. 마찬가지로 경기 침체는 스포츠 용품의 판매에 직접적인 영향을 미칠 수 있으며, 조직은 비용을 절감하거나 제품군을 변경하기 위해 그에 따라 구조를 조정해야 할 수도 있다.

3) 인적자원관리

(1) 인적자원관리란 무엇인가?

비즈니스 또는 스포츠 조직에서 인적 자원 관리는 기본적으로 가장 먼저 적절한 시기에 적합한 사람을 찾고, 둘째, 적절한 교육을 받고 만족한 인력을 확보하는 것이다. 효과적인 인적자원관리를 뒷받침하는 개념은 특별히 복잡하지 않다. 인적자원관리는 조직 계획 시스템의 핵심 특징이다. 이는 전략적 계획, 재무 계획 또는 조직 문화와 구조 관리와 같은 다른 주요 관리 도구와 분리될 수 없다. 인적자원관리는 조직의 성공을 이끌 수 있는 중요한 요소이기 때문에 체계적인 관리와 준비가 필요하다.

인적자원관리는 조직의 상황과 전망에 따라 각기 다른 의미를 가질 수 있다. 미국프로농구(NBA), 메이저리그 베이스볼(MLB) 또는 내셔널 하키리그(NHL) 등 수익 위주의 전문 스포츠 조직의 경우 성공적인 인적자원관리는 수익성과 장기적인 성공에 기여한다. 이것은 직원들을 희생시키면서 이러한 일들을 추구한다는 것이 아니라, 직원들의 성공은 사업 지표로 측정되고 인적자원관리가 사업을 목표를 향해 나아가는 도구라는 것을 암시한다.

KEY POINT • • •

대규모 인력이 있는 대규모 조직은 정교한 인적 자원 관리에 참여할 수 있는 능력과 책임을 모두 가지고 있다. 종종 고위직원이 이끄는 전담 팀이나 부서가 있다. 그러나 중소기업에서는 공식적인 시스템에서 인적자원관리 관행에 전념할 수 있는 인적 또는 재정적 능력이 항상 있는 것은 아니다. 중소기업의 인적자원관리는 최고 경영자나 총지배인 등 대부분의 고위직원이 담당하거나 재무, 기획, 마케팅 등을 담당하는 다른 고위 경영자의 역할과 결합되는 경우가 많다.

(2) 인적자원관리의 핵심

스포츠 조직의 인적 자원 관리는 효과적이고 생산적이며 만족스러운 인력을 제공하는 것을 목표로 한다. 인적 자원 관리는 고용주가 인력 채용, 선택, 개발, 보상, 유지 및 평가에 사용하는 시스템과 관행의 설계, 개발, 구현, 관리 및 평가를 말한다. 인적자원관리 프로세스의 핵심 요소는 (그림 3-8)에 나타나 있다. 다음 단계는 인적자원관리의 핵심 기능으로 간주되지만, 이러한 기능은 스포츠 조직의 크기, 방향 및 상황에 따라 크게 다르다는 점을 유념하는 것이 중요하다.

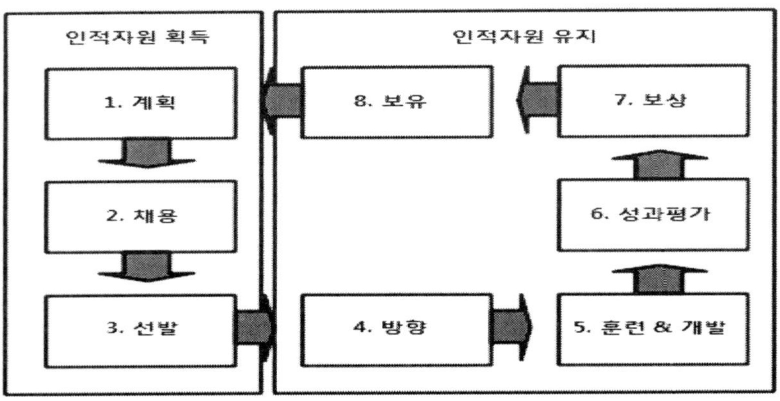

[그림 3-8] 인적자원관리 과정

KEY POINT • • •

1단계: 인적자원 계획

인적자원관리 계획은 기본적으로 조직의 인력 요구를 평가하고 예측하는 것이며 효과적인 인적자원관리를 위한 가장 중요한 단계라고 일컬어진다(Smith and Stewart, 1999). 인력관리 계획 단계는 인력 수준이 상당히 일정하며 직원이 수행하는 작업 유형에는 거의 차이가 없는 조직에게는 짧고 정적이다.

2단계: 채용

채용이란 조직이 설계된 업무에 가장 적합한 사람을 찾으려고 노력하는 과정을 말한다. 지원자 수가 많을수록 조직이 적합한 후보를 찾을 가능성이 커진다. 그러나 지원자 그룹을 생성하는 것이 항상 간단한 것은 아니며, 특히 수요가 있거나 부족한 특정한 기술, 지식, 자격 또는 경험이 필요한 경우 특히 그렇다.

3단계: 선발

선발과 심사는 채용 과정에서 지원한 지원자를 최종 후보자 명단에 포함시키는 과정이다. 전형적으로 선발 단계에는 지원자들이 제출한 지원서 양식과 이력서를 보충하는 최종 후보자 면접이 최소한 한 번은 포함될 것이다. 이러한 선발 도구는 구직자가 직업 분석에서 적합한지 여부와 그 일자리에 가장 적합한 지원자를 결정하는 데 사용될 것이다. 면접은 임직원이 조직과 직책에 가장 적합한지를 판단하는 가장 일반적인 방법이다.

이와 같은 측면에서 Smith와 Stewart (1999)는 인터뷰에서 묻지 말아야 할 질문의 유형을 언급하였다.

· 당신은 몇 살입니까?
· 당신은 젊은 사람들과 일하는 데 문제가 있나요?
· 당신은 결혼하셨어요?
· 당신은 자녀가 있나요?
· 당신은 직장에서 있을 때 아이들을 어떻게 돌볼 것인가?
· 당신은 얼마나 오랫동안 편부모였습니까?
· 당신은 아이를 더 가질 작정이세요?
· 당신은 어디에서 교회에 다니나요?
· 당신은 기독교인입니까?
· 당신은 금지약물에 대한 당신의 견해는 어떻습니까?
· 당신의 지원서와 함께 최근 사진을 보내주세요.
· 당신의 체중 문제는 어떻게 할 거예요?
· 당신은 전염성 질환이 있습니까?
· 당신은 어떤 클럽에 속해 있나요?
· 당신은 노동조합이나 전문 단체에 속해 있나요?
· 당신의 정치적 성향에 대해 말씀해 주시겠습니까?
· 당신은 군 복무를 한 적이 있습니까?

KEY POINT • • •

4단계: 방향

일단 채용과 선발 과정을 성공적으로 밟으면, 그들은 스포츠 조직 내에서 새로운 일을 시작할 준비가 되어 있다. 그러나 시작하기 전에 방향을 정하고 유도해야 한다. 좋은 질의 방향과 유도 프로그램을 통해 직원들이 환영과 권능을 느낄 수 있지만, 형편없는 프로그램을 통해 새로운 직원이 마치 외국에 갈 수 없는 것처럼 느끼게 할 수 있기 때문에 인적자원관리에서 이 단계는 매우 중요하다.

KEY POINT • • •

5단계: 훈련 및 개발

교육과 개발은 지속적인 성장과 발전을 추구하는 조직의 핵심이다. 체계적인 훈련과 개발 프로그램에 참여하지 않는 스포츠 조직은 최적의 수준보다 훨씬 낮은 수준으로 운영될 예정이며, 이는 현재의 추세, 관행 및 기술에서 뒤쳐질 뿐만 아니라 스스로를 학습 기관으로 보지 않기 때문이다 (Sengu, 1990).

6단계: 성과평가

이러한 인적 자원 관리 프로세스 단계는 잠재적으로 가장 위험한데, 매크로 레벨과 마이크로 레벨에서는 관리자들이 부정적인 평가를 받을 수 있는 능력을 가지고 있기 때문에 관리자들이 다른 사람을 평가할 가치가 없다고 느끼거나 직원을 불편하게 한다. 성과 평가 프로세스는 스포츠 기관과 조직 내의 인사 관리자가 조심스럽게 접근해야 하며, 이를 위해서는 관리자뿐만 아니라 직원이 권한을 갖고 있다고 느낄 수 있는 협업 프로세스를 개발해야 한다. Chelladurai(2006)가 언급했듯이 행정적 그리고 발전적 목적 측면에서 성과 평가를 고려하는 것이 유용하다.

7, 8단계: 보상 및 보유

일단 스포츠 단체가 그들의 직원들을 기획하고, 모집하고, 선택하고, 방향을 정하고, 훈련하고, 평가하는 것은, 그들을 유지하려고 노력하는 것이 이치에 맞다. 유급이건 자원 봉사이건 좋은 직원을 채용하는 것은 그들이 재정적으로나 전략적으로 더 잘 살 수 있다는 것을 의미한다. 스포츠 조직이 직원을 보유하지 못하면 조직 지식과 지적 재산이 상실된다. 지속적으로 직원을 잃는다는 것은 조직에 새로운 사고방식을

KEY POINT • • •

장려하고 개발할 기회를 제공한다는 것을 의미하지만, 더 가능성이 높은 시나리오는 자원 낭비를 초래하고, 불필요하게 기본적인 유도 프로그램으로 전환된다는 것이다.

4) 리더십

(1) 리더십이란 무엇인가?

리더십의 정의에 대한 어떤 집단들 간의 합의를 찾는 것은 쉽지 않다. 때때로 리더십은 '사람들을 통해 일을 처리한다'라고 묘사된다. 다른 이들은 리더십은 '다른 사람에게 영향을 미치기 위해 권력을 행사하는 것'이고, 진정한 리더십은 '밝은 미래를 예측하고 다른 이를 향해 다른 사람을 데려가는 것'이라고 주장한다. 즉, 리더십은 다른 사람들에게 많은 것이 될 수 있다.

우리는 리더십의 다른 요소들을 이용하여 리더십의 정의를 세울 수 있다. 우리는 리더십을 '희망적 목표 달성에 영향을 미치고 다른 사람들이 성취할 수 있게 한다'고 정의한다.

(2) 리더십의 이론

성격이나 특성 이론은 지도력 연구에 대한 가장 이른 접근법의 기초를 형성한다. 이 이론들은 특정한 특징과 기술이 리더십의 효율성에 필수적이라는 가정에 의해 뒷받침되었다.

가. 특성 또는 성격 접근 방식

비록 리더십에 대한 성격과 특성은 리더십 연구 초기부터 시작되지만, 대중 리더십 문헌은 리더십을 입증하는데 있어서 성격과 타고난 능력의 중요성을 계속 강조하고 있다.

KEY POINT • • •

나. 행동 접근법

좋은 리더십이 지도자들의 선천적인 특징에 기초해서 간단히 설명될 수 없다는 것이 명백해지자, 조직 조사는 효과적인 지도자들의 보편적인 행동을 발견하는데 초점을 맞추기 시작했다. 행동주의자들은 누구든지 다른 효과적인 지도자들의 행동을 단순히 배우는 것으로 지도자가 되는 법을 배울 수 있다고 주장했다. 행동 전략은 우발상황에 대한 학습된 대응의 표시로 행동을 취한다. 만약 연구가 특정한 방식으로 행동하는 것이 지도자의 성공을 가져온다는 것을 보여준다면, 사람들은 특정한 리더십 상황에서 그러한 행동을 하는 것을 배울 수 있다. 리더십에 대한 행동적 접근도 경영 전반에 대한 초기 접근에 대한 반응이었다.

다. 우발적 접근법

지도자들의 특성과 행동이 현 상황이나 다른 말로, 상황적 우발상황과 관련하여 자주 관찰된다는 것이 지도자들에게 점점 더 명확해졌다. 고립된 행동방식과 특성 접근법은 업무 구조, 환경의 특성 또는 종속적 특성과 같은 상황 변수가 지도자의 행동과 다른 결과 사이의 관계에 어떻게 영향을 미치고 관계를 온화하게 할 수 있는지를 고려하지 못했다. 리더십의 우발적 이론에서 핵심 주장은 다양한 리더십 스타일과 접근 방식이 가능한 관리 상황에 적용된다는 것이다.

(3) 리더십과 경영

리더십과 경영 사이의 관계와 두 가지를 어떻게 구별할 것인가에 대한 토론을 간단하게 고려하는 것이 좋다. 그러나

KEY POINT • • •

리더십은 주로 방향을 정하고, 사람들을 정렬시키고, 동기를 부여하고 영감을 주는 능력에 기초한다. Kotter(1990)에 따르면, 경영자들은 변화를 달성하는 반면, 경영자들은 현상을 유지하는 데 성공한다. 그러나 Bass(1990)는 '리더와 매니저가 주도하지만 두 가지 활동은 동의어가 아니다'라고 말한다. 그것은 지도력과 경영진의 차이에 대해 더 자세히 설명하기 위해 이 책의 범위를 벗어난다. 따라서 다음은 리더십의 5가지 핵심 기능으로 설명될 수 있는 내용을 설명하겠다.

가. 비전을 창출한다.
나. 전략을 세운다.
다. 목표를 설정하고 성과를 달성한다.
라. 사람들에게 영향을 주고 동기를 부여한다.
마. 변화를 촉진하고 문화를 육성한다.

가. 비전을 창출한다.

비전은 '대부분의 사람들이 상상할 수 있는 바로 그 이상의 미래의 상태'로 묘사될 수 있다. 조직의 맥락에서 미래에 대한 이러한 관점은 오직 '사전적'만이 볼 수 있는 긍정적이고 밝은 상태의 존재이다. 다시 말해서, 리더는 조직에서 일하는 사람들이 그 '예상된 국가'를 성취하는 방향으로 조정될 수 있다면, 현실화될 수 있는 조직의 미래를 계획할 책임이 있다. 좋은 지도자들은 좋은 관리자들과 그들 자신을 구별한다고 하는데, 그 이유는 그들이 비전을 가지고 있기 때문이다. 반면에 관리자들은 그렇지 않다. 전략을 통해 비전을 달성하는 방법은 리더의 다음 기능이다.

나. 전략을 세운다.

전략적 계획의 과정은 모두 비전이 달성될 수 있는 다른

KEY POINT • • •

방법에 관한 것이다. 그것은 조직의 두 가지 주요 관점과 조직을 구성하는 개인의 관점이 된다. 비전 리더가 비전을 실행 전략으로 전환할 수 없다면 반드시 성공적인 리더는 아니다. 따라서 전략적 관리 프로세스는 직원의 개별적 요구와 많은 기회와 위협이 리더가 비전을 달성할 수 있는 능력에 영향을 미치는 외부 환경을 포함하여 내부 조직을 세심하게 관리하는 데 있다. 행동에 대한 더 나은 준비를 하기 위해, 리더는 측정 가능한 목표를 설정하는 데 참여할 필요가 있다.

다. 목표를 설정하고 성과를 달성한다.

목표를 설정하는 것은 리더의 다음 기능이다. 일단 광범위한 전략이 수립되고 이러한 전략이 결코 구체화되지 않는다면, 측정 가능한 결과를 이러한 전략과 연계시킬 때이다. 다시 말해, 먼 미래에 놓여있는 우리의 미래 지향적인 목표를 향해 나아가기 위해 단기적으로 달성하고자 하는 것은 무엇인가? 달리 표현하면 리더는 종종 '비전'과 전략적 목표부터 조직의 낮은 수준에서 더 많은 운영 목표를 설정할 책임을 대부분 위임하는 등 조직의 다양한 수준에서 목표를 설정하는 데 관여한다. SMART는 구체화한(Specific), 측정 가능한(measurable), 달성 가능한(achievable), 가용 리소스한(resources available), 시간 제한한(time bound)) 목표를 설정해야 하는 경우에만 리더는 조직과 직원의 성과를 효과적으로 관리할 수 있다. 조직의 업무 수행의 중요한 부분은 리더의 인력관리 기술을 통해 달성된다.

라. 사람들에게 영향을 주고 동기를 부여한다.

리더십에 대한 다양한 접근 방식에 대한 개요에서 우리는

KEY POINT • • •

이미 사람들의 그룹에 영향을 미치고 개인이나 팀과 소통하기 위해 리더들이 개발하기로 선택한 다양한 스타일에 대해 언급했다. 목표를 설정하는 것이 수행의 목표를 인식하도록 하는 데 중요한 경우, 특정 방향으로 사람들을 조종할 때 실제 사람들의 기술 활성화와 적용이 중요하다. 카리스마 넘치는 매력을 지닌 리더들이 더 쉬운 일을 하게 될 것이다. 개인적 매력이나 영향력을 통해 다른 사람들에게 열정, 관심, 애정을 불러일으키는 그들의 타고난 능력은 이러한 지도자들이 정해진 목표를 달성하는 것에 대해 유리한 위치에 있게 할 것이다.

마. 변화를 촉진하고 문화를 육성한다.

마지막으로, 오늘날과 같은 시대에는 변화가 일정하다는 것을 아는 것이 중요하다. 왜 '변혁'이 필요한지, 그리고 이러한 변화가 최소의 혼란과 최대의 결과로 어떻게 이루어질 수 있는지 다른 사람들을 돕지 못하는 지도자들은 21세기 조직 내에서 살아남는 데 어려움을 겪을 것이다. 대부분의 조직은 그들이 일하고 있는 시장 상황을 면밀히 주시해야 하며 시장 상황의 변화가 그들의 구조와 전략에 미칠 영향을 파악해야 한다. 종종 변화하는 시장 상황에 대한 빠른 대응이 필요하며, 이 때 조직의 문화와의 흥미로운 관계가 시작된다. 아이러니하게도, 강하고 안정적인 조직 문화는 조직의 방향을 수정하고 시스템과 구조를 변화시켜야 하는 필요성에 지속적으로 기여할 수 있다. 변화가 조직 생활의 자연스러운 방법의 일부로 받아들여지는 문화를 만들고 육성하는 것은 지도자들의 책임이다. 강한 문화는 모든 성공적인 조직의 중추이며, 따라서 문화의 유지는 리더십 책임의 주요 영역 중 하나이다.

KEY POINT • • •

5) 재정 관리

(1) 재정관리란 무엇인가?

스포츠는 종종 복잡한 법적, 재정적 구조를 가진 꽤 정교한 제도이다. 많은 측면에서, 그것은 소비자들이 팬과 선수이고, 생산자는 클럽, 협회, 리그이고, 유통 채널은 스포츠 경기장이고 스포츠 경기장이다(Foster et al.,2006). 그리고 모든 형태의 사업과 마찬가지로, 미래에도 지속될 수 있도록 하기 위해서는 강력한 재무 관리 시스템이 필요하다. 하지만, 이것이 항상 전 세계의 스포츠가 지난 50년 동안 상업과 금융의 4단계를 거쳤던 것은 아니었다.

(2) 스포츠를 위한 자금의 근원

새로운 사업 기반의 기업 스포츠 모델은 엄청난 수입 증가를 수반하는 것이 분명하다. 하지만, 아기를 목욕물과 함께 내던지지 않는 것이 중요하며, 따라서 좀 더 정교한 형태로도 전통적인 형태의 수입이 유지되고 있다. 사회활동과 출입구 영수증에 의한 자금 모금과 마찬가지로 멤버십 비용은 여전히 중요하다. 하지만, 앞서 언급했듯이, 스포츠와 스포츠 운영 방식을 바꾼 새롭고 다양한 수입원이 지난 30년 동안 개방되어 왔다.

가. 돈은 어디서 나오는가?

나. 돈은 어디에 쓰고 있는가?

다. 돈의 이동은 어떻게 이루어지고 있는가?

이러한 질문에 답할 때, 기반 시설과 시설을 만드는데 사용되는 자금과 스포츠 조직의 일상적인 활동을 관리하는 데 사용되는 기금을 구분하는 것이 중요하다. 그래서, 기본적인 자금 사용에는 두 가지 유형이 있다. 첫 번째는 자금

KEY POINT • • •

개발에 대한 투자자금이고, 두 번째는 재발(Recurrent funding)과 운영을 위한 펀드이다.

가. 자본조달

자본조달에 필요한 자금인 자본 기금은 여기에 나열된 여러 출처에서 얻을 수 있다.

① 정부 보조금은 연방, 주/공급국 또는 지방일 수 있다. 중요한 점은 스포츠 사이에는 스포츠 규모뿐만 아니라 국제적인 성공을 일으킬 가능성도 반영하는 차이가 있다는 것이다. 자금 지원은 특정 정책 요구 사항을 채택하거나 입법 체계 내에서 작업하는 등 충족되는 특정 조건의 적용을 받을 수도 있다.

② 대출은 단기(최대 1년) 또는 장기(최대 20년)일 수 있다. 대출은 채무 금융으로 알려져 있다. 중요한 점은 그것이 설비투자와 소득생산자산에 대한 투자를 위한 준비현금을 제공한다는 것이다. 반면에, 그것은 또한 이자 부담을 유발하고 항상 수입의 증가를 유발하지는 않을 수도 있다.

③ 새로운 주식 발행 또는 주식 금융으로 알려진 공개 변동. 중요한 점은 차입과 마찬가지로 현금에 대한 즉각적인 접근을 제공하지만 차입과 달리 대출자에게 이자 지급이나 원칙의 상환을 부담하지 않는다는 것이다. 하지만 주주들에게 권한을 넘겨주고 배당금이 전달될 것이라는 기대가 있다.

④ 이익잉여금, 즉 스포츠 단체에 재투자된 돈이다. 이 경우 이자지급이 없고 사용한 자금에 대한 통제가 유지된다. 비영리 스포츠 단체의 경우, 법적 요구 사항이므로 수익의 유지는 필수 사항이다.

KEY POINT • • •

나. 순환자금

스포츠의 순환자금은 스포츠 기업의 유형에 따라 다양한 출처에서 나오는 일상적인 운영을 위한 자금을 포함한다. 주요 수익원은 다음과 같다.

① 멤버십 비용은 가족 및 이와 유사한 범주가 될 수 있다. 그들은 비교적 안정적이며 따라서 현금의 직접적인 출처를 제공한다. 멤버십은 또한 핵심 고객 기반을 구축함으로써 마케팅 기능을 제공한다.

② 관객 입장료는 성인, 가족, 특수 그룹 및 프리미엄을 포함한다. 경기 스케줄의 차이와 참석 패턴의 변화로 인해 상당한 변화가 발생하기 때문에 유연성이 높다.

③ 스카이박스와 접대를 포함한 기업 시설을 포함한다. 보통 대규모 투자가 필요하지만 강점은 비즈니스 연결이 이루어지고 프리미엄 임대료가 부과될 수 있다는 것이다.

④ 참가자 요금 및 요금에는 가입비, 시설비 및 장비 임대료가 포함됩니다. 이러한 유형의 수익은 수요에 따라 달라지며 사용자는 그 경험을 위해 돈을 지불한다.

⑤ 특별한 기금 모금 활동은 또 다른 재기 자금 공급원이며, 저녁 댄스, 분노 파티, 경매 밤, 삼박자 등이 포함될 수 있다. 중요한 점은 직원들과 회원들이 직무를 준비하고 참석해야 하는 부담이 있다는 것이다. 하지만, 이러한 유형의 이벤트는 음식과 음료에 대한 높은 점수를 통해 이익을 얻을 수 있다.

⑥ 복권, 게임기와 같은 복권, 게임기. 종종 허용이 요구되고, 마진이 낮고, 다른 장소와의 견고한 경쟁이 있다.

KEY POINT • • •

⑦ 기념품, 스카프, 티셔츠, 재킷, 서명 장비와 같은 상품화. 단기 수익 증가를 가져올 수 있지만, 현장 성공률이 떨어지면서 이를 만회할 수 있다.
⑧ 스폰서십과 승인(endorsement)은 또 다른 좋은 원천이며, 명명권, 파트너십, 서명권, 제품 홍보 및 거래도 포함될 수 있다. 그러나 주목할 점은 조직이 통제력을 상실하고 스폰서 수입에 의존할 수 있으며 파트너십 요구에 따를 수 있다는 것이다.
⑨ 음식 섭취는 멀리 가거나 음식이나 음료를 포함한다. 이것은 노동 집약적이지만, 경쟁적이지 않은 환경에서 제공되기 때문에 더 높은 이익은 유지될 수 있다.
⑩ 텔레비전과 라디오 같은 방송권, 더 최근에는 인터넷과 휴대전화 스트리밍 권리. 이러한 것들은 많은 관중 층을 가진 엘리트 스포츠에 초점을 맞추고 있으며 대부분의 스포츠 협회와 클럽과는 무관할 수 있다. 동시에, 그것은 프로 스포츠리그를 위한 가장 큰 단일 수입원을 제공한다.
⑪ 이자 등 투자수익이 생기고 배당을 배분한다. 그러나 주가가 단기간에 변동할 수 있고 손실은 위험도를 높일 수 있다. 게다가 이자율은 낮을 수 있다.
⑫ 정부 보조금은 연방, 주 또는 지방일 수 있다. 스포츠 사이에는 눈에 띄는 차이가 종종 있는데, 스포츠의 차이는 해마다 다를 수 있고 정부 자본 자금처럼 특정 조건이 충족될 수 있다.

(3) 재정 관리의 핵심 질문

이와 동시에, 스포츠의 상당 부분이 현재 대기업이지만,

KEY POINT • • •

대부분의 스포츠 조직은 상대적으로 작고 클럽 회원, 자원봉사자, 지역사회 사업체 및 지역 정부의 지원에 의존한다는 점을 유념하는 것이 중요하다.

유명한 프로 스포츠 리그가 1년에 수백만 달러 이상의 돈을 버는 반면, 대부분의 스포츠클럽과 협회들은 그들의 운영에 자금을 대기 위해 100만 달러 이상을 확보할 것 같지 않다. 대부분의 스포츠는 사실 소기업의 한 형태이다. 교외 슈퍼마켓은 대부분의 스포츠클럽이나 협회보다 더 많은 돈을 번다. 하지만, 스포츠 조직의 규모나 규모에 상관없이, 그들은 건전하고 책임감 있는 방식으로 운영되어야 한다. 많은 스포츠 행정가들은 돈을 다루거나 클럽과 협회의 재정 문제를 계획하는 것을 불편하게 여기는데, 이것은 종종 형편없는 배경 지식과 복잡한 재정 문제 관리 경험 부족에서 비롯된다. 실제로, 스포츠 매니저들이 대답해야 할 많은 재정적 질문들이 있다. 여기에는 다음이 포함된다.

① 우리는 무엇을 가지고 있나요?
② 우리가 빚진 게 무엇인가요?
③ 우리가 무엇을 벌었나요?
④ 우리가 무엇을 썼나요?
⑤ 우리가 이익을 냈나요?
⑥ 우리는 연체 시 빚을 갚을 만큼 현금이 충분한가요?
⑦ 우리의 이자율이 얼마나 되나요?
⑧ 우리가 돈을 너무 많이 빌리고 있는 거 아닌가요?
⑨ 우리의 재정은 작년에 비해 개선되었나요?
⑩ 우리는 다른 비슷한 스포츠 단체들과 어떻게 비교해 볼 수 있나요?

KEY POINT • • •

또한 회계의 어휘를 이해하는데 문제가 있다. 자산과 부채의 구분은 대부분 명확하며, 우리가 소유하고 있는 모든 자산과 부채는 우리가 다른 사람들에게 지고 있는 모든 것이다. 그러나 유형자산과 무형자산과 유동부채와 비유동부채의 구분은 종종 덜 명확할 수 있다. 자본, 주주 기금, 순자산의 개념도 혼동을 일으킬 수 있으며, 영업이익을 순이익과 비교하거나, 재무 비율을 조사하거나, 감가상각 및 상각 문제를 다룰 때 추가적인 어려움이 발생할 수 있다.

6) 수행 관리

(1) 수행 관리란 무엇인가?

관리의 관점에서 스포츠는 전통적인 비즈니스 조직과 비슷하고 다르기 때문에 공부하기에 매우 흥미로운 기관이다(Smith & Stewart, 1999). 그것의 유사성은 지난 30년 동안 그것의 끈질긴 추진력에서 생겨났고 더 전문적으로 구조화되고 관리되었다. 결과적으로 많은 스포츠 부문은 비즈니스 세계의 가치와 관행을 모방했고, 그 결과 선수와 관리자는 보수를 받는 직원과 전략적 계획을 설계한다. 또한 게임 및 활동이 스포츠 제품이 되고, 팬이 고객이 되어 만족하고, 설문 조사를 실시하며, 기업 지지자와의 제휴가 심화된다(Slack, 1997).

동시에, 스포츠는 사업과도 다르다(Smith & Stewart, 1999). 첫째, 그것은 보험 회사, 은행, 심지어 도박장에서 거의 찾아볼 수 없는 상징적인 의미와 감정의 강도를 가지고 있다. 기업이 직원 준수 및 애착을 추구하는 동안 주요 관심사는 효율성, 생산성 및 변화하는 시장 상황에 대응하는 것이다. 반면에 스포츠는 향수와 전통을 통해 과거와 연결되는 강한

KEY POINT • • •

감정적 애착에 의해 소비된다. 낭만적인 시각, 감정, 열정이 상업적 논리와 경제적 합리성을 우선시할 수 있다(Foster et al., 2006). 둘째, 예측 가능성과 확실성은 상업적 세계, 특히 제품 품질과 관련하여, 스포츠 세계에서 항상 가치 있는 것은 아니다. 스포츠 팬들은 결과가 불확실하고 혼란이 바로 코앞인 게임에 매료된다(Sandy et al., 2004). 셋째, 스포츠는 대형 상업기업들이 하는 방식으로 이윤을 최적화해야 할 필요성에 의해 추진되지 않는다. 실제로 스포츠 조직은 근본적인 임무와 목표를 결정할 때 서로 상충되는 두 가지 조직적 행동 모델에 직면한다. 첫 번째는 이익 극대화 모델로서, 클럽은 단지 완벽하게 경쟁적인 제품 시장에서 확고하고 이익은 하나의 원동력이라고 가정한다. 두 번째는 최대한 많은 경기를 이기려는 구단의 경쟁과 욕망을 강조하는 유틸리티 극대화 모델이다(Downward and Dawson, 2000).

조직이 본질적으로 경쟁이 매우 치열하며 가장 중요한 성과 척도는 경쟁적 성공이라고 가정합니다. 따라서 이러한 차이는 스포츠 조직을 위한 성과 관리 시스템을 구축할 때 어디에서부터 시작해야 하는지에 대한 질문을 던진다.

(2) 스포츠에 적절한 수행관리 모형 설계

균형성과표(Balanced Scorecard: 이하 BSC)는 많은 장점을 가지고 있지만, 스포츠 조직의 특별한 요구 사항에 더 잘 부합하도록 하기 위해서는 상당한 조정이 필요하다. 한 가지 접근 방식은 균형성과표를 뒷받침하는 4가지 기본 치수를 유지하고 스포츠 조직의 특수 기능을 반영하는 맞춤형 성능 모델을 설계하는 데 사용하는 것이다. 이를 위해 다음과 같은 '9포인트' 성능 관리 모델이 설계되었습니다.

첫 번째 성과는 승리, 보상, 그리고 성공에 초점을 맞춘다.

KEY POINT • • •

이 차원은 대부분의 스포츠협회와 클럽들이 잘 하고 있고 우승하는 선수와 팀을 만들고 싶어 한다는 사실을 인식한다. 즉, 우승이나 수익 증대에 직면한 대부분의 클럽들은 우승자의 페넌트나 메달을 선호할 것이다. 그러나 모든 단체, 스포츠리그, 협회 및 클럽과 마찬가지로 장기 생존력을 보장하고, 연체시 부채를 갚고, 매년 운영비를 충당하기 위해 지속적인 자금 지원이 필요하다.

두 번째 측면은 경제적 지속가능성에 관한 것이다. 이러한 점에서 수익증가 대책으로는 충분하지 않을 것이며 수익, 유동성, 장기부채, 투자수익률 및 순자산증가 대책은 모두 유용한 지표이다.

세 번째 측면은 시장 분포 또는 스포츠리그, 협회 또는 클럽이 특정 스포츠 관행의 소비를 촉진할 수 있는 정도이다. 참여가 주요 관심사라면 얼마나 많은 시설을 제공하는지, 위치, 분포, 경험적 품질을 알아야 한다. 만약 주요 관심사가 잠재적인 청중을 끌어들일 수 있다면, 그것은 제공할 수 있는 시청자 좌석의 수, 라디오 노출 그리고 텔레비전 방송의 규모와 폭을 인식할 필요가 있다.

네 번째 측면은 시장 규모와 점유율이다. 시설과 장소의 넓은 범위와 방송 시간을 가지는 것과 많은 수의 TV 방송 시간을 갖는 것은 다른 것이다. 하지만 많은 참가자와 관객 그리고 시청자들을 지속적으로 끌어들이는 것은 별개의 문제이다. 또한 이러한 지표의 숫자와 경쟁자로 보이는 기타 관련 스포츠의 숫자를 비교하는 것도 중요하다.

다섯 번째 측면은 고객 만족이다. 이는 실제로 참가자들, 팬들, 회원들이 리그, 협회 또는 클럽의 성과를 얼마나 강하게 승인하는지를 측정하는 것이다. 스포츠 조직은 대개 고객 및 회원 기반과 매우 열정적인 관계를 맺지만, 게임이나

KEY POINT • • •

활동에 덜 자주 참여하거나 참여를 심각하게 저하시키는 경우도 많다. 참가자와 팬들을 대상으로 한 설문조사는 초기 불만 증세를 드러낼 수도 있고, 그 대신에 관계를 유지하고 있는 것이 무엇인지를 나타낼 수도 있다.

여섯 번째 측면은 내부 절차와 프로세스입니다. 스포츠 조직의 경우, 종종 참가자들이 얼마나 잘 모집되고, 그들의 숫자와 전반적인 질로 시작된다. 회원의 채용과 보유 또한 중요한 고려사항이며, 회원의 시간, 전문지식, 그리고 회원의 활동에 시간과 돈을 기부할 수 있는 능력에 관한 의문이 종종 발생한다. 선수들의 기술과 전반적인 경기력 향상 능력 또한 지원 시스템의 기능이며, 특히 코칭 스태프의 기술과 능력이다. 이는 리스크 관리가 심각하게 받아들여지고 소송 발생률이 낮은 안전한 환경을 보장할 수 있는 조직의 역량으로 이어진다. 물론 위의 모든 과정은 형편없는 훈련이나 엉성한 시스템이 불쾌하고 비용이 많이 드는 경험을 만들 수 있기 때문에 선수와 회원 경험을 향상시킬 수 있는 행정 기능과 연결되어 있다. 위의 요인들 중 다수는 계량하기 어려울 수 있지만 그럼에도 불구하고 심각하게 고려할 필요가 있다.

일곱 번째 측면은 제품 개선이다. 이런 점에서 스포츠는 매우 경쟁력 있는 시장에서 운영되고 있으며 새로운 고객을 유치하고 오래된 고객을 유지하기 위해서는 지속적인 혁신과 제품 개선이 필수적이라는 점에서 사업과 다르지 않다. 어떤 스포츠는 특별한 그룹의 필요에 맞게 게임을 수정하는데 매우 성공했고, 다른 스포츠들은 전통적인 관습을 벗어나지 못했다. 어떤 관중 스포츠에서는, 경기장의 질적인 향상이 매우 느린 반면, 다른 스포츠에서는 경기장 디자인과 관객들의 편안함 측면에서 실질적인 혁명이 있었다.

KEY POINT • • •

스포츠 장비 디자인의 점진적인 변화 또한 제품 품질을 향상시켰다. 예를 들어 테니스에서는 탄소 섬유 라켓 프레임을 사용하고 더 큰 '스윗-스폿'을 생성함으로써 평균 클럽 플레이어는 플레이의 표준과 전반적인 스킬 수준을 개선할 수 있었다.

여덟 번째 측면은 직원 개발 및 학습이다. 스포츠는 매우 인간 중심적이고 시간을 흡수하는 활동이기 때문에 고도로 세련된 인력과 선수와 구성원을 유지하는 조직 문화를 만들 수 있는 능력을 갖춘 직원들이 필요하다. 스포츠의 기술적인 정교함이 증가한다는 것은 또한 전통적인 관리, 주관 및 코칭 기술이 더 이상 적절하지 않다는 것을 의미하며, 따라서 직원 역량과 새로운 기술 및 인프라 사이에서 적절한 적합성을 보장하기 위해 유례없는 재훈련과 교육이 필요하다.

아홉 번째 차원은 스포츠 리그, 협회 또는 클럽이 주변 지역사회에 미치는 경제적, 사회적, 환경적 영향을 다룬다. 정부가 스포츠 단체에 제공할 지원의 수준은 그 기관이 긍정적인 경제적, 사회적, 환경적 영향을 줄 수 있는 능력에 달려 있다. 이러한 경향은 세 가지 최하급의 회계개념이 인기를 끌면서 과장되어 왔으며, 이는 환경적, 사회적 영향을 포함하는 조직의 기여도를 측정하는 유일한 척도로서 수익성과 부의 창출의 중요성을 강조한다(Norman and MacDonald, 2004). 이 경우, 스포츠 조직들은 또한 그들의 환경을 관리 및 유지하고, 다양성, 평등한 기회 그리고 동성애자, 종교적 소수자들의 공정한 대우와 같은 것들을 소중히 여기는 조직 문화를 확립할 책임을 조심스럽게 지고 있다.

이 9차원 모델은 넓고 포괄적이며 일반적으로 스포츠의 필요성에 맞춰져 있다는 장점이 있다. 하지만, 다양한 스포츠 조직에 맞게 맞춤 제작되어야 한다. 앞에서 지적했듯이,

KEY POINT • • •

조직의 전략적 의도와 이해관계자가 성과 평가 모델의 설계를 형성할 것이다(Atkinson et al., 1997; Williams, 1998; Robbins and Barnwell, 2002). 예를 들어, 국가 스포츠 기관의 평가 모델은 전문 스포츠클럽을 평가하는 데 사용되는 모델과 달라야 한다. 국가 스포츠협회는 참가율, 클럽 개발, 그리고 양질의 지역 시설 제공에 더 관심을 가질 것이다. 반면, 프로스포츠클럽은 상금 비율, 스폰서 수입, 텔레비전 시청률, 회원 수준에 더 관심을 가질 것이다.

(3) 성과 측정

일단 모델이 자리를 잡으면, 성능 측정을 설계하는 것이 중요하다. 이러한 조치는 성공 또는 실패의 특정 지표를 정확하게 식별하고 정량화할 수 있어야 한다. 때때로 어떤 조치에 숫자를 기재하는 것은 어렵다. 이러한 점에서 고객과 팬의 '만족'이 쉽게 떠오르지만, 주관적인 의견을 측정 가능한 지표로 바꾸는 방법이 종종 있다. 핵심 성과 지표를 식별하고 각 제목별로 데이터를 수집하는 것이 한 가지 중요하다. 그러나 데이터를 이해하는 것은 별개의 문제이다. 따라서, 스포츠 조직의 성과를 측정하는 기준이 되는 기준을 개발하는 것이 중요하다. 이것을 하는 데는 두 가지 방법이 있다.

첫 번째는 스포츠 조직의 진행 상황을 조사하는 세로방향 연구를 수행하는 것이다. 호주의 운동 경기를 위한 국가 관리 기구인 육상 호주(AA)의 성과를 예로 들어보자. 그것의 재무성과에 대한 10년 분석은 그것이 지난 몇 년 동안 점점 더 균형을 잡을 수 없음을 보여줄 것이다. 2003년까지 그것은 조직의 위기를 초래한 심각한 수준의 부채를 축적했다. 어떤 재정 조치든 간에, AA의 실적은 이 기간 동안 극적으로

KEY POINT • • •

떨어졌다. 동일한 종류의 종방향 분석을 참여 수준과 우수한 국제 성과에도 적용할 수 있다. 각각의 데이터는 지난 10년간 거의 개선되지 않았음을 보여주었다. AA의 실적을 보는 또 다른 방법은 그것이 어떻게 평가되는지 보기 위해 다른 국가 스포츠 단체들과 그것을 비교하는 것이다. 즉, AA의 성과가 많은 다른 국가 스포츠 단체들과 쌓이는 비교 연구를 수행하는 것도 중요할 것이다. 이것을 하는 데는 두 가지 방법이 있다.

첫 번째 방법은 수영 호주나 조정 호주와 같이 비슷하게 자금이 지원되는 호주 국가 스포츠 단체와 비교하는 것이다. 이 경우 수영과 노 젓기 모두 지난 10년 동안 세계선수권대회와 올림픽 경기에서 정규 금메달 획득을 달성했기 때문에 AA는 좋은 성적을 거두지 못했다. 두 번째 방법은 다른 나라의 동등한 국가 운동 협회와 AA의 경기를 비교하는 것이다. 여기서 적절한 비교 포인트는 캐나다 육상 연맹일 수 있다. 두 나라는 인구가 비슷하고 국가 운동 협회는 유사한 자원 기반을 가지고 있기 때문이다. 이 경우, 이 비교는 호주 수영보다 훨씬 더 우수한 성적을 낼 것이다. 여기서 얻을 수 있는 교훈은 스포츠 조직의 성과는 진공 상태에서 측정될 수 없거나 약간의 기준 및 비교 지점 없이는 측정될 수 없다는 것이다. 최소한 어떤 형태의 종적인 또는 비교적인 분석을 실시해야 한다. 이상적으로, 두 방법의 혼합은 최상의 결과를 제공할 것이다.

7 스포츠 경영환경

KEY POINT • • •

1) 스포츠 경영환경의 특성

모든 조직은 외부 환경으로부터 불확실성에 직면해 있다. 이러한 불확실성은 복잡성차원, 변화정도차원 두 가지의 차원으로 구분할 수 있다. 먼저 복잡성차원은 환경이 각기 다른 요소들이 얼마만큼 많이 존재하고 있는가에 대한 정도를 의미하며, 변화정도차원은 환경을 구성하고 있는 요소들이 얼마만큼 많이 변화하는가에 대한 정도를 의미한다.

불확실성은 복잡성차원, 변화정도차원으로 구분

2) 스포츠 경영환경의 유형

스포츠 경영환경의 유형은 국제경영환경, 과업환경, 내부환경, 일반 환경, 환경 분류기준으로 구분된다.

(1) 국제경영환경

- 국가 간 경제, 법률, 사회 · 문화, 정치 등의 차이에서 발생하는 구속요건
- 마케팅 관리자는 이러한 국제경영의 환경을 충분히 이해하고 이를 효율적으로 적용할 수 있는 능력과 의사결정을 해야 한다.

(2) 과업환경

- 공급업자, 경쟁자, 소비자, 유통업자, 채권자로 구분된다.

(3) 내부 환경

- 조직의 세부영역의 부서들 간 원활한 협력 관계 유지

KEY POINT • • •

(4) 일반 환경

① 경제적 환경 : 조직의 연계된 경제적 시스템
② 기술적 요인 : 자원을 제품이나 서비스로 전환시키는 방법과 관련된 요인
③ 사회 · 문화적 요인 : 사회나 집단을 구성하고 있는 개인의 행동에 영향을 미치는 요인
④ 인구통계학적 환경: 성별, 나이, 학력, 지역 등
⑤ 정치 · 법률적 요인 : 경제활동 틀과 여건을 결정하는 기업과 정부 간의 다양한 관계 요인

(5) 환경 분류기준

– 환경 분류의 기준은 조직의 내부적인 환경과 조직의 외부적인 환경으로 분류가 가능하다.
– 조직에 대한 영향력이 직접적으로 작용하는지 혹은 간접적으로 작용하는지에 따라서 과업환경과 일반 환경으로 분류가 가능하다.

3) 스포츠 경영환경의 변화

(1) 스포츠 경영의 글로벌화

기업의 제품, 기술, 서비스 등이 세계적으로 유통시켜 기업의 목적을 달성시키기 위한 의사결정을 내리는 경영활동을 글로벌 경영이라고 한다. 메가 스포츠이벤트 개최가 전 세계인의 관심을 하나로 집중시키는 데 중요한 역할을 하고 있는데 이때 기업은 이러한 이벤트를 활용하여 기업을 세계화 시킬 수 있는 기회를 잡기 위해 노력하고 있다.

스포츠를 활용한 마케팅 사업은 세계적인 시장으로 확대되었으며, 다국적 기업의 참여가 증가하였다. 스포츠 마케팅은 단기간에 자사를 알릴 수 있는 마케팅 수단으로 새로운 시장을 개척하는 데 가장 많이 활용되고 있다.

KEY POINT • • •

(2) 생활체육의 확산

- 신체활동은 인간의 기본적인 욕구를 충족시켜 줄 수 있다.
- 근로시간의 단축, 여가생활의 다양화, 삶의 질적 향상 등은 생활스포츠를 활성화 시키는데 가장 큰 영향력을 미쳤다고 볼 수 있다.
- 나라가 선진화가 될수록 스포츠에 참여하는 인구가 높은 것으로 나타나는데 국내에서도 스포츠에 참여하는 인구가 지속적으로 증가하는 추세를 보이고 있다.

(3) 프로스포츠의 발전

- 주 5일제 시행으로 인한 여가생활의 증대로 프로스포츠의 활성화(경기장의 변화, 다양한 이벤트 실시, 등)되었다.
- 프로야구, 축구와 더불어 프로골프, 프로볼링, 프로테니스 등 관람스포츠 및 참여스포츠의 성장 확산 되었다.
- 기업은 기업의 이익을 달성하기 위한 목적으로 프로스포츠를 통한 마케팅 전략 실시하였다.

8 국내 스포츠 · 레저 경영 성공사례

사례로 접근하기

한국의 아웃도어 절대강자 브랜드 블랙야크의 성공사례

BLACK YAK®

블랙야크(Black Yak)는 국내 스포츠 아웃도어 브랜드로 국내를 비롯해 현재 독일, 스위스, 이탈리아 등의 유럽 12개국과 미국, 캐나다 2개국, 중국, 대만 등의 아시아 권 5개국에 지점을 가지고 있다. 블랙야크는 1973년 '동진산악' 등산전문점을 시작으로 1996년에 스포츠 아웃도어 전문 브랜드로 거듭났다. 블랙야크는 약 40년 동안 아웃도어 스포츠 브랜드로 자리매김하면서 전문산악인을 비롯해 이제는 스포츠참여자들에게 인정받는 아웃도어 브랜드로 이미지를 확고히 하고 있다.

1. 탄생배경

창업자 강태선 회장은 20대 중반의 나이에 국내 시장에서 아웃도어 브랜드가 전무하던 시절 등산장비 판매 시장에 첫 발을 내딛었다. 동진산악을 창설할 때, 남한을 대표하는 아웃도어 브랜드로 성장하겠다는 포부를 가지고 시작했으나, 동진산악은 작은 스포츠용품을 판매하는 전문점에 불과했다. 동진레저는 아웃도어 시장의 가능성을 예측하고 블랙야크의 아이덴티티를 좀 더 강화하기 위하여 동진레저 기업에서 분리시켜 하나의 단독 브랜드로 자리잡았다.

2. 브랜드명과 미션

강회장은 전문 산악인 엄홍길 대장과 히말라야 등반 장정에 가, 우연히 짐을 운송하던 중 검은 야크와 마주치면서 '블랙야크'라는 상표를 생각하게 되었다. 야생 야크는 겉모습으로는 둔하고 느릴 것 같지만, 매우 튼튼한 다리와 빠르게 산을 오를 수 있는 등산 전문가라고 해도 과언이 아닐 만큼 훌륭한 동물이다. 이러한 야생 야크는 산악인들의 교통수단인 동시에 산악인에게 매우 중요한 존재로써 그들을 돕는 역할을 하고 있다. 이러한 야크의 이미지는 블랙야크가 지향하는 브랜드 이미지와 매우 일치하는 것이라고 볼 수 있다. 산행 이후 1996년 블랙야크 브랜드를 본격적으로 런칭하였다. 당시, 아웃도어 시장은 등산용품이 90%를 차지하며, 의류는 10%에 불과한 상황이었지만, 발상의 전환으로 블랙야크라는 브랜드를 내세워 등산의류시장에 진출하여 "산에 패션의 시대가 온다."라는 광고를 시작으로 본격적인 마케팅에 나선 것이다.

3. 블랙야크의 성공 비결

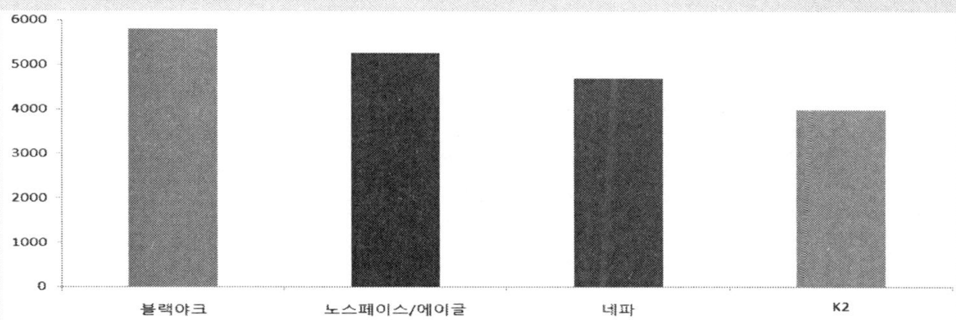

그림. 2013년 아웃도어 브랜드 매출

지금의 블랙야크가 있게 된 것은 약 40년간 평생 산과 함께하고 산을 사랑한 강회장이 있었기 때문이라고 볼 수 있다. 강회장은 전문 산악인인 동시에 경영인이다. 그는 산악인들 뿐 아니라 일반 등산객들을 물심양면 후원하며 산악인으로서의 존경의 할 만한 면모를 가진 경영자로 알려져 있다. 강회장의 이러한 면모와 더불어 블랙야크를 지금의 아웃도어 대표 브랜드로 있게 한 성공 비결은 다음과 같다.

1) 직원들 간의 탁월한 팀워크

아웃도어에 대한 열정으로 구성된 직원들이다. 이들은 빠른 기동력과 원활한 소통이 최대 강점으로 꼽힌다. 각 분야에서의 맡은 바 일처리에 대해 팀들과의 끊임없는 커뮤니케이션이 지금의 블랙야크 이미지를 상승시키는 큰 요인으로 작용했다고 볼 수 있다.

2) 광고의 컨셉 변화

블랙야크의 광고컨셉은 다른 타 기업과 달리 정통 산악의 느낌을 살리고 성능적인 측면을 강조하며 그들과는 차별화된 광고를 제공해 왔다. 이러한 광고효과가 국내 시장의 점유율을 높이는 하나의 큰 요소로 작용했다고 볼 수 있다. 블랙야크는 국내시장의 점유율을 높이기 위하여 정통 산악의 이미지를 도심으로 이끌어내면서 새로운 소비계층인 여성을 타켓으로 한 마케팅을 시도했다. 이러한 마케팅은 큰 성공을 거두어 매출 상승에 또 한 번 기여하는 계기가 되었다.

3) 브랜드 아이덴티티의 방향성 재정립

아웃도어 시장은 의류업계의 블루오션이라고 할 만큼 급격하게 성장해 왔다. 아웃도어 브랜드가 대중들에게 많이 알려지게 된 계기는 '노스페이스'가 그 시작이라고 할 수 있다. 학생들의 겨울철 필수템이라고 할 정도로 큰 열풍을 일으켰던 이 브랜드가 아웃도어 브랜드의 인지도를 상승시키는 데 크게 기여했다고 볼 수 있다. 이러한 시도는 모든 아웃도어 브랜드 시장의 변화를 가져왔고, 블랙야크 또한 기존의 익스트림 등산용품을 추구하는 것에서 패션을 고려한 정통 등산용품으로 방향성을 재정립하는 계기가 되었다.

4) 끊임없이 지속되는 그들의 사회공헌 활동

블랙야크는 브랜드의 인지도 상승 및 이미지 향상을 강화하기 위하여 다양한 마케팅활동을 시도해 왔다. 정통 산악인을 후원하는 것은 물론 등산과 관련 있는 분야에 대한 적극적인 지원 및 후원을 하고 있다.

산악 클라이밍과 암벽 등에 대한 관심이 높아지면서 이러한 것들이 여가 문화로 받아들여질 수 있도록 적극적인 자세를 취하고 있으며, 2005년부터 국제 볼더링 선수권 대회를 개최하면서 산악 문화를 더욱 발전시켰다.

또한, 이러한 익스트림 스포츠가 자연을 훼손한다는 이미지가 크기 때문에 이러한 부분을 고려해 자연보호 사회공헌 활동에 매우 적극적으로 활동해 왔다. 블랙야크는 환경오염의 주범인 폐휴대전화를 매장으로 가져올 경우, 제품을 20%할인하는 캠페인을 추진하기도 하였으며, 폐휴대폰을 한국전자산업환경협회에 기증하는 역할을 해 환경부 장관상을 수상한 바 있다.

사례로 접근하기

'팀 스폰서로' 운영되는 넥센 히어로즈의 운영능력은 탁월.

1. 넥센 히어로즈의 소개

넥센 히어로즈(Nexen Heroes)는 KBO 소속이며, 국내 서울특별시를 연고지로 구로구 고척동에 있는 고척스카이돔을 홈구장으로 하고 있는 프로야구팀이다. 다른 프로야구팀과 달리 넥센히어로즈는 자체가 곧 기업인 팀이며, 메인 네이밍 스폰서 기업을 유치하여 운영 중에 있고 그 외의 다른 기업들의 서브 스폰서 주체를 유치하여 운영 중이다.

2. 넥센 히어로즈의 배경

2008년 3월 해체되었던 현대 유니콘스를 재창단 형식으로 인수하면서 창단된 구단이다. 2008년~2010년 3년간 국내 담배회사인 우리담배가 네이밍 스폰서를 자처하면서 지금의 '넥센 히어로즈'가 '우리 히어로즈'로 활동하였으나 2008년 시즌 기간 중 우리담배 측에서 스폰서 계약을 해지하면서 '히어로즈'로 활동을 하게 되었다. 구단은 수익 사업의 일환으로 네이밍 스폰서를 사용하기 위하여 연고지인 '서울'을 생략하여 활동을 이어왔다. 그러던 중 2010년 타이어 회사인 넥센타이어와 2년간 메인 스폰서를 계약하면서 '넥센 히어로즈'로 변경하여 활동을 시작하였고 이후 지금까지 넥센타이어와의 계약을 연장하여 '넥센 히어로즈' 명칭을 사용하고 있다.

3. 넥센 히어로즈의 마스코트

넥센 히어로즈의 마스코트의 공식 이름은 '히어로'이지만 많은 팬들과 대중들에게는 '턱돌이'로 더 유명하다. 김진의 탈을 쓴 캐릭터에 한해 현재 공식적으로는 '턱돌이'라고 칭하고 있다. 이후 2015년 귀여움과 강인한 매력을 갖고 있는 여성 마스코트인 '동글이'를 내놓았고, 2016년에는 고척스카이돔을 홈구장으로 사용하게 되면서 '돔돔이'를 탄생시켰다.

4. 넥센 히어로즈의 성공 비결

1) 다양한 기업의 스폰서를 통한 재정확보

넥센 히어로즈는 다양한 기업으로부터 스폰을 받아 운영하고 있다. 다른 구단에 비해 많은 다양한 분야에서의 스폰을 받고 있는 넥센은 재정적인 문제를 이러한 유니폼마케팅과 더불어 각종 다양한 마케팅을 활용하여 해결하고 있다.

2) 내부관계자들의 적극적인 지원과 활동

넥센 히어로즈는 프런트와 선수단이 적극적인 커뮤니케이션을 주고받으며 엄청난 성과를 이루어냈다. 넥센 창단 당시, 115억이던 매출은 기하급수적으로 늘어났으며, 지속적인 직원들의 재능기부 및 다양한 사회 공헌 활동으로 이미지를 상승시키는 효과를 가져오기도 하였다.

사례로 접근하기

국내 車시장 '스포츠'라는 이름만으로 그 가치는 충분하다.

그림 3-5. 국내 레저 · 스포츠카

자동차의 정의가 현재 많이 바뀌고 있다. 단순 교통수단으로써 활용되어지던 자동차가 하나의 레저 · 여가생활로써 스트레스를 해소 할 수 있는 하나의 수단으로 자리매김하였다. 국내 車 시장은 기존의 자동차에 스포티한 느낌을 가미시키면서 남성들의 구매 욕구를 촉진시키고 있다. 스포츠라는 단어 자체는 역동적이면서 흥분을 자극하는 촉매제 역할을 한다고 해도 과언이 아니다. 車시장은 이러한 스포츠의 이미지를 활용하여 국내 시장의 점유율을 높이기 위해 적극 나서고 있다.

쌍용자동차는 2018년 1월 대형 프리미엄 렉스턴 스포츠를 국내 시장에 출시 후, 중영 SUV 시장을 선도하며 車시장에서 급격한 성장세를 보이고 있다. 이러한 국내시장의 분위기를 타 쌍용자동차는 영국과 독일 론칭 행사 당시, 렉스턴 스포츠의 세련미와 실용성, 주행능력 등에 대한 호평이 이어졌으며, 이와 관련해 최종식 대표이사는 "유럽시장을 시작으로 렉스턴 스포츠의 해외 론칭이 이어질 예정인 만큼, 적극적인 현지 마케팅과 다양한 브랜드 인지도 향상 활동을 통해 글로벌 판매를 확대하고 글로벌 SUV 명가로서의 입지를 다져나갈 것"이라고 답했다.

해외 車브랜드에 맞서는 제네시스 스포츠는 해외 브랜드의 스포츠카에 맞서 완벽한 옵션을 자랑하며, 국내 시장에 도전장을 내밀었다. 기존 국내 세단 車에서 고급스럽고 중후한 이미지를 대표하던 제네시스가 이제는 스포츠카 시장을 점령하기 위해 최고의 기술력과 디자인, 옵션으로 다시 태어났다.

9 해외 스포츠·레저 경영 성공사례

사례로 접근하기

아디다스를 넘어 나이키의 아성을 넘보는 스포츠 브랜드 언더아머의 성공사례

UNDER ARMOUR.

1996년 창업자 케빈 플랭크에 의해 언더아머의 역사가 시작됩니다. 타 스포츠 브랜드에 비해 비교될 만큼 역사가 짧습니다. 참고로 나이키는 1964년, 아디다스는 1948년으로 언더아머는 상대적으로 타 스포츠 브랜드에 비해 출발이 늦었다고 볼 수 있다.

1. 탄생배경

창업자 케빈 플랭크는 미식축구 선수 시절 운동복 안에 받쳐 입던 면 티셔츠가 땀에 젖어 불편했던 경험을 바탕으로 땀에 젖지 않는 셔츠를 개발하는데 몰두하게 된다. 그는 선수의 능력을 최대한 발휘할 수 있는 고기능성 의류를 개발하고 싶은 열망을 바탕으로 연구개발을 시작한다.

1996년 조지타운에 있는 할머니 집 지하실에 사무실을 차리고, 소재에서부터 짜임새, 스타일에 이르기까지 기존 셔츠의 개념을 완전 탈피한 이상적인 아이디어를 상품으로 만들기 위해 뉴욕 거리의 수많은 원단 시장과 봉제공장을 직접 찾아다녔으며, 바로 여기서 언더아머가 시작되었다.

2. 브랜드명과 미션

언더아머는 유니폼 안에(Under)마치 싸우러 나갈 때 입는 갑옷(Armor)이라는 의미를 담아 만들어졌다. 단순한 스포츠의류가 아닌 운동선수가 가진 능력을 최대한 발휘할 수 있는 퍼포먼스 기능성 의류라는 새로운 카테고리로 커뮤니케이션을 시도하였다. 이러한 시도들이 자연스럽게 언더아머의 브랜드 미션이 되었다.

마케팅 불변의 법칙에 나왔던 카테고리의 법칙을 찾아볼 수 있었다. 단순한 스포츠 의류가 아닌 퍼포먼스 의류라는 새로운 카테고리로 포시셔닝함으로써 기존 스포츠 브랜드들이 경쟁하고 있던 시장에서 경쟁하기보다는 전혀 새로운 시장을 만들어 냈다.

언더아머의 놀라운 성과는 부동의 2인자 아디다스를 제치고 엄청난 성과를 거두었다.

2014년 매출 기준으로 아디다스가 약 24억 달러, 언더아머가 약 27억 달러를 달성하였다.

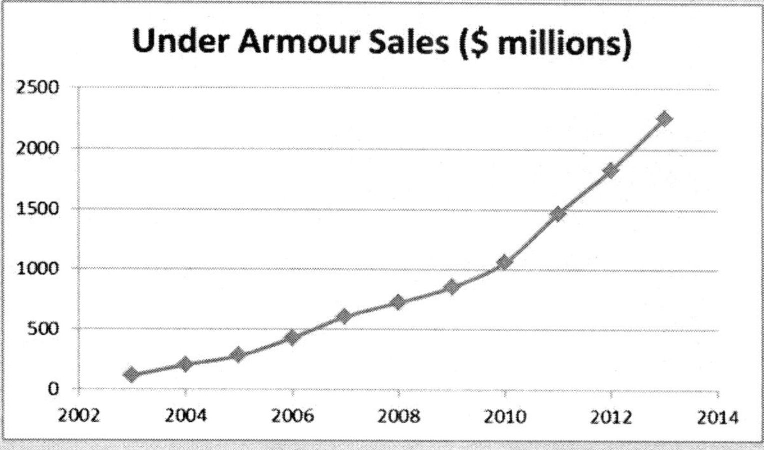

2011년부터 2015년까지 언더아머의 매출은 미국 기준으로 약 28% 상승하였으며, 동기간 나이키가 16% 성장했고, 아디다스는 3% 줄어든 것에 비하면 후발주자로 엄청난 성과를 달성했다고 볼 수 있다.

언더아머는 광범위한 스포츠 의류, 용품을 사려는 소비자를 대상으로 생각하지 않았다. 나이키와 아디다스와는 무언가 다른 브랜드 이미지를 구축하기 위해 운동선수의 퍼포먼스에만 집중된 제품을 런칭 하였다. 기능성에만 집중하며 대중화된 브랜드보다 전문적인 이미지를 구축하여 프리미엄의 이미지까지 함께 가져 올 수 있었다.

둘째, 품질 기반의 바이럴 마케팅

바이럴을 통해 제품의 뛰어난 성은이 다수의 소비자들에게 알려지면서 브랜드 인지도를 빠르게 높일 수 있었다. 또한 선수들에게 협찬과 후원을 바탕으로 언더아머가 자연스럽게 노출이 되기 시작하였고, 우수한 품질은 점차적으로 소비자들의 입을 통해 확산되기 시작하였다.

셋째, 언더독을 활용한 스타 마케팅

언더아머는 스타마케팅에서 언더독(승리 가능성이 적어 보이는 약자) 전략을 사용하였다. 충분한 가능성이 있는 선수를 발굴하고 지원하고 후원하는 전략으로 가능성을 보고 투자를 하지만 기업의 입장에서 쉬운 선택은 아니다. 나이키가 다방면의 스포츠분야에서 스포츠마케팅을 활용을 하지만, 스타트업 회사에서는 쉽게 접근할 수 없는 게 스타마케팅이다. 하지만 언더아머는 철저하게 언더독 전략을 활용하여 선수들을 후원하였다.

넷째, 임팩트 강한 영상 캠페인

마지막 성공요인은 임팩트가 강한 영상이다. 자기 자신을 단련하고, 끊임없는 노력을 통해 정상을 향하고자 하는 의지가 강한 영상들을 제작하여 선보였다.

사례로 접근하기

선수 몸짓 · 관중 함성도 돈 된다. '다크 데이터' 잡아라

◇ 다크 데이터(dark data)

정형화된 숫자나 문서와 달리 인간의 동작이나 냄새, 소리 등 쉽게 분류 · 정리할 수 없는 비정형 데이터다. 지금까지는 활용하기 힘든 쓸모없는 데이터로 취급받았다. 인공지능과 센서의 발달로 다크 데이터에서 유의미한 정보를 추출해 새로운 빅데이터 금맥(金脈)으로 각광받고 있다.

◇ 미국 IBM 인공지능 '왓슨' 마스터스 4일간 영상 전부 분석

글로벌 정보기술(IT) 업체들이 '다크 데이터(dark data)' 발굴에 앞 다퉈 뛰어들고 있다. 현재 활용되는 빅데이터는 위치정보나 신용카드 사용 기록, 검색 이력처럼 명확하게 분류가 가능한 것이 대부분이다. 반면 다크 데이터는 사람의 몸짓이나 군중의 함성, 사물의 냄새, 목소리에 담긴 감정처럼 분석이 어려운 데이터를 일컫는다. 뚜렷한 형태가 없다는 의미에서 비정형(非定型) 데이터로도 불린다. 전 세계 데이터의 80% 이상이 다크 데이터로 추산되지만 활용 방법이 마땅히 없어 대부분 버려졌다. 하지만 최근 인공지능(AI)과 센서기술이 발달하면서 다크 데이터를 이용해 새로운 서비스를 발굴하는 사례가 속속 등장하고 있다. 시장조사기관 가트너는 다크 데이터의 활용 범위가 앞으로 5년간 8배 이상 늘어날 것으로 내다봤다.

◇ 선수의 몸짓 · 관객의 함성도 데이터

미국 IBM은 최근 열린 제82회 미국프로골프(PGA) 마스터스 대회에서 AI '왓슨'으로 제작한 하이라이트 영상 서비스를 선보였다. 왓슨이 4일간의 경기영상을 전부 분석해 자동으로 정리한 것이다. 왓슨은 갤러리의 함성과 중계진의 뉘앙스, 선수와 캐디의 제스처 등을 데이터로 변환해 집계했다. 주변소리가 크거나 선수의 몸짓이 클수록 중요한 장면으로 평가했다. TV 중계에서는 조던 스피츠 같은 유명 선수의 영상만 볼 수 있었지만, 왓슨은 하위권을 포함해 모든 선수가 4일간 어떤 경기를 펼쳤는지 각각 하이라이트를 만들어냈다.

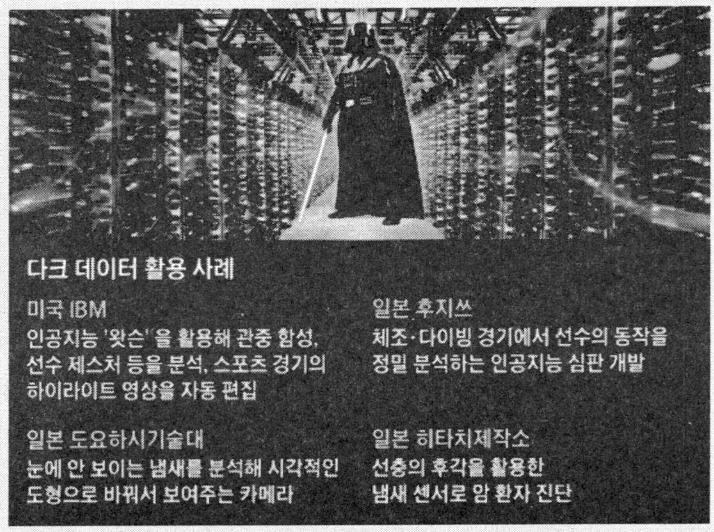

출처: http://m.biz.chosun.com

[그림 3-6] 다크 데이터를 활용한 사례

왓슨은 20년치 마스터스 영상을 학습하면서 하이라이트 제작 방법을 스스로 배웠다. 왓슨이 평가한 마스터스 최고의 장면은 2005년 타이거 우즈의 대회 최종 4라운드 16번 홀 칩샷이었다. 당시 우즈가 러프에서 날린 공은 홀 왼쪽 6m 지점에 떨어졌다가 갑자기 90도로 꺾이면서 경사를 타고 내려가더니 홀 앞에서 약 1.5초 동안 멈춰 섰다가 홀컵에 빨려 들어갔다. IBM은 영국 윔블던 테니스 대회에서도 하이라이트를 자동 편집하는 기술을 선보이고 있다.

일본 후지쓰는 체조경기용 AI 심판을 개발하고 있다. 인간 심판은 하루 8시간 이상 채점을 하기 때문에 집중력과 일관성 유지가 쉽지 않은데, 이를 AI로 보조하겠다는 것이다. AI 심판은 선수의 몸에 레이저를 1초당 230만회 쏘아 움직임을 입체(3D)로 재구성한 뒤, 이 데이터를 분석해 선수가 팔꿈치와 무릎을 구부린 정도를 정밀하게 측정해낸다. 후지쓰는 향후 피겨스케이팅과 다이빙 경기용 AI 심판도 만들 계획이다. 데이터가 쌓이면 장기적으로는 사람 심판을 대신하는 완벽한 AI 심판도 만들 수 있다.

◇ **전 세계 데이터의 80%가 미지의 영역**

냄새도 중요한 다크 데이터이다. 일본 도요하시기술대 연구팀은 최근 '냄새 카메라'를 개발했다. 반도체 칩에 특수한 막을 입혀 5가지 냄새 성분의 비율을 측정해 특정한 도형으로 보여주는 기술이다. 육안으로는 구분이 어려운 물이나 소주 방울을 카메라로 찍으면 어떤 성분인지 바로 알 수 있고, 같은 냄새도 강도에 따라 도형 모양이 바뀐다. 냄새 데이터를 누구나 이해할 수 있는 시각 데이터로 바꿔주기 때문에 무궁무진한 서비스를 만들어낼 수 있다.

일본 히타치제작소는 몸길이가 1㎜ 정도인 선충(線蟲)의 후각을 활용한 암 검진법을 내년 말 상용화할 계획이다. 선충은 암 환자의 소변 냄새를 맡으면 특이한 움직임을 나타낸다. 이를 센서 기술과 결합해 암 환자 진단에 활용하겠다는 것이다. 실제로 연구팀이 105명의 암 환자를 대상으로 임상 시험한 결과 진단 정확도가 90%를 넘었다. 특히 췌장암이나 대장암처럼 조기 발견이 어려운 암에 효과가 있을 것으로 기대를 모은다. 미국 하버드비즈니스리뷰는 "기업들이 다크 데이터를 제대로 활용하는 경우는 1% 미만"이라며 "그동안 데이터로 취급하지 않던 정보를 분석 가능한 데이터로 전환 · 응용하는 능력을 갖춘 기업이 이 시장을 선도할 것"이라고 전망했다.

출처: http://m.biz.chosun.com/svc/article.html?contid=2018042503432&m.facebook.com#csidx668ab2ba11d7f0baac498619c3a98ed

사례로 접근하기

노이즈 마케팅 '선수' 나이키의 남는 장사

나이키가 캐퍼닉과 광고 계약을 체결하며 기대한 효과도 논란과 대중의 관심, 이에 따른 매출증대이다. 캐퍼닉 광고를 계기로 나이키에 반대하는 소비자들이 생기겠지만 그런 위험은 감수할 수 있다고 계산한 것으로 보인다.

미국 뉴욕 맨해튼의 한 건물에 8월 7일 콜린 캐퍼닉 전 미국프로풋볼(NFL) 선수가 등장한 나이키 광고가 걸려 있다. / 뉴욕|EPA연합뉴스

세계적인 스포츠 의류 브랜드이자 노이즈 마케팅의 '귀재'인 나이키가 또 한 번 섶을 지고 불로 들어갔다. 인종차별 항의시위를 벌여 미국프로풋볼(NFL)에서 사실상 퇴출된 콜린 캐퍼닉 전 샌프란시스코 포티나이너스 쿼터백을 광고 모델로 기용해 전국적인 찬반 논란을 일으킨 것이다. 논란거리를 던져 주목도와 매출 상승의 '두 마리 토끼'를 잡던 나이키의 마케팅 수완이 이번에도 성공할 것인지 시선을 끌고 있다.

나이키는 '저스트 두 잇(Just Do It)' 캠페인 30주년 모델로 테니스 선수 세리나 윌리엄스, 미국프로농구(NBA) 르브론 제임스 등과 함께 캐퍼닉을 발탁했다. 캐퍼닉과 다년 계약을 체결한 나이키는 캐퍼닉의 이름을 붙인 운동화와 티셔츠 등도 새로 출시할 예정이다.

인종차별 항의한 NFL 선수 모델 기용

나이키가 캐퍼닉을 모델로 선택했다는 사실은 캐퍼닉의 트윗 한 줄로 간단히 세상에 공표됐다. 캐퍼닉은 9월 3일 트위터에 자신이 등장한 나이키 광고 사진을 게재했다. 캐퍼닉의 얼굴을 근접 촬영한 이 흑백 사진에는 '무언가를 믿어라. 이것이 모든 것을 희생한다는 의미일지라도' 라는 광고문구가 적혀 있다. 캐퍼닉이 NFL에서 했던 시위와 이 때문에 그가 치러야 했던 대가를 암시하는 문구다.

캐퍼닉은 2016년 경찰이 흑인을 과잉 진압해 사망에 이르게 하자 이에 항의하는 의미로 경기 전 국가 연주 때 무릎을 꿇었다. 국가 연주 시 바로 선 자세를 규범으로 여기는 미국에서 캐퍼닉의 행동은 비애국적이고 무례한 것으로 간주됐다. 스포츠계 안팎에서 뜨거운 찬반 논쟁이 일었고 도널드 트럼프 대통령까지 나서 캐퍼닉에겐 애국심이 없다고 공격했다. 전·현직 군인들 중 일부는 캐퍼닉의 시위가 군을 모욕하는 것이라고 반발했다.

캐퍼닉은 2017년 초 자유계약선수(FA) 자격을 취득했지만 어느 팀과도 계약하지 못했다. NFL 32개 전 구단이 논란 한가운데에 있는 캐퍼닉과 계약하는 것을 부담스러워한 탓이다. 이 '뜨거운 감자'를 나이키가 덥석 집었다. 노이즈 마케팅을 노린 것이다.

나이키의 노이즈 마케팅 전략은 1990년대로 거슬러 올라갈 만큼 역사가 유구하다. 1993년 NBA 피닉스 선스의 파워포워드 찰스 바클리와 함께 진행한 '나는 롤 모델이 아니다' 캠페인이 대표적이다. 당시 청소년들의 우상이었던 바클리는 이 광고에서 "나는 롤 모델이 아니다. 내가 덩크슛을 할 수 있다는 게 당신의 자녀를 키워야 한다는 뜻은 아니다"라고 선언했다. 이 광고는 프로 운동선수의 행동규범, 팬과의 관계 등에 대한 논쟁을 불러왔다. 광고의 성공으로 나이키는 반항적이고 불안한 청춘을 표상하는 브랜드 이미지를 구축했다.

2016년 9월 25일 미국프로풋볼(NFL) 샌프란시스코 포티나이너스의 콜린 캐퍼닉이 경기 전 국가 연주 때 인종차별에 항의하는 의미로 무릎을 꿇고 있다. / 시애틀|AP연합뉴스

1996년 21세의 골프 천재 타이거 우즈가 등장한 광고 캠페인 '안녕 세상아(Hello world)'도 직설적이고 신랄한 문구로 화제가 됐다. 우즈는 이 광고에서 "여전히 미국의 일부 골프클럽은 피부색을 이유로 내가 플레이하는 것을 허용하지 않는다"라며 미국 사회의 인종차별을 꼬집었다. 우즈는 "세상은 내가 준비되지 않았다고 말한다. 당신들은 나를 맞을 준비가 됐는가"라는 도발적인 대사로 젊은 소비자들의 마음을 흔들고 지갑을 열게 했다. 이번 캐퍼닉 광고에 대해 〈뉴욕타임스〉가 "나이키가 익숙한 마케팅 전략으로 돌아갔다"고 평가한 것도 이런 선례들이 있기 때문이다.

나이키가 캐퍼닉과 광고계약을 체결하며 기대한 효과도 논란과 대중의 관심, 이에 따른 매출증대다. 캐퍼닉 광고를 계기로 나이키에 반대하는 소비자들이 생기겠지만 그런 위험은 감수할 수 있다고 계산한 것으로 보인다.

광고 공개 후 소셜미디어 반응 뜨거워

우선 캐퍼닉이 지닌 상품성이 이런 리스크를 상쇄할 만한 수준이다. 캐퍼닉은 지난해 2분기 NFL 공식 유니폼 판매 순위에서 39위에 올랐다. 유니폼 판매 상위 50명 중 현역선수가 아닌 사람은 그가 유일했다. 캐퍼닉을 지지하는 사람들이 적지 않다는 의미다.

시장조사기관 NPD그룹에 따르면 미국에서 나이키를 입는 소비자 중 3분의 2는 35세 이하 청년들이다. 이들 세대는 베이비붐 세대보다 인종 구성이 다양해 캐퍼닉의 시위에 호의적일 가능성이 크다. NPD그룹의 스포츠산업 분석가 맷 파월은 "나이키는 자신들이 무엇을 하고 있는지 정확히 알고 이 일을 시작했다고 본다"며 "이 광고가 일부 소비자를 불쾌하게 만들 수 있다는 것도 나이키는 알고 있다"고 말했다.

기대는 적중했다. 나이키는 홍보비용 한푼 들이지 않고 캐퍼닉의 트윗만으로 언론과 대중의 즉각적인 반응을 이끌어냈다. 캐퍼닉이 광고 사진을 소셜미디어에 공개하고 단 몇 시간 만에 네티즌들은 100만건이 넘는 반응을 보였다.

이 가운데 해시태그 '보이콧나이키(#BoycottNike)'가 포함된 트윗은 캐퍼닉의 트윗 이후 24시간 동안 10만건 이상이 올라왔다. '저스트 두 잇'을 패러디한 '저스트 번 잇(#JustBurnIt)'이라는 해시태그도 등장했다. 캐퍼닉에 반대하는 네티즌들은 자신이 소장한 나이키 제품을 불태우는 사진에 이 해시태그를 달아 소셜미디어에 게재했다. 트럼프 대통령은 한 매체와의 인터뷰에서

"나이키가 (캐퍼닉을 광고 모델로 기용함으로써) 끔찍한 메시지를 보냈다"고 말했다.

그럼에도 소셜미디어 분석업체 리슨퍼스트는 나이키가 '남는 장사'를 했다고 분석했다. 소셜미디어에서 나이키와 캐퍼닉을 지지하는 반응이 더 우세했다는 것이다. 나이키는 노동절(9월 3일) 매출이 지난해 대비 31% 증가했다고 밝혔다.

나이키 광고는 부수적 효과도 낳았다. NFL 시즌 개막일(9월 6일)을 앞두고 공개된 캐퍼닉 광고는 NFL에서 뛰고 있는 유색인종 선수들이 인종차별 항의 시위를 지속하게 하는 힘이 되고 있다. 마이애미 돌핀스의 케니 스틸스와 앨버트 윌슨은 9월 9일 열린 홈 개막전에서 국가 연주 시 무릎을 꿇었고 로버트 퀸은 주먹을 들어올려 캐퍼닉의 대의를 이어갔다.

출처: 경향신문. http://weekly.khan.co.kr/khnm.html?mode=view&code=117&artid=201809171424031&pt=nv#csidx4d1e8af5ccc467c97870fdbd28492c1

생각해 볼 문제

01. 경영의 정의에 대해 설명할 수 있는가?

02. 경영의 기능에 대해 설명할 수 있는가?

03. 스포츠경영의 정의에 대해 설명할 수 있는가?

04. 스포츠경영의 기능에 대해 설명할 수 있는가?

05. 스포츠경영 환경의 변화에 대해 설명할 수 있는가?

06. 국내 · 외 스포츠경영 사례에 대해 설명할 수 있는가?

참고문헌

김영수, 조동성, 김소형(2013). 블랙야크의 성장과 도전. Korea Business Review, 17(4), 75-97.

김용주(2005). 레저스포츠 참여에 따른 인지된 자유감과 자아실현 및 여가만족의 관계. 중앙대학교 대학원, 미간행 석사학위논문.

김홍백, 김진국(2008).레저스포츠산업론. 서울: 형설출판사.

배동진(2018.07.12.). 쌍용차, 유럽시장에 렉스턴 스포츠 본격 론칭. 부산일보, http://news20.busan.com/controller/newsController.jsp?newsId=20180712000068, 2018.07.12. 인출.

신승호(2015). 스포츠 산업 마케팅. 서울:커뮤니케이션북스.

심창섭(2004). 레저와 웰빙시대의 생활체육. 서울: 도서출판 홍경, 190-191.

이아람(2014.04.14.). 아웃도어 기업 최고 매출 블랙야크. 어패럴뉴스, http://www.apparelnews.co.kr/naver/view.php?iid=50047, 2018.07.12. 인출.

이용식, 박영옥, 주노종, 오연풍, 원형중, 서희진(2002). 레저스포츠 활성화를 위한 정책방안 연구. 국민체육진흥공단 한국체육과학연구원.

임운학(2005). 글로벌 스포츠 마케팅. 서울: 보경문화사.

정청자, 박남환(1985). 레저스포츠의 개념추구를 위한 연구(1). 강원대학교 체육과학연구소 논문집, 10.

조재기, 신영균, 손명준(2003). 스포츠 경영학. 부산:동아대학교 출판부.

주동일(2012). 스포츠 경영학 연구주제 동향과 관련 현장 실무기술. 미간행 석사학위논문, 영남대학교 대학원.

Johnson, G. and Scholes, K. (2002). Exploring corporate strategy, 6th edn. Prentice-Hall, London, pp. 4-11.

Porter, M. (1980). Competitive strategy, The Free Press, New York.

Porter, M. (1985). Competitive strategy: creating and sustaining superior performance. Simon & Schuster, New York.

Robbins, S.P., Millett, B. and Waters-Marsh, T. (2004b). Organizational behaviour, 4th edn. Pearson Education, Sydney.

Chelladurai, P. (2006). Human resource management in sport and recreation. Human Kinetics, Champaign.

Senge, P. (1990). The fifth discipline. Currency Doubleday, New York.

Smith, A. and Stewart, B. (1999). Sports management: a guide to professional practice. Allen & Unwin, Sydney.

Kotter, J.P. (1990). A force for change: how leadership differs from management. The Free Press, New York.

Bass, B.M. (1990). Bass & Stogdill's handbook of leadership: theory, research, and managerial applications, 3rd edn. Free Press, New York.

Smith, A. and Stewart, B. (1999). Sports management: a guide to professional practice. Allen & Unwin, Sydney.

Slack, T. (1997). Understanding sport organizations: the application of organization theory. Human Kinetics, Champaign.

Foster, G., Greyser, A. andWalsh, B. (2006). The business of sports: text and cases on strategy and management. Thompson South-Western, Mason.

Sandy, R., Sloane, P. J. and Rosentraub, M. (2004). The economics of sport: an international perspective. Palgrave Macmillan, Basingstoke.

Downward, P. and Dawson, A. (2000). The economics of professional team sports. Routledge: London.

Norman, W. and MacDonald, C. (2004). Getting to the bottom of 'triple bottomline accounting'. Business Ethics Quarterly, 14, 243-262.

Atkinson, A., Waterhouse, J.H. and Wells, R. (1997). A stakeholder approach to strategic performance measurement. Sloan Management Review, Spring, 25-37.

Williams, R. (1998). Performance management: perspectives on employee performance. Thomson Business Press, London.

Robbins, S. and Barnwell, N. (2002). Organisation theory. Pearson Education Australia, Frenchs Forest.

4장 스포츠 · 레저 4차 산업

1 스포츠 · 레저 4차 산업의 이해

KEY POINT • • •

스포츠 · 레저산업은 복잡한 연결 구조와 다른 산업과 연계성이 매우 빠른 산업분야이다. 4차 산업혁명 역시 스포츠 · 레저산업 분야에 다양한 변화와 기회를 주고 있는 실정이다. 앞서 1장 스포츠산업과 2장 레저산업에서 살펴본 것처럼 스포츠산업과 레저산업은 4차 산업혁명으로 인하여 새로운 전기를 마련하고 있는 실정이다.

4차 산업: 경제의 지식 기반의 일부를 기술하는 산업으로 일반적으로 정보 배포 및 공유, 정보기술, 상담, 교육, 연구 및 개발, 금융 계획, 기타 지식 기반 서비스를 포함

스포츠분야는 더 첨단화된 과학의 힘으로 세밀하고, 첨단화되며 운동선수들의 스포츠경기력 향상에 크게 기여하고 있으며, 향상된 경기력과 경기진행 방식 등의 발전으로 일반인들에게 더 높은 인기와 다양한 서비스를 제공하고 있다.

레저산업분야 역시 4차 산업으로 인하여 가상현실을 활용한 입체감 있는 게임과 드론을 활용한 다양한 레저산업 그리고 인공지능과 인간의 바둑경기까지 상상으로만 생각하던 것들을 현실로 만들어내고 있다.

4차 산업은 인간을 보다 편리한 삶으로 바꾸어주는 동시에 인간의 일자리마저 위협하는 이중성을 보이고 있다. 하지만 적어도 스포츠 · 레저산업 분야에서는 긍정적인 효과와 기대가 더 큰 것 역시 사실이다. 과거 시간적 여유와 경제적 여유가 있는 사람들만이 누리던 스포츠 · 레저분야를 보다 저렴하고, 보편화된 시설과 프로그램 등으로 이용이 가능해질 수 있도록 만드는데 4차 산업이 기여하고 있다.

백우열 · 김성겸 · 김화룡 · 추종호(2015)는 스포츠산업을 2차 산업과 3차 산업으로 이루어진 복합 산업으로 다른 산업과 달리 정보가치와 교환가치를 기반으로 고부가가치를 지닌 제품을 생산하는 산업이라고 이야기하고 있는데, 4차 산업까지 연계되어 더 다양하고, 복합적인 구조로 스포츠 · 레저산업을 발전시킬 것이다.

KEY POINT • • •

이처럼 다양한 구조와 다른 산업으로의 연계성이 큰 스포츠 · 레저산업이 4차 산업혁명과 함께 어떻게 성장하고 발전할 수 있을지 예측하고, 이해하는 시간을 가져보려 한다.

2 증강현실

1) 증강현실의 개념

AR(=MR): 현실과 가상을 겹쳐 보일 수 있도록 한 IT기술

증강현실(AR:Augmented Reality)이란 증강현실 체험자가 현실과 가상을 겹쳐 보일 수 있도록 하는 IT기술로, 실시간으로 현실세계에 부가적인 정보를 겹쳐 제공한다는 것에서 혼합현실(MR:Mixed Reality)이라고도 한다. 이러한 증강현실은 1990년대 후반부터 미국과 일본을 중심으로 현실과 가상을 융합 복합형 증강현실 시스템이 진행되어 왔다. 이는 현실세계의 불만족스러운 부분 또는 보완이 필요한 부분 등 현실세계가 충족시켜주지 못하는 소비자들의 욕구를 가상환경을 통해 이를 보완해주지만, 주 환경은 현실세계에서 이루어진다. 컴퓨터 그래픽은 소비자가 현실과 가상 영상을 겹쳐서 봄으로써 이 둘의 구분이 모호해지도록 하는 역할을 한다.

증강현실의 특징
· 실제와 가상이 함께 존재
· 실시간으로 상호작용 가능
· 3D물체와 현실이 융합하여 현실감 반영

증강현실을 정의하는 데 있어 다음과 같은 특징이 사용된다.

첫째, 실제의 환경 이미지와 가상이미지가 함께 존재하고, 융합되어야 한다.

둘째, 실시간으로 사용자와 상호작용이 이루어질 수 있는 상황에 있어야 한다.

셋째, 가상의 3D의 물체가 현실세계와 융합하여 실제 상황처럼 반영되어야 한다.

2) 증강현실과 가상현실의 차이

KEY POINT • • •

증강현실과 유사한 개념으로 가상현실(VR:Virtual Reality)이 있는데, 이 둘은 현실에 근접하는 정도에 따라 그 차이가 존재한다. 증강현실은 현실 환경에 가상의 객체가 혼합되어 진 것이 특징이라면, 가상현실은 인위적으로 만든 가상 환경에서 가상의 객체만 존재한다는 것이 특징이다.

VR:인위적으로 만든 가상 환경에 가상의 객체만 존재하는 것

혼합현실은 실제와 가상의 환경이 혼합되어 있는 형태지만 가상현실과 증강현실의 범위를 모두 포함하고 있다. 즉, 증강현실은 현실을 주된 환경으로 하여 가상을 객체를 이용해 현실감을 불러일으키며 상호작용이 이루어지는 것이라고 볼 수 있다.

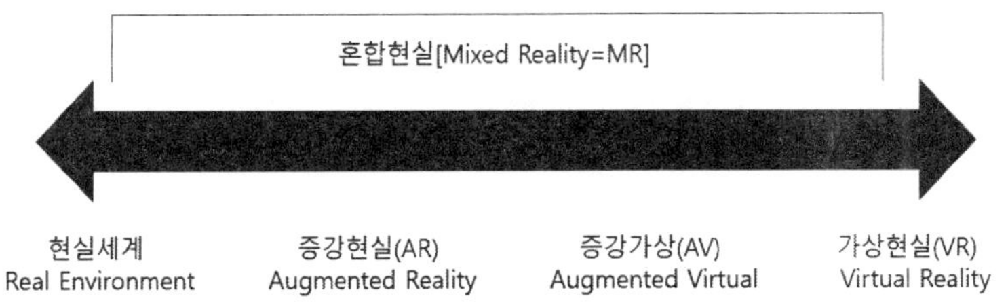

출처: Milgram, P.,& Keshino, F.(1994). A taxonomy of mixed reality wisual display. IEICE Transactions on Information and Systems. E77-D(12), 1321-1329.

[그림 4-1] 가상현실과 증강현실의 범위

최근에는 증강현실 기술이 보다 더 발전하고 유형이 다양해짐에 따라 증강현실의 개념에 대한 재정의가 이루어지고 있는 실정이다. 특히, 영상과 소셜 미디어를 부가적인 정보로 활용하여 기존의 증강현실 환경에 부가적인 오감정보를 제공하고, 사용자 중심의 맥락정보와 사회적 관계에 따라 개인화하는 특징을 가진 것으로 정의하고 있다. 증강현실은

KEY POINT • • •

사용자가 실제 사물 위에 가상의 그래픽을 접목시킨 이미지로부터 정보를 얻는 과정에서 3차원이라는 확장된 공감각적인 체험 공간에서 사물과 대상에 대한 자연스러운 몰입과 실재감을 느끼며 실시간으로 서비스를 이용할 수 있다는 점에서 많은 주목을 받고 있다.

사람들이 처음 증강현실이나 가상현실을 경험하면 재미있는 일이 일어난다. 눈에 빛이 나며 가상현실의 미래에 대해 열정적으로 이야기하기 시작한다. 그들이 음악을 좋아한다면 가장 좋아할 가상현실 경험은 좋아하는 밴드의 콘서트가 되고, 만약 스포츠팬이라면 자신이 좋아하는 스포츠 경기를 바로 옆에서 관람하는 가상현실에 열광할 것이고, 게이머라면 게임 속으로 직접 걸어 들어가는 체험을 즐길 것이다(박영숙, 제롬 글렌. 2018).

스포츠 분야의 경우 생생한 현장감과 경기상황에 따른 다양한 적용이 가능하다. 그리고 경기상황에 따른 위치 변화 등이 가능하여 현장관람보다 더 큰 만족감을 주고 있다고 할 수 있다. 특히, 현장감, 방향감 및 거리감 등이 많은 영향을 주는 스포츠인 만큼 스포츠 소비자의 반응도 빠르게 나타나고 있다. 이와 더불어 이제는 시청뿐만 아니라 직접 증강현실을 직접 참여할 수 있는 콘텐츠들이 소비자들 사이에서 각광받고 있다.

3) 증강현실의 특성

증강현실은 현실과 가상의 결합에 사용자가 흥미와 재미를 느끼며 쉽게 사용할 수 있다는 특징을 갖는다.

- 상호작용: 증강현실 기술이 적용된 환경은 사용자에게 획일적이고 일방적인 형태의 서비스 제공이 아닌 사용자가

KEY POINT • • •

관심을 갖고 있는 서비스를 구별하여, 효과적으로 제공할 수 있는 새로운 형태의 서비스 패러다임을 필요로 한다. 사용자는 자신의 주변에 퍼져있는 다양한 콘텐츠와 서비스와의 자연스러운 상호작용을 기대하게 된다.

- 현실감: 증간현실은 장소와 거리에 제약이 없는 환경을 구축할 수 있도록 만들어 주기 때문에 학습 내용에 대한 맥락인식을 증가시킬 수 있다.
- 몰입감: 인간은 활동을 할 때 기술 등과 같은 요인들이 어느 정도 수준에 다다르면 활동 자체에 깊이 빠져든다. 이러한 경험이 최적의 경험임을 느끼게 되는 상태를 몰입이라고 한다.
- 흥미: 증강현실에 대한 흥미를 느낄 수 있어야 한다. 증강현실을 사용함에 있어 높은 반응의 흥미는 사용자의 관심과 동기부여 유발에 많은 도움이 된다.
- 이해도: 사용자는 증강현실 기기의 직접 조작을 통한 이해 능력이 매우 중요한 요소로 작용된다. 증강현실 기기의 쉬운 사용성은 사용자의 경험에 있어서 나타날 수 있는 기술실현에 대한 반작용현상의 부담감을 줄여주고, 몰입감, 흥미, 상호 작용성 등의 특성들의 장점은 더욱더 효과적으로 전달시킬 수 있는 요소로 작용할 것이다.

4) 증강현실의 종류

(1) 위치기반 증강현실

위치기반 증강현실은 모바일 기기와 확산으로 가장 널리 보급된 증강현실 기술이다. GPS 등을 통해 수집한 위치 정보를 바탕으로 가상 정보를 제공하는 형태로 위치기반 서비스, 길 찾기 서비스, 모바일 광고 및 SNS 등에 활용 가능하다.

출처:http://techpp.com 출처:https://blog.naver.com/dndus01

출처: http://techpp.com, https://blog.naver.com/dndus01

[그림 4-2] 위치기반 증강현실

KEY POINT • • •

(2) 마커인식 증강현실

마커인식 증강현실은 카메라를 이용하여 특정 마커를 통해서 가상 정보를 포함시키는 형태이다. 실제 하는 현실 정보 인식할 수 있기 때문에 위치기반 증강현실처럼 현실과 가상 정보와 괴리는 발생하지 않는다. 마커를 인식하기 위해 카메라와 트랙킹기술 등과 같은 인식 프로그램이 필수적으로 있어야하며, 마커에 따라서 특화된 정보를 제공하기 때문에 정확한 정보의 전달이 요구되는 서비스에 적합하다.

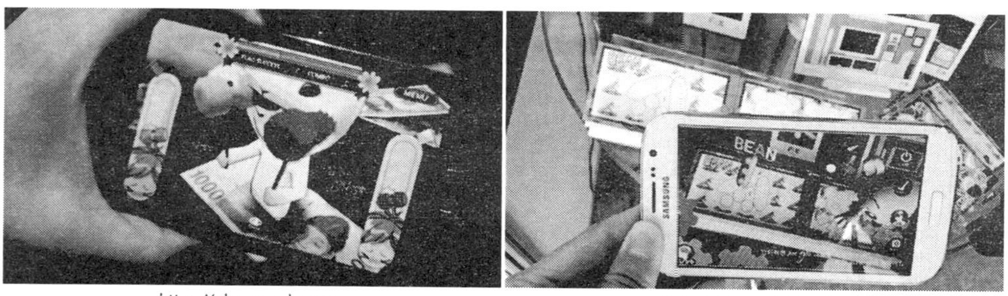

https://play.google.com http://biz.newdaily.co.kr

출처: http://play.google.com, http://biz.newdaily.co.kr

[그림 4-3] 마커인식 증강현실

KEY POINT • • •

(3) 무 마커 증강현실

무 마커 증강현실의 기본 구현 방식은 마커 인식 증강현실과 비슷하나 무 마커 증강현실의 경우 특정의 마커가 아닌 특정 이미지를 인식하며, 마커 인식 증강현실은 특정 마커를 인식한다는 점에서 차이를 보인다. 무 마커 증강현실은 높은 수준의 인식 기술이 필요하며, 전 세계적으로 무 마커 증강현실 기술은 핵심 원천기술로 손꼽힌다.

출처: http://www.sony.co.jp/sonyinfo/News/Press/201105/11-058/

[그림 4-4] 무 마커 증강현실

(4) 증강현실의 사례

사례로 접근하기

증강현실 길찾기·AI 통역… 평창은 'IT 올림픽'

지난 16일 ISU(국제빙상연맹) 4대륙 피겨선수권대회가 열린 강릉아이스아레나. 기자가 현장 직원에게 입장 티켓을 보여주자 안내 직원은 스마트폰을 꺼내 스마트서비스가이드 앱(응용 프로그램)을 실행한 뒤 티켓 좌석 번호 '227구역 K열 3번'을 입력했다. 그러자 스마트폰 화면에 카메라를 작동시킨 것처럼 경기장 출입구 모습이 보였고 화면 하단 부분에는 파란색 길 안내 화살표가 나타났다. 마치 모바일 증강현실(AR) 게임 포켓몬고에 나오는 캐릭터처럼 화살표가 현실에 덧 입혀진 모습이었다. 직원과 함께 이 화살표를 따라 중앙 출입구로 들어가 계단을 내려가니 스마트폰 화면에 '목적지 도착 알림'이라는 메시지가 나왔다. 1만2000석 규모인 경기장에서 제자리를 찾는 데 5분도 걸리지 않았다.

AR 길안내 서비스 개발에 참여한 하나마이크론 이금렬 그룹장은 "위성항법장치(GPS) · 근거리통신기술 · IoT(사물인터넷)를 이용해 스마트폰의 실시간 위치를 측정한 서비스"라며 "평창동계올림픽 때는 국내외 관람객들이 각자 자신의 스마트폰으로 인천국제공항에 입국했을 때부터 올림픽 관람을 마치고 출국하는 전 과정을 안내받을 수 있을 것"이라고 말했다.

◇ AR길안내 · 통역앱으로 헤매지 않고 경기 관람

평창 동계올림픽 주요 IT 서비스 정리 표 평창동계올림픽조직위원회는 내년 2월 개막하는 평창동계올림픽을 ICT(정보통신기술)올림픽으로 선보이겠다는 목표를 세우고 AR · 인공지능(AI) · IoT · 가상현실(VR) 등 첨단 기술이 접목된 다양한 서비스를 개발하고 있다. 조직위는 16~19일 강릉아이스아레나에서 지금까지 개발된 IT서비스를 일반인을 대상으로 시연했다.

외국인 관람객을 위해 개발 중인 자동통번역 앱도 눈길을 끌었다. 한글과컴퓨터와 한국전자통신연구원(ETRI)이 공동 개발한 '한컴 말랑말랑 지니톡'은 한국어와 영어 · 중국어 · 일본어 · 프랑스어 등 8개 언어를 통번역하는 음성인식 인공지능 앱이다. 경기장 입구에 설치된 '강릉아이스아레나' 표지판을 촬영하자 사진 속 글을 읽고 영어로 'Gangneung Ice Arena'로 번역도 했다. 조직위는 공식 콜센터에 전화를 걸면 음성인식 인공지능이 경기 · 관광 정보를 안내하는 서비스도 개발 중이다. 이희범 평창동계올림픽 조직위원장은 "지난해 열린 브라질 리우올림픽에서는 자원봉사 신청자 중 25%가 개막 첫날 나타나지 않아 올림픽 진행이 원활하지 않았다"며 "평창올림픽에는 최첨단 IT 서비스가 도입되기 때문에 이런 일은 없을 것"이라고 말했다.

조직위는 관람객이 한꺼번에 몰려 경기장이 붐비는 일을 막기 위해 IT를 활용한 통제 기술도 개발하고 있다. 이날 강릉아이스아레나 메인 출입구 맞은편 안전관리실에 있는 대형 모니터에는 경기장 안팎 CC(폐쇄회로)TV 영상과 경기장 내 관람객 수, 입장 대기 인원수가 표시됐다. CCTV 영상과 IoT 센서 수집 정보를 분석해 실시간 인원수를 계산하는 기술이다. 오상진 조직위 정보통신국장은 "경기장 안팎이 얼마나 혼잡한지 분석해 관람객들에게 빠르게 이동할 수 있는 출입구와 동선을 앱으로 추천할 계획"이라고 말했다. 또 차량 출입 IoT 센서를 이용해 경기장 외부 주차 가능 공간도 스마트폰으로 알려줄 예정이다.

◇ 5G 통신망 기반의 VR 경기 중계도

평창 동계올림픽 주요 IT 서비스 자료: 미래창조과학부

인공지능	-자동 통번역 앱 '한컴 말랑말랑 지니톡' -공식 콜센터 음성인식 인공지능 안내 서비스
증강 현실(AR)	-길 안내 서비스 -AR 기반 사진·영상 만들기 체험 서비스
5G(5세대 이동통신)	-360도 VR 중계 -한 장면을 같은 시간에 다양한 각도로 보게 해주는 영상 서비스(타임슬라이스)
사물 인터넷(IoT)	-경기장 출입구, 동선 추천 서비스 -실시간 주차 정보 서비스

중계 기술도 이번 올림픽에서 한 단계 도약한다. 평창동계올림픽 주관 통신업체인 KT가 5G(5세대 이동통신)를 시범 서비스 할 계획이기 때문이다. 5G는 LTE(4세대 이동통신)보다 데이터 전송 속도가 40배 이상 빨라 대용량 데이터 전송이 필요한 가상현실과 타임슬라이스 중계가 가능하다. 타임슬라이스는 선수를 중심으로 놓고 한 장면을 원하는 각도에서 볼 수 있게 해주는 중계 기법이다.

내년 평창동계올림픽 때는 실내경기장에 타임슬라이스 중계를 위해 여러 각도로 설치된 카메라 100대가 빈틈없이 경기 영상을 촬영한다. 관람객들이 스마트폰에서 영상을 돌려가며 원하는 각도에서 경기 장면을 볼 수 있다는 뜻이다. 김도영 KT 전임연구원은 "올림픽 중계 방송사와 협의가 된다면 360도 VR 카메라가 촬영한 영상을 집에서도 VR 기기를 착용하고 볼 수 있을 것"이라고 말했다.

출처: http://biz.chosun.com/site/data/html_dir/2017/02/20/2017022000045.html#csidx07a770a2b38b114a835809797b8dc82

5) 증강현실의 대중화

KEY POINT • • •

미래에는 표준 크기의 전구 소켓을 사용하는 조명등만 가지고 있다면 책상, 냉장고, 벽 등 모든 표면을 증강현실 디스플레이로 바꿀 수 있다. 마치 영화〈아이언맨〉에서 주인공이 책상과 공중에서 자유자재로 이미지를 불러오고 정보를 검색하는 것처럼 말이다(박영숙, 제롬 글렌. 2018).

증강현실은 이미 우리와 아주 가까운 곳에 있으며, 상당한 수준의 기술력으로 우리의 가까운 미래를 윤택하게 만드는 기술로 자리 잡을 것이다. 하지만 여러 가지 우려의 목소리도 있는 것이 사실이다. 증강현실에 중독되어 무분별하게 사용하는 어린이들이나 청소년들의 일탈문제 그리고 현실 사회와 증강현실 사이에서 벌어지는 이질감으로 인하여 나타나는 탈 사회화의 문제 역시 증강현실의 상용화와 대중화에 앞서 해결하고, 문제를 최소화 할 제도적 안전장치를 마련해야 할 것이다. 만약 이러한 제도적 안전장치와 함께 사회적 공감대가 형성 된다면 증강현실의 대중화는 더 빠르고, 안정적으로 우리에게 다가와 더 풍요로운 미래로 우리들을 안내할 것이다.

증강현실의 대중화에 따른 우려사항
- **일탈문제**
- **이질감에 따른 탈사회화**

3 가상현실

1) 가상현실의 개념

영상에서 보이는 공간은 영상예술을 위한 가장 기본적인 공간으로 공간 속에서 표현되는 영상이 공간성을 배제하여 존재한다고 하는 것은 상상할 수 없는 일이다. 또한 현대의 가상의 공간은 디지털 매체가 만들어낸 궁극적인 결과물이기도 하다. 3차원 디지털 영상으로 된 가상현실의 경우에 모델링에 의한 원근법은 고정시점을 상정한다.

KEY POINT • • •

VR세계의 특성
- 물리적 존재성 없음
- 탈-상징적 커뮤니케이션이 이루어짐
- 육체를 통한 정보 습득 가능

VR 세계의 특성을 살펴보면, 감각적 체험이 가능하나 물리적 존재성을 지니지 않은 현실이며, 가장 발달된 디지털 영상 문화로서 탈-상징적 커뮤니케이션이 이루어지는 세계이며, 육체를 통한 정보 습득이 이루어 질 수 있으며, 논리적, 선형적, 분석적 사고가 아닌 총체적, 종합적 사고를 필요로 하기 때문에 이제까지와는 다른 사고 과정이 요구되며, 다중적, 다층적, 분열적 정체성들의 체험이 이루어지기 때문이다. VR 콘텐츠를 제작할 때 사용자와의 상호작용을 영상에 동기화하여 보여줄 것인지, 상호작용 없이 360도의 공간을 활용하여 영상으로만 보여줄 것인지에 따라서 제작을 위한 툴의 선택도 달라지는데 최근에는 게임엔진을 활용하여 VR 콘텐츠들을 많이 제작하고 있다. VR 콘텐츠는 영화나 TV에서 일반적으로 보이는 16:9 등의 화면비를 가진 사각프레임이 아닌 360도 전체를 화면으로 사용한다.

스포츠의 다양화 현상, 스포츠의 과학화와 탈 과학화 현상, 스포츠의 상품화 현상, 평생 스포츠화 현상, 스포츠의 국제화 현상과 같은 현대 스포츠의 특성들은 21세기의 정보통신기술의 발달을 통한 가상현실 기술의 가속적 발전과 그것의 실용적 응용으로 될 것이라는 점에서 급속하게 확대 되었다.

스포츠의 특성들은 가상현실의 개념들과 결합하면서 개념 확장에 대한 가능성을 높여주고 있다. 놀이의 특성에서 나타나는 허구성, 비생산성, 자유성, 쾌락성과 게임이 되기 위한 규칙성과 경쟁성, 마지막으로 스포츠가 되기 위한 대근활동이 동원되는 신체기량과 같은 특성들은 이미 가상현실과 개념상 연결되는 부분들은 허구성의 경우, 가상성이라는 의미 자체가 가지는 현실이 아닌, 즉 현실과 근접한 개념인 것으로 미루어 볼 때, 의미 확장에 무리가 없으며, 자유성은 가상현실이 기본적으로 창작과 관련되고, 노동과 괴리된다는

KEY POINT • • •

점에서 그리고 쾌락성의 경우, 가상현실의 내파가 가지는 의미, 즉 즐거움과 관련한 기호에 부합된다는 점에서 전통적인 스포츠의 의미 확장에 무리가 없다는 판단이다.

또한, 게임으로 발전하게 되는 경쟁성과 규칙성은 게임 자체가 이미 가상현실을 기반으로 한 게임들이 디지털 매체를 통해 제공된다는 점을 차지하더라도 조작의 규칙성, 스토리텔링에서 이미 그 의미를 반영하고 있다.

반면, 그동안 스포츠를 규정하는 대근활동에 동원되는 신체 기량 부분에서는 전적으로 가상현실과 전통적인 스포츠 개념의 연결고리를 발견하기 쉽지 않았다. 그럼에도 불구하고 최근의 가상현실 스포츠 환경은 스크린 골프를 중심으로 대근활동을 통한 실제적인 열량소비와 밀접한 관련을 가지면서 스포츠 체험 환경에 새로운 지평을 넓히고 있다. 이는 스포츠에 대한 개념을 정의하는데 있어 기존의 e스포츠, u스포츠 등과 함께 전통적인 스포츠 개념의 변화를 요구하는 것이다. 이는 스포츠 활동의 형태, 스포츠 활동의 조건, 참가자의 주관적 성향 등과도 상당부분 무리 없이 연결되는 것으로 볼 때, 가상현실 스포츠가 기본적으로 놀이를 기반으로 하는 경향이 강하다는 면에서 스포츠의 개념 정의의 확장에 가상현실 스포츠를 포함시키는 문제는 더 큰 가능성을 가진다.

2) 가상현실에서의 스포츠형성

최근 인터넷에 활용되는 가상현실은 3차원 이미지와 상호 작용성을 제한적인 수준에서 구현하는 정도로 건축설계, 증강현실, 예술, 가상공동체 등에서 찾아 볼 수 있다. 이와 같은 사이버 스페이스는 제한적 조건에서도 가상현실의 중요한 개념인 원격현전을 경험할 수 있게 한다는 것이 핵심이라고 할 수 있다.

KEY POINT • • •

몰입형가상현실: 체험자가 특수장비를 신체에 부착하여 도구를 활용해 스포츠를 가장으로 체험하는 형태

PC형 가상현실: PC화면에 출력된 3차원 입체 영상을 통해 가상현실을 경험하는 형태

이러한 가상현실에서의 스포츠 종류는 2가지로 몰입형과 PC형으로 구분된다. 몰입형 가상현실 스포츠는 사람이 디스플레이 장비 또는 데이터글러브 등과 같은 특수 장비를 몸에 부착하여 도구를 활용해 스포츠를 가상적으로 체험하는 형태로 참가자가 가상현실에서 스포츠에 몰입할 수 있는 실재감이 높게 나타났다. 반면, 이 같은 몰입형은 장비 비용 가격이 높게 형성되어 있고 구입이 쉽지 않은 점이 스포츠 체험을 즐기는데 제약요인이 될 수 있다.

PC형 가상현실 스포츠는 PC화면에 출력된 3차원 입체 영상을 보면서 고글, 마우스, 조이스틱 등을 사용하여 가상현실을 경험하는 것으로 몰입형 가상현실 체험에 비해 현실적 실재감은 낮게 나타나나 몰입형에 비해 접근성과 활용정도가 우수하다는 점에서 일상생활에서 많이 사용되고 있다.

이와 같은 가상현실에서의 스포츠 형태는 초기 게임의 형태를 통해 가상현실과 스포츠가 결합되어 왔고, PC게임이라고 불리 우고 있는 가상현실에서의 스포츠의 형태는 디지털 영상의 속성이 가장 명확하게 나타나는 영역이라고 볼 수 있다.

최근 가상 스크린을 통해 시간과 장소적 제약을 벗어나 스포츠 야구, 골프, 축구 등을 실제 경기장에 와 있는 것 같은 체험을 할 수 있도록 스포츠의 다양한 분야에서 응용하고 있다.

[그림 4-5] 가상현실에서의 스포츠 체험

사례로 접근하기

문체부, 전국 178개 초등학교에 64억 원 예산 'VR스포츠실' 보급

문화체육관광부(이하 문체부)는 초등학생들이 학교체육을 안전하고 재미있게 즐길 수 있도록 첨단기술을 기반으로 하는 '가상현실(VR) 스포츠실'을 전국 178개 초등학교에 보급한다.

[그림 4-6] 초등학교의 가상현실 스포츠실

'가상현실 스포츠실'은 실내에 설치된 화면과 움직임을 인식하는 전방위 카메라를 통해 학생들이 화면 위의 목표를 공으로 맞추거나(던지기, 차기 등), 화면 속의 신체 동작을 따라할 수 있는 시스템이다. 시공간에 구애받지 않고 위험요소를 제거한 환경에서 안전하게 체육활동을 즐길 수 있는 공간으로 기획됐다.

문체부는 청소년들에게 안전하고 유익한 스포츠 교육 프로그램을 지원하기 위해 '청소년 스포츠 통합플랫폼 기술개발 사업(2015~2018년, 60억 원)'을 추진해 왔다. 2016년에 해당 과제의 중간 결과물인 '가상현실 스포츠실'을 서울 옥수초등학교에 첫 보급했고, 지난해 지자체와 연계해 전국 10개 초등학교에서 시범 운영한 바 있다. 당초 시범사업은 다문화 가정, 특수학급 등 체육활동에서 소외된 학생들을 우선 고려해 추진했으나, 현장의 만족도가 높아 정규 학습과정과 방과 후 수업에서도 운영됐다. 현장의 호응에 따라 문체부는 올해부터 사업 규모를 대폭 확대, 총 64억 원의 예산을 투입해 전국 178개 초등학교에 '가상현실 스포츠실'을 보급한다. 4월부터 전국 지자체, 교육청 등과 사업 추진 방안을 논의할 계획이다.

도종환 문체부 장관은 6일 충북 음성군 용천초등학교 '가상현실 스포츠실' 개소식에 참석해 직접 운영 현장을 둘러보고, 학생들과 어울려 가상 스포츠 경기도 시연할 예정이다. 문체부 정책 담당자는 "작년 10개 학교에서 올해 178개 학교로 지원 숫자를 크게 늘린 것은 우리 아이들이 더욱 편하고 더욱 즐겁게 운동할 수 있는 환경을 만들기 위해서"라면서 "비가 오거나 먼지가 많은 날에도 아이들이 마음껏 뛰어놀 수 있는 스포츠 환경을 조성할 수 있도록 힘 쓰겠다"라고 밝혔다.

출처: http://sports.chosun.com/news/ntype.htm?id=201803260100215370015946&servicedate=20180326

3) 가상현실의 그림자

KEY POINT • • •

가상현실은 악마의 얼굴 또한 가지고 있다. 사람들이 열광하는 바로 그 이유 즉, 가상현실이 가진 깊고 강렬한 감정적 경험이 잘못 사용될 경우다. 가상현실은 본질적으로 우리를 사로잡는다. 가상현실은 우리를 어떤 세계로든 데려가 주고 어떤 장면이든 보여줄 수 있기 때문이다. 영화나 노래는 감상하는 사람의 감각 중 일부를 장악하지만 가상현실은 사람의 모든 감각을 장악하여 그 속으로 빠져들게 만들고 실제 세계와 단절시킨다(박영숙, 제롬 글렌. 2018).

이처럼 가상현실은 가상의 현실이라는 것을 이해하고, 적절히 효과적으로 활용할 때 그 가치와 장점이 인정되고, 부정적 이미지와 우려의 목소리도 긍정적 에너지로 변화 시킬 수 있을 것이다.

가상현실 장점을 활용하기 위해서는 가상현실의 개발자, 스토리텔러, 투자자, 소비자가 함께 답을 찾아야 한다. 우리가 할 수 있는 최선의 일은 가상현실 기술이 우리의 삶과 기업과 게임 등에 미치는 엄청난 힘을 실감하고, 시스템을 만들어 나가기 위한 토론과 실천이다(박영숙, 제롬 글렌. 2018).

4 드론산업

1) 드론의 정의

드론은 원래 윙윙거리는 소리를 내며 날아다니는 꿀벌의 수벌을 칭하는 영어 단어인데, 1930년대 영국과 미국에서 대공포 훈련용으로 개발된 무인항공기를 타겟 드론(target drone)이라고 명명하며 드론이라는 용어가 최초로 쓰이기 시작하였다(김종현, 2017).

KEY POINT • • •

한국전쟁과 베트남전에서도 드론이 제한적으로 투입된 적이 있으나 크게 주목받지는 못했다. 그 후 무인항공기는 이스라엘에서 고정익항공기 형태로 군사용이 개발되어 1982년 이스라엘과 레바논의 전쟁에서 정찰 임무를 수행하였다. 고정익 형태의 드론은 미국에서 더욱 발전되어 정찰 임무는 물론이고 현재는 미사일 공격 임무도 수행하는 기종도 있다. 최근 개인이 수월하게 운용할 수 있는 수직 이·착륙형 멀티콥터 형상의 소형 드론이 개발되어 레저 스포츠, 항공촬영, 3차원 공간 정보 획득, 농약 살포, 택배, 레이싱용 등으로 활용되면서 민간용드론 시장이 매우 커지고 대중의 관심이 집중되고 있다.

지난 1월에 미국 라스베가스 시에서 열린 CES(consumer electronics show)에서 중국 이항 사가 사람이 탈 수 있는 멀티콥터 비행체를 전시하였다. 이 비행체에 대하여 유인 드론(manned drone) 이라는 명칭이 사용되면서 드론의 정의가 무인항공기 개념의 범주를 벗어나 승객을 태우고 자율 비행을 할 수 있는 신개념 항공기로 확대되고 있다. 향후 자동차나 선박과 협업이 가능한 자율운행 유인 자동차 드론과 선박 드론도 개발되어 인간의 삶의 패턴을 바꿀 것으로 예측된다.

최근 구글과 아마존, DHL 등이 드론에 대한 상업적 활용을 선언하고 드론 관련 회사를 합병하며 민간용 드론 시장에 뛰어 들고 중국 회사인 DJI 사가 영상촬영용 초소형 멀티콥터 드론을 판매하면서 민수 드론 시장이 예상보다 빠르게 커지고 있다.

스포츠 · 레저와 4차 산업에서 빠질 수 없는 기술은 바로 드론이다. 이미 선진국에서는 다양한 산업에 드론을 접목시켜 산업의 질적 발전에 기여하고 있다. 아울러, 최근 성황리에 막을 내린 평창 동계올림픽에서도 4차 산업혁명이 이끄는 미래를 보여준 첨단 개막식을 선보였다.

KEY POINT • • •

인공지능 · 로봇 · 사물인터넷과 같은 정보통신기술(ICT)의 발전과 확산이 전 서계의 평화를 가져오는 토대가 될 것이라는 기술에 대한 강한 믿음을 선보였다.

2) 드론의 특성

드론은 새로운 서비스의 융합으로 신시장이 기대되고 있는 만큼 많은 국가와 기업들의 주목을 받고 있다. 미국가전협회(CEA)는 드론시장이 앞으로 5년 뒤에는 10억 달러까지 증가할 것으로 전망하면서 드론 관련 산업의 높은 가능성을 평가했다.

드론 기업에서는 중국의 'DJI사'를 빼놓고는 이야기할 수 없다. 새로운 제품을 보통 5개월마다 주기적으로 발표하는 것은 고객들이 원하는 수요에 대한 빠른 대응이며, 빠르면서도 싼 제조능력은 중국 심천의 주특기이다. 다양한 서비스 응용과 카메라 등의 주변장치를 통해 매출 다각화 전략을 구현하는 것을 보면, 시도하는 것은 드론계의 애플이지만 비즈니스 형태로 보면 드론계의 샤오미와 같다.

일본의 '야마하'의 경우는 일본 농경지의 40% 가까운 영역에 걸쳐 농약 살포를 하고 있다. 야마하는 1987년부터 무인헬리콥터를 판매하면서 20년 전부터 농업에 관련된 드론을 제작했다. 현재는 농약 살포 이외에도 파종과 제초제 등의 다양한 농업용 드론 개발을 위한 노력을 하고 있다. 일본에 농경 관련된 드론기업인 '야마하'가 있다면 프랑스에는' 에어이노브(Airinov)'가 있다. '에어이노브'는 최근에 설립한 스타트업 기업에 걸맞게 과학자와 농부, 엔지니어 등으로 멤버가 구성되어 있다. 두 업체가 농경 경작에 관련한 드론을 판매하고 있지만 두 회사의 다른 점은 '야마하'는 경작지에 사람이 농약이 필요한지 제초제가 필요한지를 판단하지만,

KEY POINT • • •

'에어이노브'는 경작지에 광학센서를 이용하여 드론 촬영과 데이터의 분석을 통해서 필요한 조치와 최적의 경작 서비스를 사람들에게 제공하고 있는 것이다. 이것은 드론과 광학센서, 농업과 빅데이터 분석을 연결한 예시가 될 것이다.

미국의 웨어러블 드론 기업인 '닉시(Nixie)'는 스탠포드 연구원들로 구성되어 있다. 이 기업의 대표상품은 세기의 발명품이라고 불리는 셀카봉을 대신할 소형 셀프카메라이다. 움직이는 '셀카'라고도 불리면서 손목에 찰 수도 있다. 촬영을 한 다음 부메랑같이 다시 손목으로 돌아온다. 최근 웨어러블 시계의 전쟁 중에도 전혀 경쟁자가 없는 특이한 드론이다. 또한 미국에서 특이한 드론 중에는 열대성 폭풍과 허리케인의 정보를 얻기 위해서 24시간 넘게 떠 있는 NASA의 HS3같은 드론도 있다. 이밖에도 특이한 드론의 예 중에는 중국 선박의 불법조업을 감시하는 한국의'엑스드론'이 있고, 스위스 'pix4D'사의 드론의 경우는 드론 3대를 이용해 3D 경관을 보여준다. 또한 도미노피자의' 도미콥터', 포도나무의 병충해를 낮은 고도에서 파악해주는 '스켄콥터', 신흥국의 오지에 구호물자를 전달해주는 드론 '매터넷(matternet)' 등이 있다.

국가	기업	제품특징	비 고
미 국	AIRDOG	조종자의 팔에 찬 밴드 센서를 따라다니면서 촬영, 격렬한 동작 인식에 유리	
	BLADE (QX Series)	소형 헬리콥터 및 소형드론	
	YUNEEC (Q 500)	항공사진에 강점이 있고, 드론OS 개발 참여기업	
	AIRWARE	신생기업으로 드론OS 개발의 선두주자, 자동조정 등 드론 S/W 개발에 우선순위	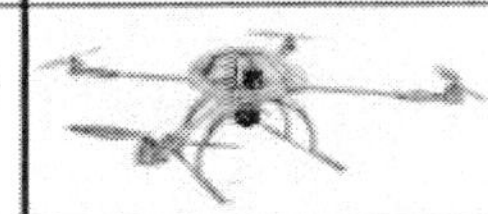
	3DRobotics (IRIS)	쿼드라콥터라는 드론에 인공지능 장착	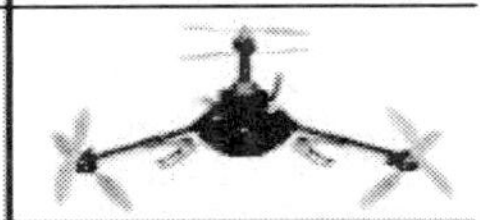
	Nixie	팔찌처럼 착용하는 웨어러블 셀카 드론	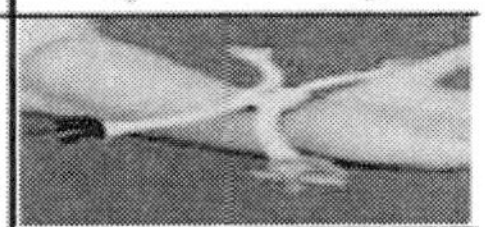
중 국	DJI (INSPIRE, PHANTOM)	상업용 드론 시장점유 50%, 고성능 촬영에 적합한 드론, 두 개의 콘트롤러 비행과 듀얼제어 가능	
	SYMA (X5C)	초보자를 위한 입문용 드론으로 많이 사용	
	EHANG (GHOST)	스마트폰 GPS를 이용 따라오는 기능(Follow me mode)탑재, 탑재된 지도경로로 자동 비행	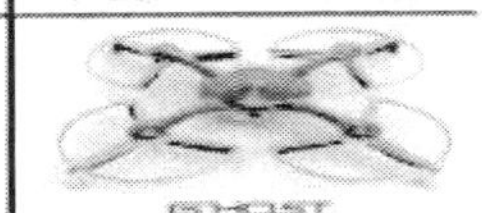
	WALKERA (QRX350, VOYAGER3)	카메라가 내장되어 있지 않고 ILOCK 이라는 카메라를 외부에 장착. 촬영에 적합한 드론	

출처: 김종현(2017).

[그림 4-7] 국가별 드론 기업과 특징 1

유 럽	PARROT (프랑스, BEBOP, AR DRONE)	멀티 유로콥타, 정확한 위치비행 탁월, 자동조정기술 우수	
	HEXO (독일, HEXO)	탑재된 앱으로 비디오 수정까지 가능, 외부에 달려 있는 카메라 회전으로 자유로운 촬영	
	AIRINOV (프랑스,Agri)	빅데이터와 광학 탐지기를 이용한 농경 드론	
일 본	YAMAHA (농업R MAX TYPE Ⅱ)	20년 전부터 농업을 위해 생산 하였고 제초제, 비료 등을 살포	
	HI TECH (NANO Q)	손바닥 만한 크기로 현존하는 가장 작은 드론	
	PHENOXLAB (PHOENIX Series)	드론에 소리인식 센서를 달아 조종. 치면 이륙하고 휘파람을 불면 착륙하는 조작 가능	
한 국	BYROBOT (드론 파이터)	30g 정도의 완구제품. 적외선 센서를 이용해 서로 대결, 드론 활용 로봇 구상	
	XDrone (XD Series)	데이터 링크 통한 자동비행, 공공분야 드론 강점	

출처: 김종현(2017).

[그림 4-8] 국가별 드론 기업과 특징 2

3) 드론 사례

사례로 접근하기

출처: 한겨레. http://www.hani.co.kr/arti/society/area/768820.html

[그림 4-9] 드론 축구

드론축구는 무인비행체 드론과 탄소소재로 만든 보호 장비가 한 몸으로 움직여 골대로 들어가 점수를 얻는 신개념 스포츠다. 전북 전주시는 4일 전주월드컵경기장 실내에서 열린 '2016 한-중 3D프린팅 드론산업 박람회'에서 드론축구 시범경기를 선보였다.

이 경기는 드론이 충돌로 깨지는 것을 막기 위해 드론 주위를 탄소섬유로 만든 보호 장구를 장착했다. 양 팀으로 나눠 겨루고 한팀당 선수는 5기이다. 보호 장구는 지름 36㎝, 무게 830 g 이다. 드론과 배터리를 뺀 탄소소재 무게가 200 g 이다. 지상 3m 공중에 떠 있는 원형골대(지름 80㎝)에 드론이 들어가면 점수를 얻으며, 시간은 3분씩 3세트이다.

운동장은 길이 13m, 폭 7m 규모이고, 주위에 높이 4.6m 와이어 펜스를 설치해 드론이 밖으로 나가는 것을 막았다. 공을 다투는 경기부문도 계획했으나, 공을 제어하는 기술적인 문제가 있어 취소했다. 전주에 연고를 둔 캠틱종합기술원이 드론과 시스템을 개발했다.

드론을 경기장 밖에서 제어하는 조종사들은 대한드론진흥협회 소속 회원(청팀)과 전주드론축구시범단(홍팀)이다. 청팀 주장 전진표(41)씨는 "'드론을 사랑하는 사람들' 동아리에서 활동하는데 전주서 처음 시도하는 시범경기에 참여했다. 드론축구는 혼자서 하는 속도에 치중하는 레이스와 달리 서로 협업이 중요하다. 생각보다 잘 만들어졌고 재미있다"고 말했다.

출처: 한겨레. http://www.hani.co.kr/arti/society/area/768820.html

[그림 4-10] 드론 팀

출처: 한겨레. http://www.hani.co.kr/arti/society/area/768820.html

[그림 4-11] 드론 축구에 사용되는 드론 전시

아울러 레드불(RedBull)은 지금까지의 드론 대회와는 차원이 다른 대회를 개최하였다. 세계 최초로 진행되는 DR.ONE 드론 경주 대회는 오스트리아의 스필버그에서 진행되었는데요. 최고의 조종사들이 빠르지만 기술적으로, 또 도전적으로 조정해 사람들의 손에 땀을 쥐게 했습니다. 이번 대회는 이전 대회와는 다르게 곳곳에 설치된 아찔한 장애물들은 물론이고 무게와 높이 외에는 그 어떤 제한도 두지 않았기 때문에 더욱 박진감 넘치는 명장면들이 펼쳐졌다.

출처: https://www.redbull.com/kr-ko/red-bull-dr-one-fpv-drone-event_kr

[그림 4-12] RedBull의 드론 대회 홍보 포스터

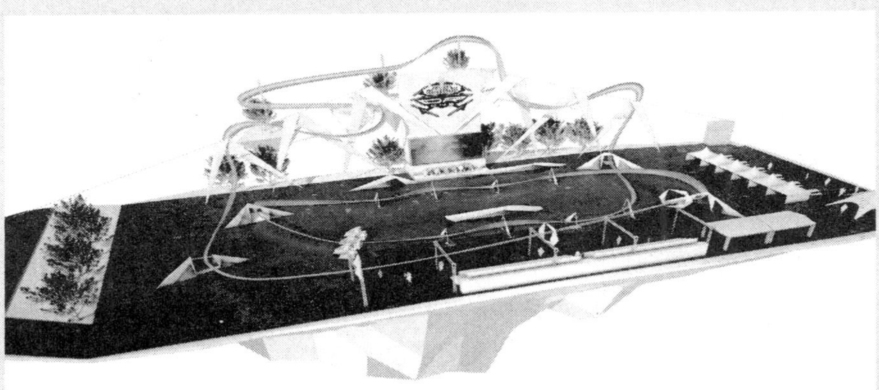

출처: https://www.redbull.com/kr-ko/red-bull-dr-one-fpv-drone-event_kr

[그림 4-13] RedBull 드론 대회의 경기장 이미지

사례로 접근하기

드론 레이싱

출처: 한겨레. http://www.hani.co.kr/arti/sports/sports_general/796985.html

[그림 4-14] 드론 레이싱 스타트와 피니쉬 라인

동호인들이 드론을 조종해 지상 낮은 곳에서 레이싱을 펼치는 대회가 신종 에어스포츠로 뜨고 있다.

국내 대표적인 대회가 4일 오전 10시 경기도 과천 관문체육공원에서 열리는 '제2회 과천 드론데이 & 드론레이싱'이다. 동호인 100명이 출전한다. 드론 레이싱은 운동장 등 지상에 게이트 같은 장애물을 만든 뒤, 사람이 조종하는 드론이 축구장 세바퀴 정도를 돌며 우승을 가리는 경기다. 2015년 시작돼 매년 지방자치단체별로 10개 정도 대회가 열리는 것으로 알려져 있다. 동호인은 한국모형항공협회 소속으로 2500여명에 이른다.

이번 과천 대회를 기획한 이광희 미산알앤씨 대표는 "최근 몇년 사이 중국의 완구형 드론과 저가형 드론에도 카메라가 장착되면서 드론 레이싱 대중화에 속도가 붙기 시작했다"고 설명한다. 안전시설을 갖춘 경기장에서 드론의 속도를 겨루는 스프린트 경기로 펼쳐지는데, 한번에 4대씩 출전한다. 드론은 지상 3m 이내로 떠야 한다.

이번 과천에서 열리는 종목은 에프피브이(FPV: First Person View) 레이싱으로, 출전선수가 드론에 달린 카메라에서 보내주는 영상을 고글을 통해 보면서 드론을 조종하는 경기다. 선수는 비행기 조종사의 위치에서 대회 참가 스릴을 맛볼 수 있다.

출처: 로봇신문. http://www.irobotnews.com/news/articleView.html?idxno=5457

[그림 4-15] 드론 레이싱 경기장

사례로 접근하기

수상구조드론

2015년 7월 영국의 RTS Ideas사는 해수욕장 안전을 위한 로보가드(Roboguard)라 부르는 헥사로터 드론을 발표했다. 로보가드는 동영상 카메라와 3개의 구명튜브를 탑재하고 GPS 경로비행을 이용하여 30KPH의 비행속도로 반경 8㎞의 범위를 비행하면서 해수욕장 바다를 촬영하여 지상의 지휘소로 보내준다. 해상 조난자가 발견되면 지상에서 드론에 장착된 페이로드 투하장치를 원격으로 조정하여 조난자에게 고무튜브를 하나씩 투하시킬 수 있다. 드론의 배터리는 바다 위에 떠있는 대형 튜브 위에서 태양열을 이용해 충전한다.

출처: http://www.incheonilbo.com/?mod=news&act=articleView&idxno=732684

[그림 4-16] 수상구조드론 국내 도입 1

출처: http://www.incheonilbo.com/?mod=news&act=articleView&idxno=732684

[그림 4-17] 수상구조드론 국내 도입 2

2015년 10월 호주의 뉴사우스웨일즈 주는 드론을 이용해 해수욕장 상어 출몰을 감시하는 프로그램을 발표했다. 동영상 카메라 및 음파 수신기가 장착된 드론들이 GPS 경로비행을 하면서 실시간으로 바다를 촬영한 동영상을 GPS 위치좌표와 함께 지상으로 송신하고, 음파수신기로 음파 태그가 부착된 상어를 감지할 경우 이를 지상으로 알린다. 지상에서는 드론이 보내오는 동영상이나 상어감지신호를 통해 상어가 발견되면 해당 드론의 GPS 좌표를 통해 상어가 출몰한 위치를 확인하고 대응하는 방법이다.

출처: http://it.chosun.com/site/data/html_dir/2017/08/28/2017082885053.html

[그림 4-18] 상어 감시용 드론

싱가포르 해운청은 기름 유출 등 해양사고 발생 시 사고 현장 상황 및 이미지 전달 위해 드론을 투입했다. 헬리콥터와 인공위성을 이용하는 기존 상황 파악 방식은 절차가 복잡하고 시간이 오래 걸렸는데 드론을 활용하게 되면서 보다 더 빠르고 정확한 상황 파악 및 대처가 가능했다. 싱가포르 해운청(MPA)은 Hope Technik사와 협력해 방수 및 부유 기능이 있는 해양 전문 드론 'The Water Spider'를 개발했으며, 해양 현장에서의 드론 활용성을 확대하기 위해 기술자들과 함께 기름 유출 시 기름층 두께 측정 기능, 화학물질 식별 기능, 조난자 감지 기능 등을 연구 개발하고 있다.

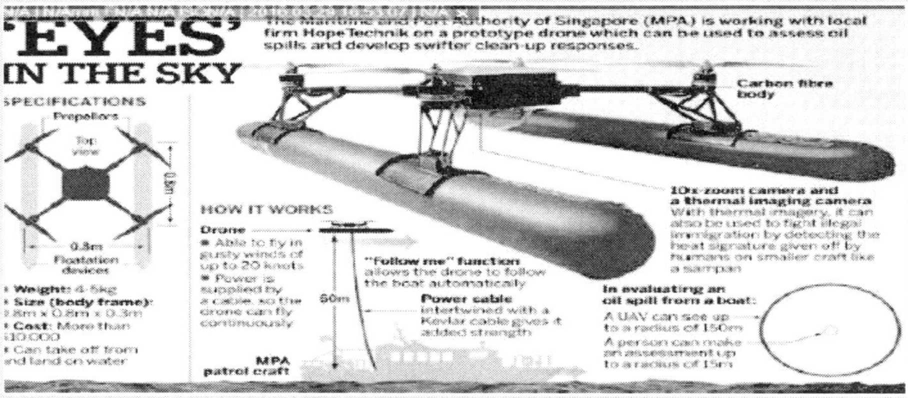

출처: Straits Times. http://www.straitstimes.com/global

[그림 4-19] 해양 전문 드론

사례로 접근하기

IoT 심은 스마트 배트·라켓 … 스포츠도 4차 산업혁명 중

◆ 새로운 스포츠의 탄생

새로 등장한 융합형 스포츠

•퀴디치 : 소설 '해리포터' 시리즈에 등장.
마법 빗자루를 타고 비행하며 공을 상대 골문에
넣는 경기. 핸드볼과 럭비 를 차용

•풋골프 : 골프와 축구를 결합.
지름 21인치(53.34cm) 홀에 축구공을 차 넣는 경기.
국제풋골프협회(FIFG) 창설. 2014년부터 월드컵 개최

•드론레이싱 : 하늘 위의 포뮬러원(F1).
원격조종하는 드론으로 정해진 코스를 도는 경기.
전 세계적으로 수십 개의 드론레이싱 대회가 있음

[그림 4-20] 새로운 융합형 스포츠

축구와 골프가 결합한 '풋골프'가 대표적 사례다. 풋골프는 골프공 대신 축구공을 홀에 차 넣는 경기다. 기본적으로 골프 규칙을 따르지만 플레이 형태는 축구에 가깝다. 이미 국제풋골프협회(FIFG)가 조직됐고, 30여 개국이 참가하는 월드컵도 매년 열린다. 주요 골프 대회에 앞서 풋골프 시범경기가 열리기도 한다. 골프계는 풋골프가 골프장 수익 개선에도 도움이 될 것으로 기대한다. 골프 인구 감소로 경영난을 겪고 있는 골프장에서 신규 고객을 끌어들일 수 있기 때문이다.

아직은 이벤트 성격이 강하지만 다른 종목들 간의 대결도 흥미를 끈다. 지난해 국내에서는 육상 단거리 국가대표 김국영(26)이 자동차와 달리기 대결을 펼쳤다. 복싱에서 진화한 종합격투기(UFC)는 다른 격투 종목의 장점을 흡수해 40억 달러(약 4조6000억원 · 2016년 매각 금액)의 가치를 창출해 낸 이종교배의 성공 사례다. 최근에는 플로이드 메이웨더 주니어(40 · 미국)와 UFC 챔피언인 코너 맥그리거(29 · 아일랜드)의 대결 성사 여부가 초미의 관심사다. 두 선수의 설전은 대전료 비교로 번져 종목 간 자존심 대결 양상을 보이고 있다. 대립이 격화될수록 상업적 가치는 치솟는다.

기계와 인간의 대결도 피할 수 없는 흐름이다. 지난해 3월 한국에서 4차 산업혁명의 상징적인 이벤트가 열렸다. 프로 바둑기사 이세돌(34)과 구글 딥마인드의 인공지능 알파고 간 대국이었다. 전 세계 수억 명의 사람이 대국을 지켜봤다. 인간이 만든 인공지능(기계)이 인간을 넘어설지 두려움 반 기대 반으로 관전했다. 알파고는 스포츠 패러다임에 큰 변화를 불러왔다. 기계도 스포츠의 주체가 될 수 있다는 걸 입증한 첫 사례였다.

◆ 기술과 스포츠의 결합

스포츠산업은 4차 산업혁명 덕분에 영역과 시장을 넓혀 나가고 있다. 스포츠가 정보기술(IT)과 결합해 새로운 형태의 제품이나 서비스, 비즈니스 모델 등을 만들어내고 있다.

미국 라스베이거스에서 열린 '소비자가전전시회(CES) 2017'에선 스포츠 브랜드 '언더아머'의 케빈 플랭크(45) 회장이 기조연설자로 나섰다.

언더아머는 세계 3위의 스포츠용품 · 의류 브랜드다. IT업체들의 신기술 및 신제품 경연장인 CES에서 스포츠 브랜드가 전면에 등장한 것부터 눈길을 끌었다. 플랭크 회장은 스마트 신발 · 스마트 잠옷 등 사물인터넷(IoT) 기술이 적용된 스포츠용품을 소개하며 "언더아머를 디지털 회사로 키우겠다. 우리의 경쟁 상대는 삼성과 애플"이라고 말했다. 다양한 스포츠용품 업체들이 사물인터넷 기술을 적용한 제품을 속속 시장에 내놓고 있다. 메이저리그(MLB) LA 애너하임 에인절스의 강타자 마이크 트라우트(26) 등이 사용하는 스마트 배트는 스윙의 속도 · 궤적 · 각도 등을 손쉽게 분석할 수 있는 장비다. 같은 기술을 적용한 골프 · 소프트볼 · 테니스 관련 제품들도 선수들의 기량 향상에 도움을 주고 있다.

빅데이터 분석도 스포츠 분야의 '뜨는 기술'이다. 2014년 브라질 월드컵 우승팀인 독일은 기업용 소프트웨어업체인 SAP가 개발한 '매치 인사이트'라는 분석 프로그램의 도움을 받았다. '매치 인사이트'는 선수 몸에 달린 센서로 데이터를 수집한 뒤 실시간으로 선수들의 기록 및 영상과 결합한다. 감독 등 코칭스태프는 태블릿PC 등을 통해 선수 상태를 점검할 수 있다. 빅데이터 분석은 야구산업의 틀도 바꾸고 있다. 일부 MLB 구단은 수천만 달러 몸값의 선수를 영입하는 대신 그보다 저렴한 분석 시스템의 개발과 관련 장비 도입 쪽으로 눈을 돌리고 있다.

가상현실(VR) 또는 증강현실(AR) 기술은 스포츠 중계를 업그레이드 시켰다. 미국을 위시한 세계 유수의 방송사들이 올림픽이나 월드컵, NFL 결승전인 수퍼보울, MLB 결승전인 월드시리즈 등 메가 스포츠 이벤트에서 이 기술을 활용하고 있다. 세계적인 컨설팅회사 골드만삭스는 가상현실 생중계 시장의 경우 2025년에는 41억 달러(약 5조3000억원) 규모까지 성장할 것으로 전망했다.

출처: http://mnews.joins.com/article/21259448?cloc=joongang%7chome%7csubtop#home

KEY POINT • • •

5 국내 스포츠 · 레저 4차 산업의 발전과제

앞서 이야기한 증강현실, 가상현실, 드론산업 외에 빅데이터를 활용한 스포츠 · 레저산업의 발전가능성과 인공지능을 활용한 첨단기술이 가지고 올 미래를 상상해보라 불과 10년 전에는 지금처럼 스마트폰의 대중화를 인식하지 못하였다. 그리고 점차 늘어나는 노령화 인구로 인한 4차 의료산업과 의료 서비스를 활용한 헬스케어산업은 인간을 보다 건강하고, 오랫동안 생명을 유지하며 소비문화와 스포츠 · 레저산업을 거대하게 키울 것이다. 또한 IT 기술을 접목한 융 · 복합 스포츠 · 레저산업 분야 등 엄청나게 다양한 분야와 기술들이 우리가 상상하지 못한 4차 산업을 만들어내고 혁명을 일으키게 될 것이다.

하지만 절대적 4차 산업혁명 앞에 놓인 숙제 역시 산적해 있다.

첫째, 스포츠 · 레저 4차 산업 기술에 적합하고, 효율적인 정책과 법령개정

둘째, 선진국과의 국내 스포츠 · 레저산업 기술격차 해소를 위한 노력

셋째, 발전 가능한 국내 스포츠 · 레저산업 육성을 위한 생태계 조성

넷째, 다양한 분야의 스포츠 · 레저 기술과 정보 융 · 복합 분위기 조성

국내 스포츠 · 레저산업의 발전을 위해서는 전폭적인 정부의 지원과 육성이 필요하지만 시장경제 원리에 의하여 4차 산업혁명에 맞추어 적절하고, 효율적인 지원이 있다면 국내 스포츠 · 레저산업은 선진국 못지않은 발전과 호황을 누릴 수 있을 것이다. 더 늦기 전에 국내 실정에 적합한 정책과 법령개정 그리고 분위기 조성과 판교스타트업캠퍼스와 같은 효율적인 지원 생태계가 더 확대되길 기대해본다.

사례로 접근하기

☆ 성큼 다가온 공유(sharing)경제 ☆

요즘 미래학 강의 속에서 몇 가지 큰 화두 중 하나가 〈공유경제〉입니다. 우리는 그동안 소유에 대한 집착과 소유 중심의 사고의 틀 속에 살아왔습니다. 그리고 아직도 우리 대부분은 〈소유제일주의〉의 얽매여 살고 있죠.
그렇기에 얼마 전 혜민스님이 쓴 책에서 "멈추면 보인다" "내려놓으면 보인다"라는 말씀은 각박한 현실을 살아가는 우리에게 시사하는 바가 큰 것 같습니다.

요즘 〈4차산업혁명〉이라는 말을 많이 쓰고 있는데요. 이 중심에 기술적 과학적 측면에서 인공지능(AI)이라면 사회경제적으로는 공유경제(sharing economy)라고 많은 전문가들이 이야기하고 있습니다.

이러한 공유경제는 최근 온라인을 중심으로 정보통신기술의 발달로 지역경제나 국가경제 더 나아가 세계경제가 실시간적으로 유기적으로 가까워지면서 비효율적인 소유 중심의 각종 사회시스템에서 벗어나 빌려쓰고, 나누어 쓰는 공유경제 시스템으로 나아가고 있는데요.
자동차는 물론 보트, 각종 지식 데이타베이스 나아가 주택까지도 공유하는 트렌드가 확산되고 있습니다.

지식을 공유하고 있는 〈위키피디아〉, 집을 대여해주는 〈에어비앤비〉, 차를 공유하는 〈우버〉, 심지어 보트를 공유한다는 〈겟마이보트〉 등이 대표적 사례입니다. 이젠 가정용 소파, 침대, 식탁뿐 만 아니라 자신의 주차공간을 대여해주기도 합니다(파크앳마이하우스).

이러한 트렌드는 이미 2000년에 유명한 미래학자인 "제레미 리프킨" 교수가 자신의 저서〈소유의 종말〉에서 예언한 바가 있습니다.
즉, 산업화시대의 생산-구매-소유 관계가 정보화시대 제4차산업혁명시대에는 "공급-사용-공유 시스템"으로 전환된다는 것입니다. 다시 말해 소유시대에는 기업-개인 즉 B2P에서 공유시대에는 개인과 개인 간의 거래 즉 “P2P시대”로의 전환을 의미한다고 할 수 있습니다. 얼마 전 경제신문을 보니 지난해 전 세계 10억 달러 이상의 스타트업 기준, 상위 13개 중 12개가 공유경제 관련 기업이라고 합니다.

많은 전문가들은 앞으로 공유경제는 점점 더 확산될 것으로 보고 있는데 이런 전망을 낳는 첫 번째 배경의 첫 번째 이유는 〈저성장 고령화 사회〉입니다. 저성장 고령화시대에는 생산 보다는 기존의 것을 다시 활용하려는 즉, 공유해서 사용하려는 경향이 강합니다.

두 번째는 2007년 애플 ‘아이폰’의 등장 후 스마트폰이 확산되면서 〈모바일을 통한 온라인 접근성〉이 확대입니다. 스마트폰은 누구나, 언제, 어디서나, 쉽게 공유경제 플랫폼을 이용할 수 있게 해주었습니다.

마지막으로 중요한 요인은 바로 문화적 배경입니다. 젊은 세대들은 밀레니엄 세대(1980~2000년생)로 이들은 소유보다는 경험과 이벤트, 네트워크를 중시합니다. 집을 살 수 있는 자본도 없거니와 그럴 필요성도 과거 세대보다 덜 느끼며 만남을 중시합니다. 기존 자원을 재활용하는 공유경제가 이 같은 새로운 문화 트렌드에 적절하게 맞아떨어진 셈입니다.

이렇게 경제적, 문화적으로 아우러진 절묘한 시대를 맞아 공유경제는 이제 주류 경제의 일부로 자리 잡고 있으며, 이 추세는 더욱 가파른 속도로 확산될 것입니다.

공유경제의 대표주자로 숙박 공유 플랫폼을 운영하는 〈에어비앤비〉는 2008년 설립 후 짧은 시간이 흘렀지만, 이미 현실 세계에서 강력한 경제주체로 떠오르고 있는데 지금까지 에어비앤비를 이용한 고객(게스트)이 누적 기준으로 무려 2억 명에 이를 정도이며, 기업 가치는 세계적인 호텔 체인 힐튼을 뛰어넘어 섰습니다. 얼마 전 한국의 연세대학교와도 업무 협약식을 맺었죠.

우리는 이제 자동차나 정수기 심지어는 침대까지 렌트하고 있는 세상에 살고 있습니다.

이중 자동차는 실제 연간 가동률이 5%가 안 되는 비효율의 극치라고 할 수 있습니다. 이를 사용할 때만 이용하는 공유시스템으로 가게 되면 현재 운행하고 있는 자동차 숫자의 90%정도가 줄어들 것이라고 얼마 전 우버전략연구소가 예측한 바 있습니다. 어찌 보면 목욕탕이나 찜질방은 대표적인 공유경제 상품인 것 같습니다. 개인들은 자신의 집에 거대한 욕탕이나 찜질방을 만들어서 사용하기보다는 여러 명이 함께 사용함으로써 경제적 효율성을 증진시키고 있는거죠. 최근 공유경제의 부상에 따라 인기를 끌고 있는 〈공유주택〉 모델에서도 그대로 차용되고 있는데요. 영미권에서 공유주택인 '올드오크'나 '위리브' 가 인기를 끌고 있습니다.

많은 사회학자들과 미래학자들은 소유에 기반을 둔 우리의 많은 시스템들이 공유시대로 전환될 것으로 보고 있습니다. 물론 아름다운 장미일수록 가시가 많듯이 이러한 공유제도에도 자본가의 독식, 사회양극화 등 여러 가지 문제점이 예견됩니다.

"피할 수 없다면 즐기라" 는 말처럼 소유 중심의 사회가 공유에 기반을 둔 사회시스템으로 급격히 전환되고 있는 현실에서 우리가 집을 살 때도 자동차를 구입할 때도 일 년에 몇 번 안 쓰는 가정용 전동 기구를 사려할 때도 이러한 시대적 흐름을 알고 의사결정을 한다면 많은 힌트를 얻을 수 있을 것이라 생각합니다.

우리 주변에 각종 시설 장비 도구 등을 구입할 때도 이러한 점을 염두에 두시면 좋을 것 같습니다.

예컨대 일 년에 몇 번 안 쓰는 장비나 도구는 임차하거나 유관기관 간에 공유하는 방법이 공유경제시대를 살아가는 방법이 아닐까 생각해 봅니다.
특히, 자동차는 앞으로 몇 년 이내에 공유시스템(무인자율주행 택시)으로 급변할 것으로 예상되기에 차를 소유 즉, 구입하기 보다는 리스나 렌탈로 가는 것이 지혜로운 선택임을 말씀드립니다.

– 해양경찰청 윤성현 국장 칼럼 인용 –

생각해 볼 문제

01. 4차 산업혁명의 의미는 무엇인가?

02. 스포츠 · 레저와 기술의 융합은 어떠한 변화를 가져 왔는가?

03. 스포츠 · 레저산업과 4차 산업은 어떻게 연결되는가?

04. 미래 스포츠 · 레저분야의 뉴스포츠에는 어떠한 종목들이 있을 것이라 예상하는가?

05. 국내 스포츠 · 레저산업의 미래전망과 발전방향은 무엇인가?

참고문헌

김종현(2017). 영상 촬영용 드론의 성공사례 연구. 미간행 석사학위는문. 신라대학교 일반대학원.

레드불(2017.10.02.). 세계 최대 '드론' 이벤트, 레드불 DR.ONE에 주목하라!. https://www.redbull.com/kr-ko/red-bull-dr-one-fpv-drone-event_kr

로봇신문(2015.08.10.). 미 드론 레이싱 대회. http://www.irobotnews.com/news/articleView.html?idxno=5467

박영숙, 제롬 글렌(2018). 세계미래보고서2018. 비즈니스북스

백우열, 김성겸, 김화룡, 추종호(2015). 스포츠산업의 이해. 북코리아

스포츠조선(2018.03.26.). 문체부, 전국 178개 초등학교에 64억원 예산 'VR스포츠실' 보급. http://sports.chosun.com/news/ntype.htm?id=201803260100215370015946&servicedate=20180326

인천일보(2016.10.26). '구조드론' 해상 위험 감지 23초 안에 튜브 전한다.

조선비즈(2017.02.20.). 증강현실 길찾기·AI통역…평창은 'IT 올림픽'. http://biz.chosun.com/site/data/html_dir/2017/02/20/2017022000045.html#csidx07a770a2b38b114a835809797b8dc82

조선일보(2017.08.28.). 인공지는 드론, 호주 해변가 상어 습격 막는다. http://it.chosun.com/site/data/html_dir/2017/08/28/2017082885053.html

중앙일보(2017.02.15.). IoT 심은 스마트 배트 · 라켓 … 스포츠도 4차 산업혁명 중. https://mnews.joins.com/article/21259448?cloc=joongang%7chome%7csubtop#home

한겨레(2016.11.04.). 전국에서 처음 선보이는 드론축구. http://www.hani.co.kr/arti/society/area/768820.html

한겨레(2017.05.31.). 신종 에어스포츠 '드론레이싱' 아세요?. http://www.hani.co.kr/arti/sports/sports_general/796985.html

Milgram, P.,& Keshino, F.(1994). A taxonomy of mixed reality wisual display. IEICE Transactions on Information and Systems. E77-D(12), 1321-1329.

The Straits Times(2018.03.04). Mighty tech: SAF innovates with unmanned ships, drones and watch towers. https://www.straitstimes.com/singapore/mighty-tech-saf-innovates-with-unmanned-ships-drones-and-watch-towers

부록 1 국내 · 외 스포츠레저산업 학교 소개

1 국내 스포츠레저산업학교

스포츠레저산업 분야의 국내 학부과정은 많이 개설되어 있지 않은 실정이고, 특성화된 학교도 극히 일부 대학으로 한정되어 국내 스포츠레저산업 분야에서 인지도와 특성화를 이루어낸 주요 대학원을 위주로 간단히 설명하려고 한다.

해외 스포츠 선진국 사례에서 살펴보면 충분히 예상되는 것은 점점 커지고 있는 국내 스포츠레저산업 분야의 발전을 바탕으로 더 전문화된 스포츠레저산업 전공의 대학원이 생기고, 활성화될 것이다. 따라서 스포츠레저산업에 관심 있는 분들은 학부 전공과 관계없이 국내의 특성화된 스포츠레저산업 대학원에서 연구하고, 인프라를 확대해 간다면 충분히 스포츠레저산업 분야에서 성공할 수 있을 것으로 판단한다.

1) 경기대학교 일반대학원 스포츠경영

(1) 교육목적

다양하고 우수한 교육과정을 통한 관련 분야의 우수 인재 양성 스포츠산업의 거대화, 건강관련 산업의 급성장에 따른 관련 분야를 선도할 전문 인력 양성 국내 · 외 우수한 스포츠 산업 현장의 경영 일선에서 전문적 기술과 원만한 인격을 겸비한 경영지도자 양성을 목표로 하고 있다.

(2) 학위과정소개(2018년 3월 이후 스포츠과학과로 통합)

2018년 이전에는 대학원의 학과과정이 각 단과로 구분되어 체육학과, 사회체육학과, 스포츠경영학화, 레저스포츠학과로 운영되었다. 그러나 2018년 3월 이후 통합 학과로 운영되면서 학과가 아닌 세부전공화하여 석사과정(4학기), 박사과정(5학기)제로 운영되고 있다.

전공	학과통합(2018년)	학위과정
기존 체육학과	스포츠과학과	석사(4학기), 박사(5학기)
기존 사회체육학과		석사(4학기), 박사(5학기)
기존 스포츠경영학과		석사(4학기), 박사(5학기)
레저스포츠학과		석사(4학기), 박사(5학기)

(3) 이수학점

석사과정의 경우, 24학점이상(3학기)을 취득해야 하며, 한 학기 최대 학점 이수가 가능한 학점은 9학점이다. 3학기 내내 9학점을 이수했다면 3학기에 학점을 다 채우게 된다. 4학기에는 수업을 듣지 않으며, 졸업요건에 맞춰 시험과 논문을 준비하면 된다.

박사과정의 경우, 36학점이상(5학기이내)을 취득해야 하며, 석사과정과 마찬가지로 한 학기 최대 9학점을 이수할 수 있다. 9학점을 4학기 내에 듣게 되면 36학점을 모두 이수하게 되는 것으로 마지막 학기는 졸업요건에 맞춰 시험과 논문을 준비하면 된다.

구분	석사(4학기)	박사(5학기)
총이수학점	24학점이상취득(3학기 이내) 단, 선수과목의 경우 총이수학점에 불포함	36학점이상취득(5학기이내) 단, 선수과목의 경우 총이수학점에 불포함
학기당 이수학점	최소 3학점~최대 9학점	최소 3학점~최대 9학점

(4) 선수과목

선수과목의 경우, 석사는 스포츠심리학, 여가와 레크리에이션, 레저 스포츠 관광론, 노인스포츠의 이론과 실제, 스포츠사회학, 스포츠시설운영론, 스포츠산업경영학, 운동요법, 특수체육, 스포츠마케팅, 스포츠경영통계학이 포함된다. 이 같은 선수과목은 앞서 제시한 이수학점과는 별개로 선수과목을 이수하는 것은 이수학점으로 인정이 되지 않는다.

박사는 스포츠심리학, 스포츠생리학, 운동처방론, 특수체육론, 스포츠지도자론, 스포츠사회학, 스포츠프로그램밍론, 여가론, 여가와 레크리에이션, 스포츠연구방법론, 스포츠관광론, 스포츠사가 포함된다. 박사과정에서도 선수과목은 이수학점과는 별개로 진행된다.

대학원에 진학하고자 하는 학생들은 각 학교의 선수과목을 미리 확인하여 학부에서 해당 과목을 미리 수강한다면 대학원에서 선수과목을 듣지 않아도 된다. 이러한 제도는 타 전공에서 석사과정을 체육학 전공으로 변경하는 학생들을 위해 실시되는 것으로 체육학의 전문적인 지식 함양을 위한 교육과정이라고 할 수 있다.

과정	교과목	비고
석사	스포츠심리학, 여가와레크리에이션, 레저스포츠관광론 노인스포츠의이론과실제, 스포츠사회학, 스포츠시설운영론, 스포츠산업경영학, 운동요법, 특수체육, 스포츠마케팅, 스포츠경영통계학	택3
박사	스포츠심리학, 스포츠생리학, 운동처방론, 특수체육론, 스포츠지도자론, 스포츠사회학, 스포츠프로그래밍론, 여가론, 여가와레크리에이션, 스포츠연구방법론, 스포츠관광론, 스포츠사	택4

(5) 기초공통과목

석사의 경우 전공에 상관없이 공통적으로 이수해야 하는 교과목이 스포츠연구방법론, 스포츠통계학이다. 박사는 스포츠과학조사방법론, 스포츠과학논문작성법, 스포츠과학세미나 3과목이 기초공통과목에 속한다.

과정	교과목	비고
석사	스포츠연구방법론, 스포츠통계학	2
박사	스포츠과학조사방법론, 스포츠과학논문작성법, 스포츠과학세미나	3

(6) 석 · 박사 공용과목

석 · 박사 구분 없이 모두 들어야 하는 과목에는 스포츠와 이벤트기획론, 평생스포츠론, 스포츠관광론, 인체동작분석특상, 스포츠심리학이 공용과목에 속한다.

과정	교과목	비고
석사 · 박사	스포츠와 이벤트기획론, 평생스포츠론, 스포츠관광론, 인체동작분석특강, 스포츠심리학	5

(7) 종합시험과목

석사과정 중 3학기까지 이수한 과목들 중에서 선택하여 3과목을 응시해야 하며, 박사과정의 경우도 3학기까지 이수한 과목들 중에서 선택하여 4과목을 응시해야 한다.

과정	교과목	비고
석사	석사과정 3학기까지 이수한 교과목 중 택3 과목	필수
박사	박사과정 3학기까지 이수한 교과목 중 택4 과목	택3

(8) 장학제도

대학원장학금, 연구원장학금, 교직원자녀장학금, 학부연계장학금, 학 · 석사연계장학금, 공로장학금, 성적우수장학금, 공무원 · 사립학교 교직원 장학금, 고위공직자장학금, 외국인유학생장학금, 동문장학금

2) 국민대학교 스포츠산업대학원 스포츠경영학전공

(1) 교육목적

스포츠조직 및 스포츠 환경에서의 인적자원, 시설, 프로그램의 효율적인 경영을 위한 이론과 원리를 습득함과 동시에, 제품으로써 스포츠를 생산하고 유통시

키며, 부가가치를 창출하기 위한 실무과정을 전문적이고 체계적으로 공부하는 과정이다.

(2) 학위과정소개

특수대학원으로 스포츠경영전공 석사학위과정(4~5학기)으로 야간 학기제로 운영된다.

(3) 학위수여요건

석사학위논문 작성을 선택할 경우, 졸업 이수학점은 24학점만 이수하면 졸업이 가능하다. 반면, 논문 작성이 아닌 학점(6학점 추가취득)을 선택할 경우, 졸업 이수학점은 30학점이 된다. 논문작성 기간은 1년 정도 소요된다. 마지막학기 전학기가 예비논문학기가 되며, 마지막학기가 청구논문 본 심사 학기가 된다. 또한, 졸업을 하기 위한 이수조건으로 외국어 시험 및 종합시험에 통과해야 한다. 기준은 100점 만점에 70점 이상일 경우 합격으로 인정받을 수 있다.

과정	구분	졸업이수학점	외국어 및 종합시험	비고
야간제	논문선택	24학점	100점 만점 70점 이상합격자	
	논문비선택(학점선택)	30학점		

(4) 모든 전공 공통필수 및 전공필수

스포츠경영학 전공 외 다른 전공에도 공통적으로 스포츠산업세미나 수업이 공통필수 과목으로 포함된다. 또한, 스포츠경영학 전공자는 전공필수 과목으로 1학기에는 스포츠경영학이 있으며, 2학기에는 스포츠마케팅 수업을 이수해야 한다.

과정		교과목	비고
석사	공통필수	스포츠산업세미나	
	전공필수	스포츠경영학(1학기), 스포츠마케팅(2학기)	

(5) 전공선택

전공선택 과목으로 1학기는 스포츠경영정보론, 스포츠시설 및 프로그램 관리론, 스포츠미디어, 스포츠경영연구방법론 수업이 개설된다. 2학기에는 스포츠조직 및 인사관리론, 스포츠광고 및 PR론, 스포츠경제론, 스포츠산업현장실습이 개설되며, 3학기에는 스포츠경영컨설팅, 스포츠소비자행동론, 스포츠경영 · 마케팅사례연구, 스포츠산업현장실습Ⅱ가 개설된다. 마지막 4학기에는 스포츠판매 · 촉진론, 스포츠 정책 및 범 스포츠재무관리론, 인턴 십이 개설된다.

과정		교과목	비고
석사	1기	스포츠경영정보론, 스포츠시설 및 프로그램 관리론, 스포츠미디어, 스포츠경영연구방법론	
	2기	스포츠조직 및 인사관리론, 스포츠광고 및 PR론, 스포츠경제론, 스포츠산업현장실습	
	3기	스포츠경영컨설팅, 스포츠소비자행동론, 스포츠경영·마케팅사례연구, 스포츠산업현장실습Ⅱ	
	4기	스포츠판매·촉진론, 스포츠정책 및 법스포츠재무관리론, 인턴십	

(6) 장학혜택

동문장학금, 대학원추천 신입생장학금, 공무원 장학금, 교직원 장학금, 교직원 본인장학금, 교직원 배우자 및 직계자녀 장학금, 체육인장학금, 자격증 소지자, 영어능력 우수자 장학금, 원장 및 전공주임 교수추천 장학금, 직장인 장학금, 학

업성적 우수 장학금, 근로장학금, TA조교 장학금, 특별장학금, 공로장학금, 면학 장학금(신입생)

3) 명지대학교 경영대학원 MBA 스포츠경영학전공

(1) 교육목적

경영대학원 MBA 스포츠경영학전공 석사과정으로 운영되며, 경영전공과목은 명지대학교 경영학과 교수들의 수준 높은 경영전공 수업으로 이루어지고 있다. 스포츠경영학전공과목은 스포츠경영학전공 교수들과 스포츠경영 현장 전문가들의 수업으로 이루어져 있으며, 경영학문 연구와 스포츠경영 특성화 교육으로 우수한 스포츠경영 전문가를 양성하는데 목적을 두고 운영된다.

(2) 학위과정소개

특수대학원(MBA)에서 운영 중인 경영학과의 스포츠경영학전공 석사학위(5학기)과정이다.

(3) 전공구분

<table>
<tr><th>학과</th><th colspan="2">세부전공 구분</th><th>비고</th></tr>
<tr><td rowspan="4">특수대학원</td><td rowspan="3">경영학과</td><td>경영학</td><td rowspan="4">인문캠퍼스
(서울)</td></tr>
<tr><td>스포츠경영학</td></tr>
<tr><td>서비스경영학</td></tr>
<tr><td colspan="2">유통물류학</td></tr>
</table>

(4) 교과목현황

필수과목의 경우 기업과 경제, 회계원리, 인재관리, 의사결과 통제, 글로벌공급사슬 및 운영관리론 등이 필수과목으로 포함되어 있으며, 선택과목으로는 글로벌물류경영전략, 국제유통과 사례, 빅데이터를 활용한 브랜드경영, 유통관리, 소비자행동, 스포츠마케팅, 마케팅커뮤니케이션, 스포츠레저산업론, 스포츠이벤트 등이 포함되어 있다.

구분	과목	비고
필수과목	기업과 경제, 회계원리, 인재관리, 의사결정과 통계, 글로벌공급사슬 및 운영관리론 등	
선택과목	글로벌물류경영전략, 국제유통과 사례, 빅데이터를 활용한 브랜드경영, 유통관리, 소비자행동, 스포츠마케팅, 마케팅커뮤니케이션, 스포츠산업론, 스포츠이벤트, 스포츠레저산업론, 스포츠융복합경영 등	

(5) 졸업요건

졸업요건으로는 외국어시험에 통과해야 한다. 또한 졸업 전 논문을 제출할 것인지 혹은 학점을 더 이수하여 졸업요건을 갖출 것인지를 선택해야 한다.

구분	요건	비고
	외국어시험 (매년 3월/9월 실시)	
	논문 제출 또는 학점이수	택1

(6) 장학제도

교육조교장학금, 교직원장학금, 외국인장학금, 총장특별장학금, 대학원장특별장학금, 현직교사 및 공무원, 동문장학금, 학군제휴장학금, 멘토장학금 등 다양한 장학제도 제공

2 해외 스포츠레저산업 학교

출처: https://illinoisstate.edu/

[그림 5-1] Illinois State University

누구나 한 번쯤 '나는 멋진 스포츠에이전트가 될 거야' 혹은 '훌륭한 스포츠마케터가 되어서 스포츠분야의 협상 대가가 될 거야' 라는 생각을 해 보았을 것이다. 이 글을 쓰고 있는 저자 역시 이러한 생각을 여러 번 해 보았다. 많은 학생들의 질문은 이렇다. "스포츠마케팅에 대해서 공부하고 싶은데 어느 대학 어떤 과를 진학해야 할까요?"

앞서 책의 서두에서 언급했듯이 스포츠마케팅 분야에서 활동하고 있는 분들을 보면 실질적으로 스포츠마케팅 관련 학과를 나온 분들은 극히 드물다. 대부분의 사람들이 스포츠마케팅 전공이 아닌 타 전공(경영학, 무역학, 경제학, 영문학, 법학 등)을 졸업한 사람들이 많다. 엄밀히 말하자면 스포츠마케팅은 스포츠경영의 세부 영역이고, 스포츠경영은 쉽게 해석하자면 경영에서 스포츠를 접목 시킨 응용학문이라고 말할 수 있다. 경영은 어떠한 목적을 성취하기 위하여 필요한 사람과 물자 그리고 서비스 등을 제공하는 활동이라고 정의할 수 있다. 대부분의 체육분야는 응용학문 분야가 많아 인문사회분야 이외에도 자연과학 분야에도 순수학문을 전공한 학생들이 더 전문적이고 관련된 전공에 심도한 지식이 있다. 이에 스포츠마케팅을 전공으로 하지 않은 사람이 스포츠산업분야에서 많이 활동하고 있는 이유 중의 하나이다.

그렇다고 스포츠마케팅을 전공으로 하고 싶은 학생들에게 순수학문을 배우는 학과를 진학하라고 권유할 수 있는 것도 아니다. 전공 선택의 여부는 여러분의 결정이다. 저자는 단지 스포츠산업 분야의 현실을 소소하게 언급했을 뿐이다.

외국 대학으로 유학을 준비하는 학생들에게 우선 University와 College의 차이점을 소개하고 싶다. 대부분의 한국 사람은 College 라고 하면 2년제 대학 및 전문대학교라고 생각한다. 그 이유는 우리나라의 대학교 교육제도는 크게 2가지로 나뉘어 있다. 바로 2년제 전문대학과 4년제 대학교로 구분되어있기 때문이다. 하지만 이는 정확하게 구분되는 기준이 아니다.

출처: https://www.nyu.edu/

[그림 5-2] 도심 속에 있는 New York University

2년제 대학이라고만 명칭 하는 것이 아니라 단과대학 및 학부를 가진 대학교를 의미하기 때문에 2년제, 4년제 둘 다 상관없다. 이에 College의 특징은 여러 과를 두고 있지 않고 한 과목을 집중적으로 배우는 교육기관이라는 점이다. 학위는 졸업할 때 University와 마찬가지로 학사와 석사, 박사까지 받을 수 있다.

그럼, University는 무엇인가? University는 단과대학교를 포함하고 있는 종합대학교이다. 법대, 의대, 공대, 음대 등을 포함하고 있는 종합대학교의 성격을 뛰고 있어 College가 모여 University가 되는 것이다.

출처: https://www.fsu.edu/

[그림 5-3] Florida State University

이 외에도 School이나 Institute라는 교육기관도 있다. 이러한 교육기관은 College보다 더욱 특성화된 기관을 의미하는데, 예를 들면 The Juilliard School(줄리아드 스쿨)는 음악에 특화된 전문학교로 음악을 전문적으로 배울 수 있는 기관이다. Institute도 마찬가지로 School과 비슷하며 단과대학만 의미하는 것이 아니고 교육기관 전체에 구분 없이 사용되기도 한다. 특히 미국의 경우, 학교의 레벨 혹은 네임벨류보다는 그 학교가 어떤 장점을 가지고 있는지, 또는 어느 학과가 유명한지에 따라 학교를 인정받는다. 그럼 미국대학진학을 위한 방법을 알아보자.

1) 학부

* 정규입학

미국의 수능이라고 할 수 있는 SAT와 ACT 시험점수로 입학을 하는 방법이다. 우리나라에서는 고등학교과정을 마친 후 미국대학진학을 하는 것인데, 보통 고등학교 내신 성적이 좋고 영어실력이 뛰어난 학생들이 정규입학 방법을 선택하는 편이다.

* 커뮤니티 컬리지 입학 후 편입

이 방법은 고등학교를 졸업한 후, 미국의 커뮤니티 컬리지에 입학을 한다. 2년 동안 공부해서 좋은 학점을 받아서 본인이 목표로 하는 대학교르 편입하는 방법이다. 고등학교 내신 성적이 좋지 않거나 영어실력이 부족한 학생들에게 적합한 방법이다.

* 패스웨이

일정의 유학생 특별전형으로 미국대학진학을 목표로 하는 학생들이 성적이나 영어성적이 조금 부족한 경우 선택하는 방법으로 1학년 과정을 집중 관리 받으며 공부하여 패스웨이 과정을 이수하고 그 학점에 따라서 미국대학진학을 할 수 있는 방법이다.

* 조건부 입학

조건부 입학은 내신 성적이나 다른 조건을 만족하지만 해당 대학에서 요구하는 영어성적이 없거나 부족한 학생들이 주로 선택하는 방법이다. 대학교에서 인정되는 어학기관에서 과정을 이수하는 조건으로 입학하는 방법이다.

미국의 스포츠경영 프로그램은 현재(2016년 기준) 200이상의 단과대학 및 대학에서 제공하고 있으며, 학사, 석사, 박사 수준의 프로그램을 제공하고 있다. 아울러 경영, 마케팅, 홍보, 경제, 방송, 광고, MBA 등의 전공을 졸업한 학생들도 스포츠산업과 관련된 직업에 종사하고 있다.

대표적인 미국의 스포츠경영 프로그램은 North American Society for Sport Management(북미스포츠경영학회, www.nassm.com)에서 쉽게 접근할 수 있으며 다양한 정보를 접할 수 있다.

출처: https://www.nassm.com/

[그림 5-4] NASSM의 메인 홈페이지

북미스포츠경영학회는 스포츠경영과 관련하여 국내 · 외 컨퍼런스 개최, 저널, 스포츠산업 일자리 제공, 스포츠경영 프로그램 제공 등의 목적으로 운영되고 있다.

스포츠경영 프로그램은 미국뿐만 아니라 캐나다, 호주, 뉴질랜드, 유럽, 인도, 아프리카, 아시아에서 제공하는 모든 스포츠경영 프로그램을 검색할 수 있도록 정보를 제공하고 있다. 미국 스포츠경영 프로그램은 부록은 첨부하길 바란다. 좀 더 자세한 정보를 얻기 위해서는 각 학교 홈페이지에서 Admission(입학)에 들어가 입학과 관련된 자료를 얻을 수 있다.

출처: https://www.nassm.com/

[그림 5-5] 전 세계의 스포츠경영 프로그램

본 저자가 졸업한 뉴욕시립대학 브루클린 컬리지(City University of NewYork at Brookly College)는 뉴욕시립대학교의 단과대학으로 Division Ⅱ의 운동 팀(축구, 농구, 야구, 배구, 소프트볼, 수영, 육상, 크로스컨츄리, 치어리딩, 테니스)들이 활약하고 있습니다. 여기서 말하는 Division이란, 쉬운 뜻으로 학교에 따라 등급을 구분한 것이다. 즉, Division Ⅰ의 대학의 경우 운동부의 운동능력이 상위하고 그만큼 학생들에게 제공하는 지원금이나 장학급 비율(최대 100%)이 높다. Division Ⅱ의 경우 50%~80%의 비율로 제공이 되며, 마지막으로 Division Ⅲ의 경우 장학금 비중이 낮으며 대학 자율에 따라 결정된다.

Division Ⅰ(장학금 최대 100%)
고교 16개 핵심과목 이수(영어 4년, 수학 3년 등) SAT와 고교 평점을 합산 평가(예: SAT 620점이면 평점 3.0)
DivisionⅡ(장학금 50~80%)
고교 14개 핵심과목 이수(영어 3년, 수학 2년 등) SAT 820점 이상, 고교 퐁점 2.0 이상 모두 넘어야
Division Ⅲ(장학금 비중 낮음)
NCAA 기준은 따로 없으며 대학 자율에 따라 선발
**매년 12월 선수 스카우트 진행. 감독과 선수가 만날 수 있는 기간(2주) 이후에는 접촉을 금지해 부정 방지

사실 많은 스포츠에서 남성과 여성의 참여는 크게 차이가 나며, 성공 격차도 엄연히 존재하고 있다. 하지만 미국은 Title IX을 바탕으로 여성의 교육 참여 기회를 남성과 동일하게 만들려고 노력하고 있다. 즉 '미국의 어떤 누구도 그의 성별에 근거하여 교육 프로그램 또는 연방재정 보조 활동을 받는 혜택에 대한 차별을 받지 않을 권리가 있다'는 것이 주된 내용이다. 그럼 '이 정책이 스포츠와 무슨 관련이 있나' 라는 생각을 할 수 있다.

Title IX는 NCAA(National Collegiate Athletic Association; 미국대학체육협회)에게 여성들의 스포츠 참여를 남성과 균등하게 하였으며 그동안 소외되어 왔던 여성이 스포츠에 참여하는 것에 대한 인식을 없애고 남성과 여성에게 균등하게 장학금이나 그 외 혜택을 똑같이 지급하도록 하였다. 이 정책을 바탕으로 미국 대학교 운동부들의 여성 참여율은 증가하였으며, 대학의 운동부를 직접 체험한 저자는 적극적으로 여성들이 스포츠 활동에 참여하는 모습에 감탄을 자아냈다.

1971년 고등학교 운동부에는 295,000명 보다 적은 수의 여학생들이 참여하였다. 이 수치는 전체 운동부에 7%에 못 미치는 숫자에 불가하였다. 하지만 2001년 여학생들의 참여 수는 기하급수적으로 증가하여 2.8million(대략 41.5%)에 달하는 수치를 보였다. 게다가 2008년에는 대학 스포츠에 여성팀이 9,101개에 도달하였으며, 98.8%의 학교가 농구팀, 95.7%가 배구팀, 92.0% 축구팀, 90.8% 크로스컨트리, 89.2% 소프트볼 팀들이 대학에서 여성들을 위해 제공되었다. 이처럼 Title IX는 여성의 스포츠 참여에 커다란 영향을 가져왔다.

다시 본론으로 들어가서, 뉴욕시(The City of NewYork)는 5개의 주 Manhattan, Queens, The Bronk, Brooklyn, Sate Island가 모여 뉴욕시라고 부르며, 뉴욕주(The State of NewYork)는 뉴욕시에 비해 규모가 3배 이상이며 캐나다 토론토 아래 지역인 버팔로까지의 지역을 뉴욕주라고 말한다. 뉴욕 시립대학교 The City University of NewYork은 줄여서 CUNY라고 하며, 24개의 단과 대학(College)이 있다. 뉴욕의 공립학교로써 4년제 College와 2년제Community College가 있다. 앞서 제공한 자료에서 보면 뉴욕시립대학교에서 스포츠경영 학부(Bacheolr) 프로그램을 제공하는 학교는 대략 23개 학교가 있다.

(1) 학부 교육과정

우리나라와 반대로 미국의 '대학'이라고 하는 교육기관은 Universities 외에도 Colleges, Institute 등으로 자유롭게 불리는 것이 가능하며 명칭에 따른 차이가 거의 없다고 봐도 무방하다.

일반적으로 Colleges의 경우 상대적으로 작은 규모에 학부과정만 개설되어 있는 경우며, Universities의 경우 대학원 이상의 과정이 개설되어 있다. Institute는 대개 전공분야와 밀접한 여러 분야를 전문적으로 가르치는 곳을 지칭해서 기술, 패션, 미술 등의 디자인 분야의 경우 Institute의 이름이 붙은 교육기관이 많다.

미국 대학에서 학사과정을 이수 하는 데 우리나라와 마찬가지로 4년이 소요되는데 준 학사과정의 경우 대개 2년 정도 소요된다. 준 학사과정은 일종의 "목적달성" 과정으로 졸업과 동시에 특정 자격증을 주거나, 일반 4년제 대학의 3학년 과정으로 편입하는 "편입"과정으로 나눠진다.

준 학사과정은 초급대학 또는 지역대학에 개설되어 있으며 일부 소수대학과 대학교에도 준 학사과정이 개설된 곳이 있다.

미국 대학의 첫 일 년은 Freshman year, 2학년은 Sophomore, 3학년은 Junior, 4

학년은 Senior라고 부르는데 일반적으로 미국 대학 입학 후 학업에만 열중한다면 4년 안에 학사과정을 이수하는 것이 가능하다. 종종 학사과정 이수에 4년 이상이 걸리기도 하는데, 이는 중간에 전공을 변경해 새로운 전공에 대한 추가 학점이 필요하거나, 학업수행능력, 개인적 사정에 의한 이유가 많다.

미국 각 대학의 학사일정은 대학교마다 차이를 보이지만, 대개 9월 초에 시작해 5월 말까지 운영된다.

이 기간은 두 학기로 나뉘며 각 학기는 18주로 구성된다.

방학은 약 6주에서 8주간 진행되는데, 이는 선택사항이기 때문에 조기졸업을 목표로 하는 자는 방학동안 학업을 계속할 수도 있다.

일반적으로 미국 대학의 졸업이수학점은 130점에서 180점 정도이며, 학점, Credits라는 용어 대신에 Semester/quater hours 또는 Units 라는 용어가 사용되기도 한다.

일반적인 학점평가 범주는 90% 이상이 A, 80% 이상이 B, 70% 이상이 C인 형식으로 진행되며, 50% 미만의 경우 F 학점을 받게 된다.

학위과정을 모두 이수했을 때 총평점 평균, GPA를 취득하게 되는데 이는 학위과정 동안 이수했던 모든 과목들의 누적 학점을 평균한 총평점 평균이다.

대부분 대학에서는 4.0 만점의 GPA를 사용하나, 소수의 대학에서는 5.0을 만점으로 사용하기도 한다.

GPA를 계산하려면 각 과목에서 취득한 문자 학점(A,B,F 등)에 부여된 숫자 값을 찾고 과목의 해당 학점 수와 곱하기를 하는 형식입니다. 그런 다음 총계를 내서 이를 다시 이수과목의 총 학점수로 나눈 것이 바로 GPA 이다.

미국 대학에서 좋은 학점을 받기 위해서는 한국에서와 마찬가지로 정기평가 및 수시평가, 리포트, 출석률 등의 수업참여도에서 높은 수준을 획득하는 것이 좋다.

따라서 강의를 듣고 수업내용을 충실히 따라가는 것과 수업에 제대로 출석하는 것이 중요하다.

(2) 대학교 선정하기

미국 대학에서 스포츠로 유명한 대학을 선정하기는 쉽지 않다. 알다시피 수많은 대학들이 각 주 마다 있기 때문이다. 하지만, 미국 대학에서 스포츠 팀의 의미는 그 학교의 명예와 자존심이다. 즉, 대학 스포츠 팀으로 유명한 대학이 곧 그 대학의 경쟁력이며 관련 분야로 유명하다고 말할 수 있다. 특히 미식축구팀과 농구팀은 미국의 대학 스포츠에 핵심이다. 한때 우리나라에도 대학농구의 붐을 일으켰던 시절이 있었다. 저자도 그 시절 대학농구를 시청하며 응원했던 기억이 있었다. 이처럼 스포츠 팀으로 유명한 대학은 아무래도 스포츠 전공분야로 유명하다는 이야기다. 그럼 미국 대학의 유명 스포츠 팀을 알아보자.

미국 대학의 모든 스포츠 팀은 National Collegiate Athletic Association(NCAA)에 등록이 되어 있다.

출처: https://www.ncaa.com/

[그림 5-6] NCAA Logo

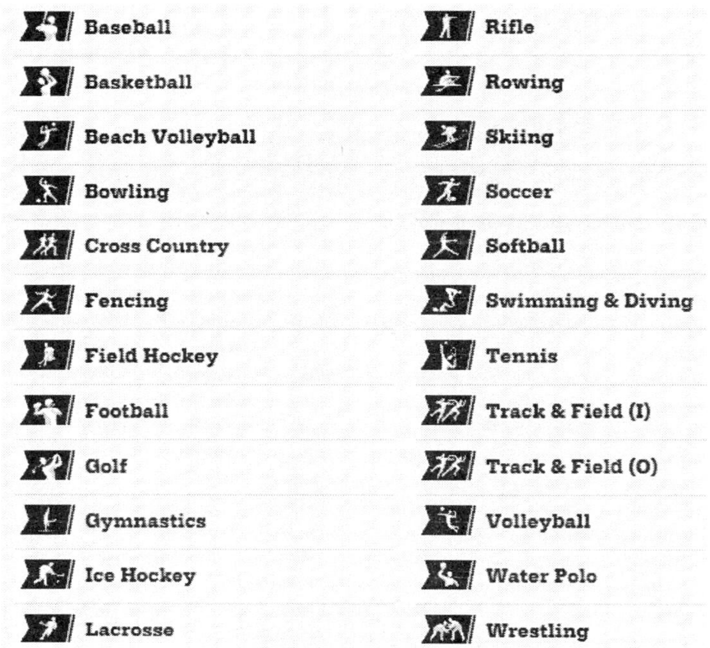

출처: https://www.ncaa.com/

[그림 5-7] NCAA 스포츠 종목

NCAA 등록 된 스포츠 종목은 그림 5-7 과 같다. 특히 풋볼, 농구, 야구는 대학 스포츠의 꽃이라 표현 할 정도로 인기가 높다. 대부분의 대학들이 학교 소유의 필드(운동장)을 가지고 있어 대학 리그 시즌에는 경기를 통해 벌어들이는 티켓 수입도 천문학적인 금액이다. 풋볼은 타 종목에 비해 경기 수가 적지만 수입은 타 종목에 비해 엄청나게 높다. 그만큼 풋볼을 대학 스포츠를 대표하는 종목이며 미국의 스포츠산업을 움직이게 하는 인기 스포츠이다.

2016 NCAA College Football Rankings

출처: blog.cbcworldwide.com

[그림 5-8] NCAA College Football Conferences Rankings

1. Clemson University
2. University of Alabama
3. Michigan State University
4. Oklahoma University
5. Iowa University
6. Stanford University
7. Ohio State University
8. University of Notre Dame
9. Florida State University
10. University of North Carolina

2016 NCAA Men's Basketball Rankings

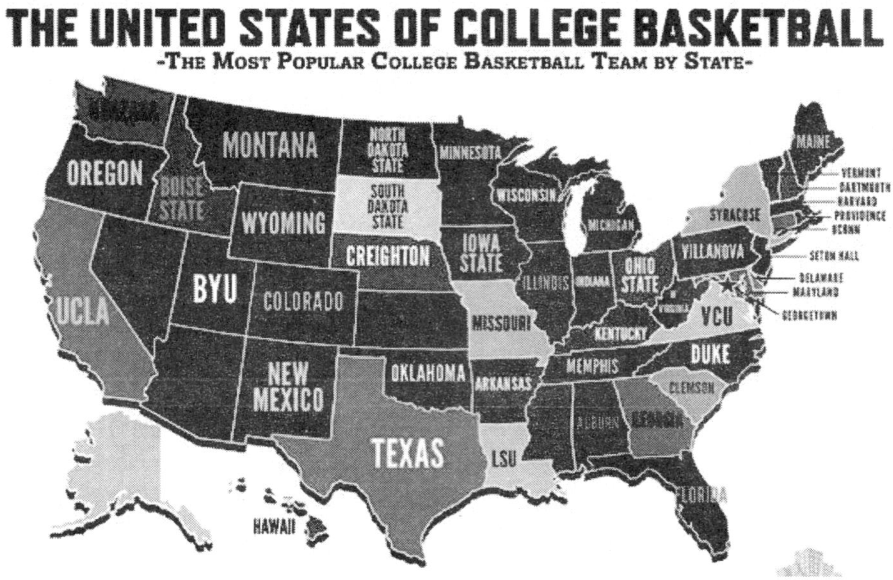

출처: 247sports.com

[그림 5-9] NCAA College Basketball Conferences Rankings

1. Kansas University
2. Michigan State University
3. University of North Carolina
4. Virginia University
5. Oregon University
6. Villanova University
7. Oklahoma University
8. West Virginia University
9. Xavier University
10. Miami University

2016 NCAA Baseball Conferences Rankings

출처: baseballnation123.weebly.com

[그림 5-10] NCAA Baseball Conferences Rankings

1. Mississippi State University
2. Texas A&M University
3. Miami University
4. University of Louisville
5. Florida University
6. Louisiana State University
7. Vanderbilt University
8. South Carolina University
9. Texas Tech University
10. University of Mississippi

(3) 학교 선택 시 고려사항

*** 학교의 스포츠 시장**

본인이 원하는 학교의 스포츠 시장을 확인해 봐야 한다. 스포츠 팀이 많은 학교의 경우 1년 내내 스포츠 시장이 멈추질 않는다. 그만큼 스포츠 시장에 인력이 필요하며 수요에 맞춰 공급도 필요하다는 말이다. 언제나 취업의 기회가 주어지고 스포츠 팀에 들어가 인턴의 기회도 많다는 말이다.

*** 학교 스포츠 팀의 성적**

학교 스포츠 팀의 성적은 그 학교의 자화상이다. 이 말은 꼭 학교의 규모 및 스포츠 시장이 크다고 좋은 학교가 아니라 규모가 작아도 학교 팀의 성적이 꾸준히 좋은 학교들은 좋은 프로그램을 가진 경우가 많다. NCAA에서 종목별 학교 스포츠 팀의 성적을 확인할 수 있다.

*** 도시와의 접근성**

대도시를 제외하고는 대부분의 미국 학교들은 인적이 드문 시골에 위치하는 경우가 많다. 하지만, 스포츠경영은 현장 경험이 반드시 필요한 학문이다. 경험 없이 이론만 하는 수업 및 학교는 취업률도 떨어질 뿐만 아니라 전문성도 떨어진다. 도시와의 접근성을 고려하여 스포츠와 도시가 공생하는 거리로 찾아 가야 한다.

*** 네트워크**

학교를 졸업한 사람들과 네트워크를 갖춰진 학교를 가는 것도 중요하다. 스포츠 분야는 다른 분야와 달리 보수적인 색채가 강하다. 그러므로 좋은 인간관계를 쌓고 그 인맥 네트워크를 바탕으로 취업문을 두드리는 것이 좋다.

*** 훌륭한 교수진**

저명한 교수 밑에서 공부하고 그 분께 추천서 한 장 받는다는 것 자체가 향후 진로 및 직업 선택에 있어 결정적인 역할을 한다. 훌륭한 교수는 학교를 알리고 뛰어난 제자들을 배출한다.

* 이외의 고려사항

이 외에도 학교가 위치하고 있는 지역의 기후, 생활권, 취안, 물가 등 여러 가지 생활과 관련된 기본 사항을 고려하여야 한다. 더구나 희망학교의 규모 및 프로그램 등 외국 학생들에게 제공되는 혜택(예를 들면 장학금, 학비, 외국인 학생 비율)등을 파악해야 한다.

2) 대학원

이번 장은 미국으로 석사(Master) 및 박사(Doctoral) 학위를 취득하고 싶어 하는 분들을 위하여 관련된 자료 및 정보를 공유하고 싶은 마음으로 소소하게 적어 보았다.

앞 장에서 이미 미국의 스포츠경영 프로그램을 제공하는 학교들을 소개해 드렸다. 부록을 보면 어느 학교가 학사(Bacholor), 석사(Master), 박사(Doctoral) 학위를 제공하는 지 파악할 수 있다.

미국에서의 석사 및 박사 학위는 정말 심도 있는 연구를 위하여 공부하고 싶어 하는 학생들이 지원을 한다. 한국의 사회처럼 단순 고학력자가 취직이 잘 되어서 석사를 지원하는 것이 아니라, 사실 고학력자라고 해서 취직이 잘 되는 것은 절대 아니라고 말하고 싶다. 최근 대기업의 면접관들은 지원자들의 잉여스팩(여기서 말하는 '잉여'는 나머지, 필요 없는 등으로 의미)으로 1위를 '고학력'이라고 뽑을 정도로 요즘 고학력자들이 너무 많다고 한다. 물론 대학을 다니는 학비도 학생들이 직접 벌어 학비를 충당하거나 학교로부터 장학금(Scholarship)을 받거나 또는 은행으로부터 loan(대출)을 받아 조금씩 갚아 나간다. 이러한 이유 때문에 필요 없이 학위를 더 취득하려고 하지는 않는다.

대한민국이라는 나라를 떠나 타국에서 공부를 한다는 것은 쉽지가 않다. 특히, 석사 및 박사를 위해 해외로 유학을 오는 경우는 더 쉽지 않다. 한국에서 TOEFL, GRE, GMAT 등 영어시험의 성적이 아무리 우수하다고 해서 해외에 와서 수업을 들으며 100% 이해를 하지 못하고 우울한 표정으로 교실 문을 지나쳐 나올 것이다. 다 같이 모여 이야기하는 Group Discussion 시간에는 자기의 의견 및 생각을 명확하게 진술하지 못해 아쉬워하며 교실을 나올 것이다. 이 외에도 수많은 해프닝들이 유학생들에게 불어 닥칠 것이다.

석, 박사를 준비하는 학생들은 어느 정도 나이가 있어 대부분의 학생들이 시간 단축을 위해 한국에서 공인영어시험 점수를 얻고 대학의 학기(semester)에 맞추어 지원한 뒤 바로 진학하기를 원한다. 하지만 소수의 학생들은 그 현지 생활에 어느 정도 적응을 하며 문화도 배우면서 익숙해지는 시간이 필요하다며 1-2년 정도 생활을 하고 대학원에 진학을 하는 학생들도 있다. 저자의 개인적인 의견 및 생각을 말하자면 정답은 없다. 전자와 후자 모두 장점과 단점이 있다. 전자의 경우를 이야기하자면 앞서 이야기 한 것과 같이 시간과 비용을 줄일 수 있는 가장 큰 장점이 있는 반면에 문화와 생활에 적응시간과 동시에 학업에 대한 부담감으로 심리적, 정신적으로 힘들 수 있다. 하지만 저자가 느껴본 바로 그 순간만 잘 견디면 그 후에는 오히려 추진력이 생겨 오히려 큰 득을 볼 수 있다. 후자의 경우 새로운 문화와 생활의 적응력으로 학업에 대한 부담은 많이 줄어드나 경제적인 부담과 오랜 시간 할애로 인하여 고국으로 돌아 왔을 경우 오히려 역 효과가 생길 수 있다.

지금까지의 이야기는 저자의 개인적인 생각이므로 단지 참고만 하였으면 한다.

(1) 석사 지원 방법

일반적으로 미국대학원을 진학하기 위해서는 어떤 서류가 필요한지를 먼저 알아보아야 한다. 그 이유는 학교 마다 요구하는 서류들이 모두 다르고 그 기준도 다르기 때문이다. 학교는 부록에 있는 학교들을 참고하여 선택하길 바란다. 대표적으로 필요한 서류는 아래와 같다.

* 대학교 성적 증명서(GPA)

Grade Point Average 의 줄임말 으로 우리나라의 내신 성적을 의미한다. 즉, GPA는 본인의 고등학교, 대학교 성적표 평균 점수 혹은 학점을 제출함으로서 학생의 학업 성적과 태도 등을 유추하고, 평가해 보고자 하는 의도이다. 여기에서 유의해야 할 점은 국내 대학은 대부분이 4.5점을 만점으로 점수를 주는데, 반면에 미국GPA 기준은 대부분이 4.0이 만점 기준이므로 반드시 평점(GPA)을 4.0만점 기준으로 다시 환산하여 학교에 제출하여야 한다. 이러한 환산은 학교 교무처나 학점을 관리해 주는 부서에 요청을 하면 GPA를 환산해 준다.

* GMAT, LSAT, MCAT, DAT

미국의 경영대학, 법학대학, 의과대학, 치과대학 등의 특정 전공 대학원 입학 시험을 의미한다. 미국의 아이비리그를 포함한 상위권 학교의 대학원들은 대부분 위의 시험점수를 요구한다. 꼭 아이비리그 대학만 이러한 시험점수를 요구하는 것은 아니고 대부분의 석사 및 박사 프로그램 진학 시 본인이 결정한 전공에 맞춰 위와 같은 시험점수 제출을 요구하고 있다.

영어로 대학원 전문지식 입학시험을 봐야 한다는 것에 큰 부담이지만 사실 위의 시험들은 영어능력을 요구하는 테스트가 아닌 전문학과 지식 시험이다.

* GRE

GRE는 Graduate Record Examination의 줄임말로, 미국에 유학 오는 외국인 학생들의 대학원 적응과 전공 수학능력을 가늠해 보기 위한 시험이다.

Verbal(단어활용), Math(수학), Writing(작문)의 3가지 영역을 테스트 한다.

많은 한국 학생들이 작문에서 고득점이 나오지 않아 걱정하는 경우가 많다. 하지만, 학교에서 요구하는 최저점수를 충족하지 못해도 에세이나 추천서, 경력 등 다른 요건들로 원하는 학교에 합격하는 사례가 많기 때문에 좌절하지 않아도 괜찮다.

* TOEFL

Test of English as a Foreign Language의 줄임말로, 영어를 외국어로 T는 타 국가의 학생들의 영어 실력을 테스트 하는 시험이다.

외국인 학생들은 미국 내 고등학교, 대학교, 대학원 등의 교육기관에 진학하기 위해서 반드시 이 시험점수를 제출해야 할 만큼 전형적인 미국의 공식 영어 능력 테스트이다.

* Essay

학교마다 정해주는 에세이 주제가 2-3개 있으며, 보통 '왜 우리 학교 과정에 지원했는가?' '자신의 성장 과정이나 경험을 서술하라' 등의 전공에 대한 개인적인 관심과 목표를 묻는 주제들이 많다.

미국 학교의 경우 에세이를 통하여 학생 한명 한명의 특성을 파악하고, 영어 수준과 인성을 가늠하기 때문에 학교 합격에 비중이 큰 부분이다. GPA, 공식 영어성적, 스펙 등이 낮아도 에세이를 잘 쓰고, 좋은 평의 추천서를 제출하면 합격하는 경우가 높다.

* Work Experience

학교마다 차이가 있지만 대학원의 경우 직장에서 근무한 경력이 2-3년 있어야만 지원할 수 있는 곳도 많다. 하지만, 체육분야에서는 직장 경력을 요구하는 경우는 경영대학원 안에 분과로 있는 체육과를 지원할 경우 직장경력을 요구하는 경우가 있다. 하지만, 일반 대학원일 경우 요구하는 경우는 드물다.

* Letter of Recommendation

추천서로서 지인이나 직장 동료, 졸업한 학교의 교수 등에게 박는 것이 보편적이다. 미국 대학원의 경우 가장 좋은 추천서는 역시 직장 동료나 상사에게 받아오는 추천서이며, 졸업한 대학의 교수로부터 받아오는 것도 효과적이다. 저자도 졸업한 대학의 교수님께 부탁을 드려 추천서 2장을 받았으며, 다른 지인 분께 받아 총 3부의 추천서를 받은 기억이 있다. 추천서에는 보통 지원하는 학생의 성격이나 능력, 학부 때의 수업 태도 등 1장 정도의 간략한 추천서를 작성하면 된다.

*** Interview**

대학원의 경우 해당 지원하는 학교의 지도교수님께 미리 이메일을 드려 약속된 날짜에 화상 통화 혹은 직접 방문을 하여 본인에 대한 관심과 연구 분야를 말씀드리는 것이 좋다. 학교 마다 혹은 교수님 마다 다르지만 국제학생(International Student)의 경우 직접 찾아가 인터뷰를 보는 학교도 있는 반면 화상 전화로 하는 경우도 많다. 앞으로 공부하는데 조언 및 지도를 해주시는 분과 면접을 본다고 생각하면 된다.

미국대학원을 준비하려면 위와 같은 서류 및 과정들을 거쳐야 대학원 진학이 가능하다. 위와 같은 서류 준비는 단기간에 준비할 수 없기 때문에 미리 계획을 짜서 준비해야 한다. 학업계획서도 전공 분야와 관련된 활동이나 논문 등에 대해서 이미 접해본 사람일수록 공부의 목적이 구체화되며 이런 부분들에 대해서 제대로 활동한 학생일수록 좋은 추천서를 받을 수 있기 때문이다. 추천서는 개인의 활동사항을 잘 정리해서 교수님께 드리거나 또는 학부 때부터 좋은 관계를 유지한 교수님께 부탁을 드리는 방법이 가장 좋다.

GRE와 GMAT의 경우 미리 공부하여 지원시기를 놓치지 않도록 점수들 받아야 하며 미국대학원 진학을 준비하기로 결정하였으면, 학부 때부터 어느 정도 미리 준비를 하여 시간을 낭비하지 않도록 해야 한다. 목적 없이 무의미하게 학원만 다닐 경우 시간만 낭비할 경우가 크기 때문에 매일 계획적인 시간을 보내길 적극 추천한다.

(2) 대학원 교육과정

미국 대학원 과정은 한국과 똑같이 석사(Master)과정과 박사(Doctor of Philosophy) 과정으로 나뉘어 진다. 우리나라의 대학원 교육도 그렇듯, 대학교 학부 과정과 비교했을 때 조금 더 해당 분야에 대한 전문성과 집중성이 있다.

대학원 과정을 듣는 학생들은 전공 학문에 대한 기초 지식이 있다는 전제 하에 진행되기 때문에 학부 과정에 비하면 조금 자유롭고 교수와 학생 간의 의견 교환이 더욱 원활할 수 있다.

학위를 취득하는데 필요한 교과과정 이수는 대학과 마찬가지로 "학점(Credits)"

으로 표시되며 각 과목은 대개 3학점 또는 4학점으로 구성됩니다. 2학기제로 운영되는 전제로 1년에 보통 24학점을 취득한다.

미국 대학원 과정의 학사일정은 대개 8월 말에서 5월 중순 정도까지 약 9개월간 운영되는데 대학에 따라 2학기 또는 3, 4학기로 나뉠 수 있다.

석사 과정은 크게 일반 학문분야와 전문 직업분야로 나뉘는데, 두 과정의 분류는 석사 과정이 박사학위 과정으로 이어지는지 혹은 그렇지 않은지에 따라 결정된다.

박사학위 과정으로 이어지지 않는 경우에는 최종 석사학위 과정이라고 불리며 대부분의 전문 직업분야가 여기에 속한다.

박사 과정은 분야에 따라 5년에서 8년까지 시간이 걸릴 수도 있는데, 박사학위 논문과 연구 발표 등 선택 분야에 대한 대단히 전문적인 지식을 쌓을 것을 요구한다. 따라서 미국 박사학위 과정을 밟는 경우 대부분 대학 교수의 길을 걷게 된다.

대부분의 대학 교육기관은 입학이 시작되기 훨씬 전에 장학금 및 학비 대출자금을 집행하며, 미국 내의 재정 지원을 받으려면 한국을 떠나기 전에 하는 것이 좋다. 장학금 및 학비 보조금 지원 신청 기간은 미국 유학을 떠나는 때부터 빠르면 약 1년 정도가 될 수도 있다.

미국 박사과정은 반드시 석사과정을 거쳐야 하는 우리나라와 달리, 석사학위가 필수 요구 조건은 아니다. 미국의 박사프로그램에는 학부출신 지원자가 상당수 포함되어 있다. 미국의 박사과정은 보통 5년 과정으로 이루어져 있는데, 처음 2년간은 연구에 들어가기 위해 필요한 Coursework을 하도록 커리큘럼이 짜여져 있다.

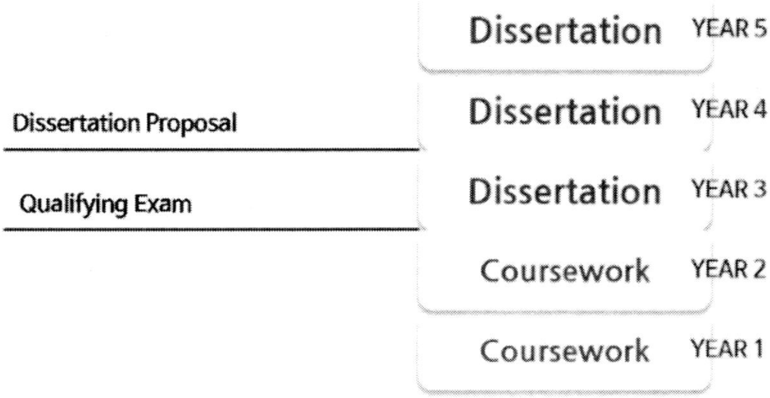

출처: http://cafe.naver.com/solveme/29146

[그림 5-11] 미국 박사과정 기간

따라서 미국의 박사과정 지원 시 중요한 것은 석사학위가 아닌 연구과정에 들어갈 수 있는 스펙을 갖추었느냐의 여부가 된다. 많은 미국 학생들이 학사학위를 취득한 후, 박사학위로 바로 지원을 한다. 이유는, 학부에서 이미 연구과정으로 넘어가는데 필요한 Coureworkk과 Research Skill, Research Experience등을 갖추었기 때문이다. 간혹 한국 학생들은 이에 대한 이해 없이 Research Experience를 전혀 갖추지 않은 상태에서 박사학위로 지원을 하는 경우가 있다. 하지만, 연구경력이 없다면 박사과정으로의 오퍼는 받을 수 없다.

미국석 · 박사 지원시에는 석사프로그램과 박사프로그램, 그리고 석사 Coursework이 포함된 박사과정이 있다. 흔히 석 · 박사통합과정이라 알려져 있으며, 이는 Coursework이 포함된 박사과정이다. 따라서, 석 · 박사통합과정 또한 박사과정으로 지원하는 것과 비슷한 경쟁력을 가진 지원자를 선호한다. 학부 출신 지원자 중 우수한 연구능력을 가진 지원자를 선발하여 최소한의 Coursework을 거친 후 바로 연구과정으로 통비할 인재를 선발하는 프로그램이기 때문이다.

객관적인 백그라운드가 연구과정에 들어가기 위한 경쟁력을 갖추고 있다면 석 · 박사통합과정프로그램으로 지원하면 좋다. 석박사통학과정은 박사과정으로 100% Funding 이 제공되는 것이 기본이다. 하지만, 그 만큼 높은 경쟁력을 요구하므로, 본인의 이력을 객관적으로 판단할 필요가 있으며, 기본적으로 필요한 영어능력들의 시험점수는 박사프로그램 지원과 동일하게 경쟁력 있는 상위점수를 갖추어야 한다.

부록 2 스포츠경영관리사 소개

❶ 스포츠경영관리사란

스포츠경영관리사란 스포츠를 활성화시키고, 스포츠를 통한 긍정적인 이익창출과 스포츠발전에 이바지하는 데 큰 역할을 수행하는 사람으로서 스포츠와 관련된 이벤트, 체육시설, 용품, 관련기관 등에서 홍보, 행정, 마케팅, 운영 등의 업무를 담당하는 것을 의미한다.

스포츠경영관리사는 국가기술자격증으로 분류되며, 시행기관은 한국산업인력공단 이다. 한국산업인력공단 홈페이지 www.Q-net.or.kr 에서 시험일정 등의 정보를 제공 받을 수 있다.

❷ 경영관리사의 수행업무

첫째, 스포츠와 관련된 이벤트를 개최, 스포츠스폰서 및 기업 광고 등을 유치하는 등의 스포츠마케팅을 기획 및 운영하는 업무를 수행한다.

둘째, 공공체육시설물, 미간체육시설 등의 관리는 물론 경영적인 측면에서 관련 업무를 수행한다.

셋째, 스포츠를 활성화시키기 위해 관련 콘텐츠를 확보하여 상품화하며, 스포츠선수를 위한 대리인 역할을 수행한다.

넷째, 스포츠시설 이용과 관련해 회원유치, 홍보, 관리 등을 수행하며, 이러한 시설을 운영하는 주체에게 효율적인 경영컨설팅을 제공하는 역할을 수행한다.

스포츠경영학에 관심을 가지고 공부하고 있는 학생들과 스포츠현장의 지도자들 이라면 도전해보길 바란다.

부록 3
스포츠경영관리사 기출문제(2016년, 2017년)

2016년(1회) 기출문제

제 1과목: 스포츠산업론

001. 구민체육센터에서 스포츠 프로그램을 저렴한 월 회비를 받고 개설하여, 소비자들이 부담 없이 반복적으로 프로그램을 구매하여 이용하는 경우의 구매행동유형은?
① 복잡한 구매행동
② 부조화 감소 구매행동
③ 다양성 추구 구매행동
④ 습관적 구매행동

002. 일반적으로 제품은 그 특성에 따라 물리적 특성, 사용 목적, 구매과정이라는 4가지 방법으로 분류될 수 있다. 다음 중 물리적 특성에 의한 분류가 아닌 것은?
① 소비재
② 내구재
③ 비 내구재
④ 서비스

003. 가치사슬 측면에서 경기장사업의 구조에 관한 설명으로 틀린 것은?

① 매점사업의 가치는 경기장을 찾는 관중 규모에 따라 정해진다.
② 경기장 광고의 가치는 중계방송 유무에 따라 달라지지 않는다.
③ 프로경기를 생산하는 프로구단이 경기장사업의 가치를 형성하는 핵심이다.
④ 경기장을 소유한 자치단체는 경기장사업에서 발생하는 가치의 수혜자이다.

004. 스포츠산업의 발전환경과 가장 거리가 먼 것은?

① 주 5일 근무제 정착
② 프로스포츠의 발전
③ 인터넷 및 통신기술의 발전
④ 오락성의 부재

005. 스포츠비즈니스 구조상 골프장 회원권 판매대행사가 수행하는 역할은?

① 관람스포츠 상품 유통
② 참여스포츠 관련 상품 유통
③ 관람스포츠 마케팅대행
④ 참여스포츠 생산

006. 스포츠산업 진흥법상 스포츠 산업 사업자단체 설립 인가 신청을 받으려는 자가 첨부해야하는 서류가 아닌 것은?

① 회칙 또는 정관
② 가입 회원사 명부
③ 주요 사업계획서 및 수지 계산서
④ 업무수행에 필요한 시설, 설비, 전문 인력 및 기술능력에 관한 명세서

007. 스포츠산업 진흥법상 스포츠산업지원센터로 지정할 수 있는 기관이 아닌 것은?

① 「공기관의 운영에 관한 법률」에 따른 공공기관
② 「특정연구기관 육성법」에 따른 특정 연구기관
③ 「고등교육법」에 따른 대학 또는 전문대학
④ 「국민체육진흥법」에 따른 서울올림픽 기념국민체육진흥공단

008. 스포츠산업 진흥법령상 스포츠 산업 진흥시설의 지정요건을 모두 고른 것은?

ㄱ. 특별시의 경우 20 이상의 스포츠산업 사업자가 입주할 것
ㄴ. 입주하는 스포츠산업 사업자의 100분의 30 이상이 '중소기업기본법' 에 따른 중소기업자일 것
ㄷ. 입주하는 스포츠산업 사업자가 공동으로 이용할 수 있는 공용 회의실 및 공용 장비실 등의 공동이용시설을 설치 할 것

① ㄱ ② ㄱ, ㄴ ③ ㄱ, ㄷ ④ ㄱ, ㄴ, ㄷ

009. 북미 대륙과 유럽대륙에서 크게 형성된 2차 티켓시장에 대한 설명으로 옳은 것은?

① 입장권 발매처에서 판매하다 남은 표를 다른 유통경로를 통해 판매하는 시장을 의미한다.
② 입장권의 온라인 판매시장 전체를 의미한다.
③ 구하기 힘든 희귀한 입장권의 경매시장을 의미한다.
④ 입장권을 가진 팬과 못 구한 팬이 공개적으로 거래하는 시장을 의미한다.

010. 소비자 행동에 영향을 미치는 일반적인 요인이 바르게 짝지어진 것은?

① 문화적 요인- 준거집단, 가족, 역할과 지위
② 심리적 요인 - 문화, 하위문화, 사회계층
③ 개인적 요인 - 연령, 생활방식, 직업, 개성, 경제적 수준
④ 사회적 요인 - 동기부여, 지각, 학습, 신념과 태도

011. **스포츠산업 진흥법령상 스포츠산업 전문 인력 양성기관에 보조할 수 있는 경비가 아닌 것은?**

① 전문 인력 양성교육에 대한 조사 및 연구에 필요한 비용
② 전문 인력 양성교육 프로그램 운영에 필요한 비용
③ 전문 인력 양성교육기관의 부지 매입 및 장비 구입에 필요한 비용
④ 전문 인력 양성교육에 대한 교육 자료의 개발 및 보급 필요한 비용

012. **선수시장에 영향을 미치는 요인에 관한 설명으로 틀린 것은?**

① 선수에이전트의 진입장벽완화는 선수가치를 올리는 계기가 된다.
② 유소년 스포츠인구의 증가는 프로선수의 공급량 감소로 이어질 수 있다.
③ 동일 종목에서 경쟁리그의 등장은 선수연봉 인상을 야기한다.
④ 종목 간의 선수 평균연봉 격차는 선수 피라미드의 하부에 영향을 미친다.

013. **다음 자동차와 축구경기를 생산하는 과정을 비교하는 표에서 틀리게 분류한 것은?**

	자동차	축구경기
노동	근로자	선수, 심판
자본재	철판, 타이어	축구공
생산주체	자동차 회사	구단
생산동기	이윤극대화	

① 노동
② 자본재
③ 생산주체
④ 생산동기

014. 스포츠산업의 핵심제품인 스포츠이벤트의 브랜드가치에 관한 설명으로 틀린 것은?

① 스포츠이벤트의 방송중계권 가격 차이는 이벤트의 브랜드가치 차이에서 온다고 볼 수 있다.

② 스포츠이벤트의 브랜드가치를 형성하는 요인으로는 조직 관련요인, 팀 관련요인, 시장관련요인을 들 수 있다.

③ 스포츠이벤트에서 파생되는 동일한 유형의 사업권이라도 이름이 잘 알려진 이벤트와 덜 알려진 이벤트의 권리 구매가격에 차이가 있는 것도 브랜드가치 때문이다.

④ 스포츠이벤트에 참가하는 선수나 감독, 리그의 전통 등은 브랜드가치 형성에 영향을 미치지 않는다.

015. 다음사례에서 업체가 연맹에 지불해야 하는 금액 및 시기에 관한 설명으로 옳은 것은?

> 한 프로연맹의 라이센스 상품 독점유통권리를 취득한 용품유통업체가 연맹과 체결한 계약조건은 '독점권 행사의 대가는 총 매출의 5%를 미리 보장'하는 조건이다. 그런데 연맹과 유통업체가 동의한 예상 매출은 100억 원이었고, 실제 발생한 매출은 60억 원이었다.

① 3억 원을 계약과 동시에 지불한다.

② 5억 원을 계약과 동시에 지불하고 계약기간 종료 후 3억 원을 지불한다.

③ 계약 종료 후 3억 원을 지급한다.

④ 5억 원을 계약과 동시에 지불하고, 계약기간 종료 후 지불할 금액은 없다.

016. 다음 중 전통적인 미디어와 차별되는 뉴미디어의 가장 큰 특징은?

① 양방향성

② 다양성

③ 신소성

④ 전문성

017. 다음 중 관람스포츠 비즈니스와 연관된 집단으로 성격이 다른 하나는?

① 매점사업자
② 타이틀 스폰서
③ A-보드 광고주
④ 경기장명칭 사용권자

018. 국내 프로구단이 자치단체와 경기장임대계약을 체결할 때 계약기간을 최장 25년으로 할 수 있는 법적 근거는?

① 「국민체육진흥법」 제 10조 직장체육의 진흥
② 「체육시설의 설치 및 이용에 관한 법률」 제9조 체육시설의 위탁운영
③ 「스포츠산업 진흥법」 제16조 프로스포츠의 육성
④ 「스포츠산업 진흥법」 제9조 스포츠산업진흥시설의 지정

019. 다음 중 스포츠소비자들의 소비태도가 다른 하나는?

① 골프 연습장에서 매일 운동하는 철수(코치가 아님)
② 수영장에서 솜씨를 뽐내는 우진(강사가 아님)
③ 헬스클럽에서 근육을 자랑하는 석기(지도자가 아님)
④ 경기가 있는 날마다 야구장을 찾는 준영(선수가 아님)

020. 스포츠이벤트의 주요 생산요소인 선수노동력의 가치변화에 영향을 주는 요인에 관한 설명과 가장 거리가 먼 것은?

① 프로구단의 숫자가 증가하면 선수 연봉이 올라가는 경향이 있다.
② 자유계약제도의 도입은 구단재정에 압박 요인으로도 작용한다.
③ 보류시스템의 강화는 선수 권익보호 효과발생으로 인해 연봉상승요인으로 작용한다.
④ 경쟁리그의 등장은 선수연봉 상승요인으로 작용한다.

021. 스포츠소비자의 구매의사 결정과정을 바르게 나열한 것은?

① 문제인식 및 욕구환기 → 정보탐색 → 구매행위 → 선택대안에 대한 평가
② 정보탐색 → 문제인식 및 욕구환기 → 구매행위 → 선택대안에 대한 평가
③ 문제인식 및 욕구환기 → 정보탐색 → 선택대안에 대한 평가 → 구매행위
④ 정보탐색 → 문제인식 및 욕구환기 → 선택대안에 대한 평가 → 구매행위

022. 한국표준산업분류상 스포츠서비스업에 해당하지 않는 것은?

① 경기장 운영업
② 골프연습장 운영업
③ 종합 스포츠시설 운영업
④ 낚시장 운영업

023. 다음 스포츠산업 정책 수단은 어떤 정책 목표에 관한 것인가?

> -연구개발 조세 감면
> -기술인력 우대
> -재정보조
> -지적소유권 보호
> -공동개발유도

① 투자설비 촉진
② 기술발전 촉진
③ 경쟁촉진
④ 경쟁억제

024. 다음 중 국내 스포츠사 발전요인과 가장 거리가 먼 것은?

① 프로스포츠의 발전
② 스포츠시설의 확대
③ 국내외 스포츠이벤트의 성공적 개최
④ 유동자산의 증가

025. 스포츠산업의 특성에 관한 설명으로 틀린 것은?

① 스포츠산업은 시간 생산형 사업이다.
② 스포츠산업은 공익성을 띄는 사업이다.
③ 스포츠산업은 사회 통합의 기능을 가지는 산업이다.
④ 스포츠산업은 고부가가치산업이다.

제 2과목: 스포츠경영론

026. 기업의 자기목표 및 자원배분과 관련되어 기업 전체에 영향을 미치는 활동에 대한 의사결정으로 최고경영자 층에서 이루어지는 의사결정은?

① 업무적 의사결정
② 전략적 의사결정
③ 관리적 의사결정
④ 기능적 의사결정

027. 국내프로야구단이 다음 시즌의 경영환경분석을 위한 구단경영에 영향을 미치는 요인을 분석한 결과이다. 다음 중 적합하지 않은 판단은?

① 팀 간 전력차이가 심해 흥행에 차질이 생길 수 있다.
② 한 개 구단이 없어져 리그소속 선수의 평균연봉이 높아질 가능성이 있다.
③ 경기회복으로 스폰서십 수입이 증가할 수 있다.
④ 연맹이 FA제도 도입을 결정해 선수연봉 인상이 우려된다.

028. 앤소프의 제품/시장 확대전략 중 새로운 시장에서 새로운 제품을 도입하여 기업의 성장을 추구하고자 하는 전략을 무엇이라고 하는가?

① 시장침투전략
② 시장개발전략
③ 제품개발전략
④ 다각화전략

029. 다음 스포츠시설 관련 투자 안(A, B, C)에 대하여 수익성지수(PI)를 통한 투자순위를 바르게 나열한 것은?

-투자 안 A
:투자비용 200만 원, 순현가치 410만 원
-투자 안 B
: 투자비용 150만 원, 순현가치 300만 원
-투자 안 C
: 투자비용 100만 원, 순현가치 210만 원

① A 〉 B 〉 C
② A 〉 C 〉 B
③ B 〉 A 〉 C
④ C 〉 A 〉 B

030. A 스포츠용품 회사에서는 X제품을 생산 · 판매하고 있다. X제품의 판매단가는 500만이고, 단위당 변동엽영비는 250만원이다. 고정적인 영업비용이 100만원이라면 손익분기점에 해당되는 매출액 수준은?(단, 주어진 조건 외에는 고려하지 않는다.)

① 200만 원
② 300만 원
③ 400만 원
④ 500만 원

031. 스포츠경영과정상 효율적인 통제의 원칙에 관한 설명으로 틀린 것은?

① 예방적 통제보다는 피드백을 통한 사후적 통제에 중점을 두어야 한다.
② 권한을 가진 경영자에게 통제의 책임이 있어야 한다.
③ 통제를 통한 이익보다 통제비용이 더 많아서는 안 된다.
④ 경영상의 계획과 직접 상관있는 성과와 비교한 차이에 대한 통제가 이루어져야 한다.

032. 프로스포츠 구단에서 인적자원 평가를 통해서 기대할 수 있는 효과와 가장 거리가 먼 것은?

① 조직구성원의 개인에 영향을 미치는 환경을 분석하여 상황에 따른 탄력적인 주관적 보상체계를 구축하게 한다.
② 경영자로 하여금 조직구성원의 질을 향상시키고 효과적으로 활용할 수 있도록 한다.
③ 모티베이션, 커뮤니케이션과 리더십 등 다른 조직행위를 바람직하게 개발할 수 있게 한다.
④ 평가에 근거하여 사람과 업무를 적합하게 결합하여 능력을 발휘할 수 있도록 하고 성공적인 경력개발을 촉진한다.

033. 동기부여이론에 관한 설명으로 옳은 것은?

① 매슬로우(Maslow)의 욕구계층이론에 의하면 하위욕구가 충족되지 않아도 상위욕구를 충족할 수 있다.
② 알더퍼(Alderfer)의 ERG이론에 의하면 존재는 가장 상위의 욕구에 해당한다.
③ 허츠버그(Herzberg)의 동기-위생이론에 의하면 위생요인이 충족되더라도 만족의 증가를 가져오지 않는다.
④ 애덤스(Adams)의 형평성 이론에 의하면 투입과 산출 측면에서 타인과의 비교가 아닌 자기 자신의 주관적 판단에 의하여 형평성을 인식한다.

034. 다음 중 스포츠재무관리에서 고정부채로 분류되는 항목은?

① 미지급금
② 매입채무
③ 예수금
④ 퇴직급여충당금

035. 독립적으로 운영되어 온 생산, 유통, 재무, 인사 등의 기능영역별 정보시스템을 전사적 차원에서 단일플랫폼으로 통합하는 정보시스템의 명칭은?

① DSS(Decision Support System)
② SIS(Strategic Information System)
③ KMS(Knowledge Management System)
④ ERP(Enterprise Resource Planning)

036. 스포츠 조직의 단위 사업에서 수익과 비용이 일치하는 상태의 매출액(채산점)을 의미하고 매출, 비용, 이익의 상관관계를 나타낸 것을 무엇이라 하는가?

① 손익분기점
② 재무제표
③ 당기순이익
④ 종합 매출표

037. 어느 야구선수가 매년 말 1000만원의 연금을 영구히 수령한다. 할인율 10%를 적용할 경우 이 영구연금의 현재가치를 구하면?

① 5000만 원
② 8000만 원
③ 1억 원
④ 종합 매출표

038. BC매트릭스에서?(question mark)사업 단위에 적합한 전략유형을 모두 고른 것은?

ㄱ. 유지전략	ㄴ. 증대전략	ㄷ. 수확전략	ㄹ. 철수전략

① ㄱ ② ㄱ, ㄷ ③ ㄴ, ㄹ ④ ㄴ, ㄷ, ㄹ

039. 조직구조를 형성하고 있는 핵심적인 차원 또는 조직화의 기본적 변수에 해당하지 않는 것은?

① 복잡성
② 목표지향성
③ 집권화
④ 공식화

040. 스포츠가 서비스로서 가지는 특성 중 다음은 무엇에 해당하는가?

> 스포츠 이벤트를 개최하는 것을 '생산'이라 하고 관람하는 것을 '소비'라고 한다면, 스포츠 이벤트는 생산과 동시에 소비가 된다.

① 무형성
② 이질성
③ 비분리성
④ 소멸성

041. 마이클 포터가 제시한 본원적 경쟁전략에 관한 설명으로 옳은 것은?

① 집중화전략은 산업 특정부분이 아닌 산업전체를 대상으로 한다.
② 차별화전략을 구사하기 위해서는 철저한 원가관리와 규모의 경제 달성이 필요하다.
③ 상표충성도가 낮고 가격에 비탄력적인 경우 차별화 전략이 유리하다.
④ 산업의 특정부분을 별개의 산업으로 인정하면 비용우위, 차별화의 2가지 전략만 존재한다.

042. 인적자원관리활동 중 효과적인 업무수행을 위해 필요한 구체적인 기술이나 지식을 습득하도록 하는 것은?

① 직무분석 ② 교육훈련
③ 선발 ④ 보상

043. 올림픽의 장기적인 재원을 확보하는 데 큰 역할을 한 TOP(The Olympic Partner) 프로그램이 처음 시행된 올림픽은?

① 84년 LA 올림픽
② 88년 서울 올림픽
③ 92년 Barcelona 올림픽
④ 96년 Atlanta 올림픽

044. 다음 중 스포츠조직의 조직역량강화를 위한 커뮤니케이션의 주요 구성 요소와 가장 거리가 먼 것은?

① 동기화
② 메시지화
③ 커뮤니케이션 경로 선택
④ 피드백

045. 다음의 요건을 모두 충족하는 투자결정 방법은?

-측정된 모든 현금흐름이 고려되어야 한다.
-적절한 할인율을 사용하여 화폐의 시간가치를 반영하여야 한다.
-가치의 가산원칙을 따라야 한다.

① 회수기간법 ② 순현가법
③ 내부수익률법 ④ 회계적 이익률법

046. 프로스포츠의 브랜드 가치를 높이기 위한 요소를 팀 관련, 조직관련, 시장관련 등의 3가지로 구분할 때 팀 관련 요소와 가장 거리가 먼 것은?

① Success
② Head Coach
③ Star Player
④ Support

047. 관리자나 감독 층을 대상으로 인간관계에 대한 태도개선 및 인간관계기술을 제고시키기 위해 당면한 문제를 미리 체험해 보는 교육훈련방법으로 가장 적합한 것은?

① 인 바스켓
② 비즈니스 게임
③ 역할 연기법
④ 사례 연구

048. 스포츠 에이전트가 선수들에게 제공하는 고유 업무가 아닌 것은?

① 선수들의 경기력 향상을 위해 적절한 트레이닝을 시킨다.
② 선수들이 운동에만 전념할 수 있도록 다른 필요한 일을 대행한다.
③ 선수들의 자산을 효과적으로 관리한다.
④ 팬들이 호의적인 태도를 형성할 수 있도록 이미지를 관리한다.

049. Fiedler가 제시한 상황적 리더십 이론에서 리더에게 유리한 정도를 결정하는 요인이 아닌 것은?

① 리더와 구성원 관계
② 과업 지향 정도
③ 과업의 구조화 정도
④ 리더의 지위에 부여된 권력

050. 다음 중 스포츠이벤트의 설계 시 고려해야 할 사항으로 상대적인 중요성이 가장 작은 것은?

① 운동선수와 경기장
② 소비자들의 선호도
③ 스포츠용품 제조업체
④ 후원업체의 존재 여부

제 3과목: 스포츠마케팅론

051. 마케팅 근시안(marketing myopia)에 관한 설명으로 가장 적합한 것은?

① 소비자들이 원하는 것을 찾아 해결해 주는 것이다.
② 소비자들이 세분화된 욕구를 구분하여 마케팅을 실행하는 것을 말한다.
③ 소비자들의 일반적인 욕구를 충족시키지 못하는 것이다.
④ 소비자들의 본원적인 욕구를 간파해 내지 못하는 것이다.

052. 다음 사례와 관련된 시장세분화 기준은?

> 어떤 소비자는 높은 가능성을 지닌 조깅화를 선호하고, 어떤 소비자는 패션감각이 높은 조깅화를 원하기 때문에 이를 고려하여 각각의 상품을 개발하여 판매하였다.

① 심리학적 기준
② 행위적 기준
③ 사회경제학적 기준
④ 소비자 편익 기준

053. 스포츠 스타를 활용한 마케팅 조사를 하려고 한다. 다음 자료에서 측정의 수준이 바르게 짝지어진 것은?

> ㄱ. 교육수준- 중졸이하, 고졸, 대졸이상
> ㄴ. 교육연수- 정규교육을 받은 기간(년)
> ㄷ. 출신 고등학교 지역

① ㄱ:명목측정, ㄴ:서열측정, ㄷ:등간측정
② ㄱ:서열측정, ㄴ:비율측정, ㄷ:명목측정
③ ㄱ:등간측정, ㄴ:서열측정, ㄷ:비율측정
④ ㄱ:서열측정, ㄴ:등간측정, ㄷ:명목측정

054. 동일한 개념을 측정하기 위해 여러 개의 항목을 이용하는 경우 신뢰성을 저해하는 항목을 찾아내어 측정도구에서 제외시킴으로써 측정도구의 신뢰성을 높이기 위한 방법으로 사용되는 것은?

① 내적일관성법
② 동형검사신뢰도
③ 복수양식법
④ 다중회귀분석법

055. 라이센서와 라이센시 간에 체결하는 계약방식 중 러닝로열티(running royalty) 지불 방식에 대한 설명으로 옳은 것은?

① 트레이드마크의 독점적인 사용에 관한 계약을 의미한다.
② 예상되는 매출액의 일부를 미리 지불하는 방식을 의미한다.
③ 매출액에 따라 일정비율을 지불하는 방식을 의미한다.
④ 앞으로 출시될 제품의 판권을 미리 확보하는 계약을 의미한다.

056. 스포츠스타의 몸값에 관한 설명으로 가장 적합한 것은?

① 스포츠스타의 몸값은 스포츠 종목뿐 아니라 선수의 활용가치와 관련이 있다.
② 스포츠스타의 총수입은 연봉을 제외한 수입의 총액이다.
③ 단체종목 선수는 개인종목 선수보다 몸값이 높은 경향이 있다.
④ 스포츠스타의 선수보증광고 가격 결정은 선수가 직접 하는 것이 유리하다.

057. 프로구단(face of face) 마케팅의 특성과 가장 거리가 먼 것은?

① 소비자 1인당 촉진비용이 비싼 편이다.
② 고가의 연간 시즌권 판매에 부적합하다.
③ 제품의 장 · 단점에 대한 정보전달이 용이하다.
④ 시즌회원들의 피드백을 쉽게 받을 수 있다.

058. 스포츠 스폰서십은 단독으로 실행될 때보다 다른 프로모션 수단과 병행될 때 투자 효과가 커지는 이유로 틀린 것은?

① 스폰서십을 통해 얻는 인지도는 후원한 종목의 이미지와 연결되는 것으로 끝나기 때문이다.
② 스폰서십은 기업이 광고나 홍보에서 전하고자 하는 메시지를 통합할 수 있는 주제를 제공하기 때문이다.
③ 기존의 스폰서십 투자와 병행할 때 비용절감의 효과가 발생하기 때문이다.
④ 광고를 통한 직접적인 메시지와 스폰서십의 메시지가 명확한 정보를 전해주기 때문이다.

059. 기업의 관점에서 스포츠단체와 라이센싱을 계약할 때 포함되어야 하는 핵심조항과 가장 거리가 먼 것은?

① 도안과 디자인에 대한 소유권
② 선금과 진행 로열티 대금
③ 스포츠 라이센싱 참여경험
④ 라이센시 유통에 대한 제한

060. Aaker가 제시한 브랜드 자산 구성요소 중 다음은 무엇에 해당하는가?

> 소비자에게 품질이 높게 인식될수록 재구매 가능성이 높아지며 브랜드 충성도에 긍정적 영향을 미친다.

① 브랜드 충성도
② 브랜드 인지도
③ 지각된 품질
④ 브랜드 연상 이미지

061. 다음 ( )안에 들어갈 알맞은 것은?

> 가격 결정 정책을 수립할 때 마케터는 반드시 활용 가능한 가격책정의 조건들을 모두 고려해야만 한다. 고객의 수요에 대한 고려는 ( )가(이) 된다.

① 변동비
② 원가경쟁
③ 가격의 범위
④ 가격 상한선

062. 마케팅 전략 수립을 위해 일정시점에 연령, 교육수준, 소득수준, 인종 등이 다른 인구집단을 조사하는 방법에 해당하는 것은?

① 횡단조사
② 종단조사
③ 코호트조사
④ 경향조사

063. 스포츠 미디어의 역할과 가장 거리가 먼 것은?

① 정보제공 ② 관중유인
③ 홍보 ④ 사회적 순응 조장

064. 다음 중 시장세분화의 행동변수적 기준이 아닌 것은?

① 사용량 ② 추구하는 편익
③ 상표충성도 ④ 교육수준

065. 스포츠와 관련된 미디어의 기능에 관한 설명으로 틀린 것은?

① 방송사는 메가 스포츠이벤트 중계를 통해서 수익을 발생시킬 수 있다.
② 미디어는 특성상 저작권과 무관하게 스포츠관련 저작물을 마음대로 활용할 수 있다.
③ 인쇄매체는 스포츠 보도를 통해서 독자들에게 관련 정보를 제공한다.
④ 인터넷을 통해서 스포츠중계를 접하는 기회가 점차적으로 확대되고 있다.

066. 마케팅 조사의 내적타당도를 저해하는 요소가 아닌 것은?

① 특정사건의 영향
② 조사대상의 변화
③ 반작용효과
④ 사전검사의 영향

067. 기업의 스포츠스폰서십 참여기준을 스포츠 이벤트 자체의 가치 관련 기준과 기업 내부기준을 구분할 때 기업 내부 기준에해당하는 것은?

① 매체노출 효과 ② 계절성
③ 대중의 선호도 ④ 스폰서십 참여 비용

068. **상품화 사업이나 라이센싱 사업에서 소비자와 기업에 미치는 브랜드효과에 관한 설명으로 틀린 것은?**

① 법적보호를 받을 수 있고 경쟁기업과 차별화할 수 있는 상표권을 설정할 수 있다.
② 유통채널이 판매 리스크를 줄이기 위해 적극적으로 취급하려고 한다.
③ 프로모션 의존도가 커질 수 있기 때문에 높은 마진의 실현이 어려울 수 있다.
④ 브랜드 정보에 의해 구매결정이 신속해질 수 있다.

069. **스포츠 제품의 특성이 아닌 것은?**

① 무형성과 주관성
② 비지속성과 비예측성
③ 비소멸성
④ 생산과 소비의 동시성

070. **다음 표의 가격과 품질전략에 관한 설명으로 옳은 것은?**

	저	중	고
고	1.특제품 전략	2. 고품질 전략	3. 초 특매 전략
중	4. 특매 전략	5. 평균 전략	6. 과대가격 전략
저	7. 절약 전략	8. 기만적 절약 전략	9. 사기 전략

① 1, 5, 9의 전략은 여러 가지 제품이 동일한 시장에서 공존할 수 있음을 나타내는 전략이다.
② 2, 3, 6의 전략은 시장에서 우위를 확보하기 위해 이득을 최대화하는 전략이다.
③ 4, 7, 8의 전략은 과다한 가격책정이나 지속적인 시장 점유가 가능한 전략이다.
④ 3, 5, 7의 전략은 최대의 수익을 위한 전략이다.

071. 공중관계 또는 홍보(public relations) 방법에 관한 설명으로 틀린 것은?

① 판매촉진: 판매를 촉진하기 위해 기업이 소비자들에게 직접 제품을 알리는 공중관계방법이다.
② 보도자료: 인쇄된 형태의 자료와 같은 기사거리를 만들어 각 언론사에 배포하는 형식의 공중관계 방법이다.
③ 로비활동: 의사결정 권한을 가지고 있는 사람과 관계를 맺거나 정보를 제공함으로써 영향력을 행사하는 방법이다.
④ 기사독점: 표적시장과 관련된 대중매체에 제한적으로 자료를 제공하는 방법이다.

072. 스포츠 이벤트에서 다음과 같이 경기를 개최하였을 때 홈팀의 입장권 수입은 얼마인가?(단, 주어진 조건만 고려한다.)

> 경기의 입장권 수익배분율은 홈팀 72%, 원정팀 28%이고 입장권 가격은 지정석 8,000원, 일반석 6,000원이다. 이 날 경기에 관중이 1만명(지정석, 5,000명, 일반석 5,000명) 입장했다.

① 30,800,000원 ② 45,800,000원
③ 50,400,000원 ④ 70,400,000원

073. 매스미디어와 스포츠의 관계에 대한 설명으로 틀린 것은?

① 스포츠경기의 경기시간 변경 등은 미디어의 방송 편성 스케줄에 적합하도록 변화되어 왔다.
② 매스미디어는 스포츠조직의 안정적 재원 조달의 기초가 되게 하였다.
③ 매스미디어는 선수들의 복장이나 용품 등에서 단순하게 디자인된 것에서 탈피하여 시청자나 관중의 눈에 보다 더 잘 띄도록 화려하게 제작하는데 큰 영향을 미쳤다.
④ 매스미디어는 스포츠의 상업화에 지대한 영향을 미쳤으나 대중화에는 큰 영향을 미치지 못했다.

074. 라이센싱은 스포츠조직 기업 간의 사업으로 많은 문제를 가져올 수 있는 사업이다. 라이센싱 사업의 잠재적 단점과 가장 거리가 먼 것은?

① 책임보험 문제
② 불법복제
③ 저작권 침해
④ 포장비용 문제

075. 마케팅 조사 시 확률표집방법이 아닌 것은?

① 할당표집
② 단순무작위표집
③ 군집표집
④ 층화표집

제 4과목: 스포츠시설론

076. 다음 표에서 가중치 이용법을 이용했을 때 스포츠시설의 입지 대안으로 가장 적합한 곳은?

입지요인	가중치	A입지	B입지	C입지	D입지
시설물지대	0.5	80	70	85	90
상권형성	0.3	70	80	85	85
유동 및 거주인구	0.1	90	70	60	55
교통환경	0.15	80	70	60	60
노동환경	0.1	60	75	75	70
지역사회 태도	0.1	50	70	50	80

① A입지　② B입지　③ C입지　④ D입지

077. 광고효과 측정 및 경기장 광고 가격 산정에 활용되는 NTIV(Net TV Impact Value)란 무엇인가?

① TV중계프로그램의 도달범위를 감안한 광고가치
② 시청률을 감안한 광고가치
③ 시청인구를 감안한 광고가치
④ TV노출을 광고료로 환산한 가치

078. 경기장 광고 형태 중 시설중심 광고가 아닌 것은?

① 전광판 광고
② A보드 광고
③ 경기 스태프 의복 광고
④ 경기장 바닥 광고

079. 체육시설의 설치 · 이용에 관한 법규상 체육시설업의 시설기준(공통기준) 중 필수시설이 아닌 것은?

① 수용인원에 적정한 주차장 및 화장실
② 적정한 환기시설
③ 수용인원에 적합한 관람석
④ 탈의실, 샤워실 및 급수시설

080. 스포츠 시설업의 사업상 특성과 가장 거리가 먼 것은?

① 초기 시설투자와 고정자산에 대한 의존성 및 고정비용이 높은 사업이다.
② 특정 서비스 산업이면서 사회교육적 기능을 갖는 사업이다.
③ 반복 구매력 및 고정고객 산출 기능이 유효한 편이다.
④ 종업원에 대한 의존성이 매우 낮다.

081. 다음 (　　) 안에 들어갈 알맞은 것은?

> 체육시설의 설치·이용에 관한 법령상 위반 행위의 횟수에 따른 과태료의 기준은 최근 (　　) 간 같은 행위로 과태료를 받은 경우에 적용한다.

① 6개월
② 1년
③ 1년 6개월
④ 3년

082. 야외 운동장에 사용하는 겨울철 잔디로 가장 적합한 것은?

① 버뮤다 잔디
② 조이시아 잔디
③ 세인트 오거스틴 잔디
④ 켄터키 블루그래스

083. 스포츠 센터의 판매촉진(SP) 수단과 가장 거리가 먼 것은?

① 오픈기념 입회비 할인
② 이벤트 개최
③ 무료이용기회 제공
④ 인적판매

084. 다음 중 위탁 경영의 장점이 아닌 것은?

① 사고발생시 책임소재가 명확하다.
② 전문가의 노하우로 운영될 수 있다.
③ 인건비, 유지관리비 등 비용절감이 가능하다.
④ 공휴일 등 개장시간의 탄력적인 운영이 가능하다.

085. 참가자 지향형 뉴스포츠에 대한 설명으로 틀린 것은?

① 새로 신설되는 국제 규칙에 의한 스포츠이다.
② 뉴스포츠는 수입형, 개량형, 개발형으로 구분할 수 있다.
③ 고령자의 참가가 용이하고 누구나 간단하고 쉽게 즐길 수 있도록 개발한다.
④ 관광 상품화가 가능하도록 하려는 목적으로 뉴스포츠 프로그램을 개발한다.

086. 다음 중 공공스포츠시설에 대한 일반적인 설명으로 틀린 것은?

① 일반대중의 이용도를 높이기 위해 이용자의 요구에 부응하는 시설이다.
② 공공성을 최대한 보장한다는 의미에서 일반 대중에게 위치선정, 사용시간 등에 있어 균등한 혜택을 부여한다.
③ 수익의 극대화에 우선순위를 둔 복합 스포츠문화 공간이다.
④ 사회구성원의 적극적이고 건전한 스포츠 활동을 장려하기 위해 일반 대중들을 대상으로 설치하는 시설을 의미한다.

087. 스포츠 프로그램 개발 원칙과 가장 거리가 먼 것은?

① 적절한 통제 수준
② 관찰과 기록 보존
③ 이용자의 개인차 인정
④ 통일성

088. 스포츠시설에서 높은 고객만족도 유지로 기대할 수 있는 효과와 가장 거리가 먼 것은?

① 가격의 탄력성을 가진다.
② 경쟁적 노력으로부터 기존 고객을 보호한다.
③ 미래 거래비용을 낮춘다.
④ 기존 고객의 충성도를 높인다.

089. 불평고객의 관리에서 제품, 점포, 상표, 제조업자에 대해서 재구매를 포기하는 것과 같은 고객 불평행동 유형은?

① 개인적 보이콧
② 불평
③ 보상추구
④ 사법적 행동

090. 체육시설의 설치 · 이용에 관한 법률상 체육지도자를 반드시 2명 이상 배치해야 하는 체육시설의 규모는?

① 요트 10척 규모의 요트장
② 조정 15척 규모의 조정장
③ 운동전용면적 350제곱미터 규모의 체력단련장
④ 수영장 바닥면적이 350제곱미터인 수영장

091. 체육시설의 설치 · 이용에 관한 법률상 체육시설업자는 체육 시설업을 등록 또는 신고한 날로부터 며칠 이내에 손해보험에 가입하여야 하는가?

① 5일 이내
② 7일 이내
③ 10일 이내
④ 15일 이내

092. 스포츠 센터 설계의 단계 중 평면계획에 해당하지 않는 것은?

① 건물의 외부환경과 위치, 크기 등의 계획
② 건물의 층수별 계획
③ 시설의 동선 계획
④ 시설의 화장실 위치, 설비 등의 계획

093. 스포츠시설의 입지 결정을 평가하는 방법 중 시설물의 규모와 시설물까지의 이동 거리의 관계로 최적 지역을 찾아내는 방법은?

① 가중치이용법 ② 중력모델법
③ 요인평가법 ④ 의사결정나무기법

094. 스포츠시설 프로그램 개발단계를 바르게 나열한 것은?

ㄱ. 욕구조사	ㄴ. 프로그램 실시
ㄷ. 프로그램 평가	ㄹ. 프로그램 계획

① ㄱ → ㄴ → ㄷ → ㄹ ② ㄱ → ㄹ → ㄴ → ㄷ
③ ㄹ → ㄱ → ㄴ → ㄷ ④ ㄹ → ㄱ → ㄷ → ㄴ

095. 체육시설의 설치 · 이용에 관한 법률상 등록 체육시설업에 해당하는 것은?

① 요트장업 ② 빙상장업
③ 골프장업 ④ 승마장업

096. 체육시설의 설치 · 이용에 관한 법규상 스키장업의 안전 · 위생기준으로 옳은 것은?

① 스키지도요원 및 스키구조요원을 배치하되, 스키지도요원은 슬로프면적 5만 제곱미터 당 1명 이상, 스키구조요원은 운영 중인 슬로프별로 1명 이상을 각각 배치하여야 한다.
② 각 리프트의 승 · 하차장에서는 2명 이상의 승 · 하차 보조요원을 배치하여야 한다.
③ 「의료법」에 따른 간호사 및 「응급의료에 관한 법률」에 따른 응급구조사를 각각 1명 이상 배치하여야 한다.
④ 스키장 시설이용에 관한 안전수칙을 이용자가 쉽게 알아볼 수 있도록 셋 이상의 장소에 게시하여야 한다.

097. 관람스포츠 소비자 행동 중 재관람 의사에 영향을 주는 요인과 가장 거리가 먼 것은?

① 경기장시설
② 팀 지지도
③ 관람비용
④ 사회공익성

098. 고객유치에 영향을 주는 요인 중 날씨, 업무시간과의 중복, 이동에 따른 교통편 등에 영향을 미치는 요인은?

① 동기요인
② 경쟁요인
③ 홍보요인
④ 상황요인

099. U-스타디움에 접목 가능한 IT기술 중 IC칩과 무선을 통해 식품, 동물, 사물 등 다양한 개체의 정보를 관리할 수 있는 차세대 인식 기술로서 판독 및 해독 기능을 하는 판독기와 정보를 제공하는 태그로 구성되어 있는 것은?

① RFID
② ad hoc network
③ 모바일
④ 센서 컴퓨팅

100. 다음 중 체육시설업 운영 시 고려할 사항과 가장 거리가 먼 것은?

① 대중이용의 효율성을 제공한다.
② 기본 이용시설에 대한 무료시설과 사용자 부담 유료시설을 운영한다.
③ 회원시설과 비회원시설을 통합하여 운영하는 것은 바람직하다.
④ 이용자를 세분화하여 형평성을 유지하고 차별화를 시도한다.

2016년 스포츠경영관리사(1차)답안

번호	답	번호	답	번호	답	번호	답
001	4	026	2	051	4	076	4
002	1	027	2	052	4	077	4
003	2	028	4	053	2	078	3
004	4	029	4	054	1	079	3
005	2	030	1	055	3	080	4
006	4	031	1	056	1	081	2
007	1	032	1	057	2	082	4
008	4	033	3	058	3	083	4
009	4	034	4	059	3	084	1
010	3	035	4	060	3	085	1
011	3	036	1	061	4	086	3
012	2	037	3	062	1	087	4
013	2	038	4	063	4	088	1
014	4	039	2	064	4	089	1
015	4	040	3	065	2	090	3
016	1	041	3	066	3	091	3
017	1	042	2	067	4	092	1
018	3	043	2	068	3	093	2
019	4	044	1	069	3	094	2
020	3	045	2	070	1	095	3
021	3	046	4	071	1	096	4
022	4	047	3	072	3	097	4
023	2	048	1	073	4	098	4
024	4	049	2	074	1	099	1
025	1	050	3	075	1	100	3

2017년(2회) 기출문제

제 1과목: 스포츠산업론

001. 스포츠제품의 특성과 가장 거리가 먼 것은?

① 외적인 환경과 개개인의 내적인 상황에 따라 주관적으로 경험한다.
② 사회적 이질성의 표현 수단으로 스포츠가 이용된다.
③ 국위선양과 국가우월성 소구의 기회를 제공한다.
④ 관람스포츠제품은 승부 결과에 대한 예측이 어렵다.

002. 스포츠산업의 역기능과 가장 거리가 먼 것은?

① 스포츠의 정치도구화
② 스포츠의 사회 정화적 기능
③ 스포츠의 상업도구화
④ 스포츠를 이용한 부정 축제

003. 스포츠제품과 스포츠소비자의 특성에 대한 설명으로 가장 거리가 먼 것은?

① 스포츠 제품은 소비재인 동시에 산업재로서, 그 형태나 내용이 동일하더라도 사는 사람과 용도에 따라 소비재 혹은 산업재로 분류된다.
② 프로야구나 수영강습과 같은 스포츠 프로그램이나 서비스는 스포츠 제품에 포함되지 않는다.
③ 스포츠서비스는 대부분 집단적으로 소비되며 소비자 만족은 사회적 촉진에 영향을 받는다.
④ 스포츠소비자의 구매동기와 행동은 외부영향을 받는다.

004. 관람스포츠의 수요변화에 대한 설명과 가장 거리가 먼 것은?

① 스포츠관람 대체재의 증가는 관람스포츠 수요를 감소시킬 수 있다.
② 관람소비자 소득 수준의 향상은 수요를 증가시킬 수 있다.
③ 여가시간의 증가는 관람스포츠 수요변화와 무관하다.
④ 온라인 게임 산업의 성장은 관람수요의 감소를 불러올 수 있다.

005. 스포츠산업과 미디어산업은 서로의 부가가치를 상승시키는 동반자관계로 발전하고 있다. 미디어 영향으로 변화된 스포츠 환경과 가장 거리가 먼 것은?

① 스포츠시청자의 편의와 흥미유발을 위해 유니폼 색상의 다양화를 도입했다.
② 방송사의 스포츠시청률 하락방지를 위해 프로스포츠 단체들을 자체리그의 총 경기수를 감소했다.
③ 미디어의 광고효과 및 광고수익 증대를 위해 경기 중 광고 시간을 확대할 수 있도록 일부 종목의 경우 경기룰을 변경하였다.
④ 중요 방송 스폰서들의 황금시간대 중계방송을 지원하기 위해 빅 이벤트와 인기 프로스포츠 등의 주요경기 일정이 특정 시간대에 편성되었다.

006. 스포츠 제품에 대한 설명으로 틀린 것은?

① 스포츠 제품은 유형의 재화와 무형의 서비스뿐만 아니라 아이디어, 사람 등도 포함된다.
② 특정 제품을 구매하는 고객은 제품 자체만을 구매하는 것이 아니라 그 제품이 제공하는 기본적 욕구 충족 또는 혜택을 구매하는 것이다.
③ 스포츠 제품 중 서비스의 특성을 지니는 경우 품질이 예측 가능하고 일관성을 지닌다.
④ 스포츠 제품이란 경기력 뿐 아니라 경기장 시설, 팬서비스 등 확장제품을 포함한다.

007. 관람스포츠 소비자의 관람(구매)의사결정과정에 관한 설명으로 틀린 것은?

① 각 구단 홈페이지를 검색하는 것은 정보탐색과정으로 볼 수 있다.
② 경기관람 후 다음시즌의 시즌티켓을 미리 구매하는 것은 구매 후 행동을 볼 수 있다.
③ 프로농구와 프로배구의 입장권가격을 비교하는 것은 대체안의 평가이다.
④ 신문 TV방송프로그램 면에서 중계방송시간을 검색하는 것은 구매 행동에 해당하지 않는다.

008. 스포츠산업의 현황과 미래 트렌드에 관한 설명으로 틀린 것은?

① 한국 사회의 낮은 출산율은 스포츠산업의 성장에 장애요인으로 작용할 것이다.
② 여가활동 기호의 변화는 새로운 스포츠의 등장에 영향을 미칠 것이다.
③ 한국 영화산업의 성장은 관람스포츠산업에 영향을 미치지 않는다.
④ IT산업과의 결합으로 스포츠산업의 수익 모델 또한 새롭게 개발될 것으로 예상된다.

009. 다음 중 스포츠 제품을 가공된 형태로 구매하는 비용지불의 형태는?

① 입장료　② 타이틀스폰서 비용
③ 중계료　④ 시청료

010. 스포츠이벤트에서 파생되는 각종 권리와 소유주체에 관한 일반적인 설명으로 틀린 것은?

① 매점사업, 주최사업 등을 포함한 경기장사업의 권리는 시설소유자와 이벤트 주최 측이 공동으로 행사하는 것이 일반적이다.
② 프로리그의 선수 유니폼 광고 권리는 선수가 행사한다.
③ 경기장 명칭사용권은 자치단체와 입주구단이 공동으로 행사할 수 있다.
④ 스포츠이벤트의 방송중계권은 구단이나 연맹이 행사한다.

011. 다음 중 프로구단의 입장권 유통경로의 성격이 다른 하나는?

① 경기장 매표소 판매
② 구단 홈페이지를 통한 온라인 판매
③ 시즌티켓의 우편 판매
④ 온라인 티켓 판매 대행사를 통한 판매

012. 스포츠제품의 생산비용과 가장거리가 먼 것은?

① 팀 유지비용
② 경기용품 비용
③ 시설관련 비용
④ 프로모션 비용

013. 스포츠산업의 활성화 방안으로 옳지 않은 것은?

① 스포츠산업의 내수기반 강화
② 스포츠산업의 관광화 유도
③ 스포츠산업과 전략사업의 연계 육성
④ 스포츠산업 관련 법적 · 제도적 규제책 마련

014. 한국표준산업분류에서 '기타 스포츠시설 운영법(9113)'에 해당하지 않는 것은?

① 종합 스포츠시설 운영업
② 스포츠클럽 운영업
③ 볼링장 운영업
④ 당구장 운영업

015. 스포츠용품 인증제도의 기대효과가 아닌 것은?

① 해외 브랜드의 선호도 향상
② 국제경쟁력 강화
③ 수입상대국의 수입제한 장벽 극복
④ 품질과 기능의 향상

016. 스포츠산업의 진흥법령상 스포츠산업 전문 인력 달성기관에 전부 또는 일부를 보조할 수 있는 경비에 해당하지 않는 것은?

① 전문 인력 양성교육 프로그램 운영에 필요한 비용
② 전문 인력 양성교육에 대한 조사 · 연구비용
③ 교육 자료의 개발 및 보급에 필요한 비용
④ 교육장소 매입비 및 장비 구입비

017. 다음을 설명할 수 있는 것은?

> '메르세데스-벤츠'가 촉진전략의 일환으로 2015 마스터스 대회의 공식 스폰서로 참여하여 대대적인 촉진활동을 할지라도 이러한 노력의 결과로 소비자들이 메르세데스-벤츠 자동차를 구매했다고 단정지을 수는 없다. 왜냐하면 고가의 자동차를 구매하는 소비자가 구매의사결정을 하기까지 고려하는 많은 요인들은 상호 복합적으로 작용하기 때문이다.

① 블랙박스 이론
② 적소마케팅
③ 매복마케팅
④ TOP프로그램

018. 다음 ( )에 알맞은 것은?

> 스포츠 선수의 자유로운 이적을 제한하는 제도의 문제점을 밝혀주는 보스만 판결은( )를(을) 인정한 대표적인 사례이다.

① 직업선택의 자유
② 트레이드의 자유
③ 계약의 자유
④ 샐러리 캡

019. 스포츠산업 진흥법령상 스포츠산업진흥시설에 대한 설명으로 틀린 것은?

① 문화체육관광부장관은 스포츠산업진흥시설을 지정하는 경우 시설 운영에 필요한 자금을 제외하고 시설 설치 및 보수 등에 필요한 자금의 전부 또는 일부를 지원할 수 있다.
② 문화체육관광부장관은 프로스포츠의 육성을 위하여 필요하다고 인정하는 경우 지방자치단체의 장과 협의하여 해당 지방자치단체 내의 프로스포츠단 연고 경기장을 스포츠 산업진흥 시설로 우선 지정할 수 있다.
③ 문화체육관광부장관은 스포츠산업진흥시설의 지정을 해제하려면 미리 해당 지방자치단체의 장의 의견을 들어야 한다.
④ 문화체육관광부장관은 스포츠산업진흥시설을 지정한 경우 문화체육관광부 인터넷 홈페이지에 그 사실을 공고하여야 한다.

020. 스포츠산업 진흥법상 스포츠산업지원센터로 지정받을 수 없는 기관은?

① 국공립 연구기관
② 「초 · 중등교육법」에 따른 고등학교 또는 고등기술학교
③ 서울올림픽기념 국민체육진흥공단
④ 「특정연구기관 육성법」에 따른 특정연구기관

021. 스포츠미디어 트렌드 변화의 요인과 가장 거리가 먼 것은?

① 상업화
② 세계화
③ 단일화
④ 융합화

022. 참여스포츠의 수요에 영향을 미치는 요인에 대한 설명으로 틀린 것은?

① 참여스포츠는 비경쟁시장, 관람스포츠는 경쟁시장에 가깝다.
② 강습비 등의 가격은 참여스포츠 수요에 영향을 미친다.
③ 국민소득은 참여스포츠의 수요에 영향을 미친다.
④ 연관 상품의 가격은 참여스포츠의 수요에 영향을 미친다.

023. 스포츠조직의 재원을 확보하기 위한 좌석 라이센스(PSL)에 관한 설명으로 옳은 것은?

① 경기장건설 사업체가 좌석 사업권을 취득하기 위해 부담하는 비용이다.
② 개인이나 사업체가 좌석에 이름을 각인하는 대가로 부담하는 비용이다.
③ 특정좌석의 시즌티켓을 구매할 수 있는 권리를 취득하는 대가로 지불하는 비용이다.
④ 경기장의 모든 좌석을 구매할 때 할인을 받을 수 있는 권리를 취득하는 대가로 지불하는 비용이다.

024. 스포츠이벤트의 주요 소비그룹인 기업이 스포츠스폰서십을 구매하는 동기와 가장 거리가 먼 것은?

① 기업의 인지도 향상
② 지방자치단체와의 유대관계 구축
③ 매출기회 및 제품사용 기회 확보
④ 스포츠이벤트 이미지를 기업제품에 투영

025. 스포츠경기를 생산하기 위해 필요한 요소와 예가 틀리게 짝지어진 것은?

① 노동 - 선수, 심판
② 중간재 - 방송중계
③ 자본재 - 경기시설
④ 생산주체- 구단, 연맹

제 2과목: 스포츠경영론

026. 파라슈라만(Parasuraman) 등이 제시한 서비스 품질의 차원 중 확신성에 해당하는 것은?

① 종업원의 능력
② 최신시설
③ 약속시간 엄수
④ 접근용이성

027. 벤치마킹(benchmarking)에 관한 설명으로 틀린 것은?

① 최고경영자를 비롯한 모든 구성원들이 적극적으로 참여해야 한다.
② 경영의 어떤 특정 부문에서 높은 성과를 올리고 있는 다른 회사를 분석한 후 자사에 적응하여 성과를 올리려는 노력이다.
③ 특정제품의 품질, 고객서비스, 생산과정, 인사 및 교육 등 모든 내용을 벤치마킹의 대상으로 삼을 수 있다.
④ 벤치마킹은 타사의 성공사례를 도입하는 것이므로 구성원 모두가 벤치마킹 대상조직의 모든 경영기법을 그대로 적용하기 위해 노력해야 한다.

028. 스포츠 경영환경을 분석하는 SWOT 분석에 대한 설명으로 가장 거리가 먼 것은?

① SWOT 분석은 S와 W는 기업의 내부 강정과 약점요인을 의미한다.
② SWOT 분석의 O와 T는 기업의 외부 환경에 대한 기회와 위협요인을 의미한다.
③ SWOT 분석의 WO전략은 기업 내부 약점을 극복하고 기회를 활용하는 시장선도 전략이다.
④ SWOT 분석의 ST전략은 외부환경 위협을 회피하기 위해 기업의 강점을 활용하는 다각화 전략이다.

029. 스포츠조직의 효율적인 경영활동을 위해 해당 스포츠 기업이 사업부별 환경을 분석하여 기업의 시장 성장률 및 상대적 점유율을 고려해야 하는 전략은 무엇인가?

① 환경분석 전략
② 포트폴리오 전략
③ 시장개발 전략
④ 차별화 전략

030. 스포츠산업에서 제조업과 비교한 서비스업의 설명으로 옳은 것은?

① 서비스제공과정에서 고객과의 접촉 정도는 제조업에 비해 상대적으로 적다.
② 서비스제공과정에서의 생산성 측정은 제조업에 비해 상대적으로 용이하다.
③ 서비스창출과정은 고객의 소비와 동시에 일어나는 경우가 제조업보다 많다.
④ 서비스업에서의 품질측정은 제조업에서의 품질측정보다 객관적으로 이루어질 수 있다.

031. 패욜(Fayol)이 제시한 조직의 일반적인 경영관리 과정이 바르게 나열된 것은?

① 계획 → 조직 → 지휘 → 조정 → 통제
② 조직 → 계획 → 조정 → 통제 → 지휘
③ 지휘 → 계획 → 조직 → 통제 → 조정
④ 조정 → 통제 → 조직 → 계획 → 지휘

032. 성장 벡터에 의한 성장전략의 유형 중 시장침투 전략에 대한 설명으로 틀린 것은?

① 시장 점유율을 증대시키는 전략으로 자사제품의 소비자로 하여금 더 많이 사용하도록 하는 전략이다.

② 경쟁제품 사용자로 하여금 자사제품을 사용하도록 하는 전략이다.

③ 새로운 시장을 개발하는 전략으로 잠재고객을 발굴하여 기존 제품으로 욕구를 충족하는 전략이다.

④ 아직 사용하지 않는 사람들이 제품을 사용하도록 하는 전략이다.

033. 스포츠조직에 포터(Porter)가 제시한 가치사슬개념을 적용할 경우 지원활동에 해당되는 것은?

① 선수단 전력보강 사업
② 경기장사업 관리
③ 시즌티켓 판매사업
④ 재무관리

034. 스포츠 인적자원관리의 내용에 해당하지 않는 것은?

① 조직설계
② 선발과 채용
③ 훈련과 개발
④ 인원교체와 이직관리

035. 스포츠 기업의 전략 수준에 대한 설명으로 틀린 것은?

① 기업전략이란 기업의 사명을 정의하고, 사업수준과 기능수준에 제시되는 제안들을 검토하여 관련 사업과의 연계성을 발견하는 과정이다.

② 사업부 전략은 개별산업단위의 목표를 달성하기 위해 사업의 장기적 경쟁우위를 구축하는 과정이다.

③ 기능별 전략은 사업부전략을 실행하기 쉽도록 각 기능 조직단위로 실행할 전략을 규정하고 구체화하는 것을 의미한다.

④ 사업부 전략의 종류는 인사, R&D, 재무관리, 생산, 마케팅 부문이며, 이들은 조직에서 제품기획, 영업활동, 자금조달 등 세부적인 수행방법을 결정한다.

036. 직무분석에 관한 설명으로 옳은 것은?

① 직무 간의 상대적 가치를 체계적으로 결정하는 것이다.
② 직무를 기준으로 개인의 능력을 평가하는 것이다.
③ 조직이 요구하는 특정 직무의 내용과 요건을 정리·분석하는 것이다.
④ 동일하거나 유사한 성격을 가진 직무를 묶어 분류하는 것이다.

037. A스포츠센터의 총 자산은 15억이며, 이중 유동자산 합계가 5억 원, 고정자산 합계가 10억 원이다. 유동부채합계가 5억 원, 고정부채 합계가 5억 원일 때 자본총계는?

① 5억
② 10억
③ 15억
④ 20억

038. 스포츠 이벤트 기획서 작성 시 상황을 분석하여 해결해야 할 업무 또는 과제를 발견하여, 과제와 목적, 콘셉트를 설정하는 단계는?

① 도입 단계
② 실행계획 수립 단계
③ 실시 단계
④ 평가 단계

039. 스포츠조직이 자본을 조달하는 방법에서 직접금융을 통한 자본조달 방법이 아닌 것은?

① 골프장 및 스포츠센터 운영자들이 연회비나 평생회비 등을 통해 재원을 확보하였다.
② 스포츠구단이나 협회가 스폰서십을 통해 자본을 조달하였다.
③ 특정 스포츠조직이 전자어음을 발행하여 자금을 조달하였다.
④ 스포츠 용품업체가 회사채를 발행하여 자금을 조달하였다.

040. 다음 중 조직설계에 대한 설명으로 틀린 것은?

① 조직설계란 기업의 목표달성을 위해 자원을 최적으로 활용할 수 있는 구조를 창출하는 과정이다.
② 조직설계를 할 때 종업원의 특성을 고려할 필요는 없다.
③ 현대 기업 환경에서는 유기적 조직구조를 갖추는 것이 필요하다.
④ 조직규모가 큰 대기업의 경우는 일반적으로 기계적 조직구조의 특징을 가진다.

041. 변혁적 리더십에 대한 설명으로 틀린 것은?

① 주어진 목표의 중용성과 의미에 대한 구성원의 인식수준을 제고시킨다.
② 구성원 개인의 이익을 초월하여 보다 거시적 관점에서 조직 변화를 추구한다.
③ 카리스마적 리더십, 영감적 리더십 등으로 불리기도 한다.
④ 현재의 성과를 유지시키는 안정 지향적인 특성을 가진다.

042. 다음 (　　)에 알맞은 것은?

$$재고자산회전율 = \frac{(\qquad)}{재고자산}$$

① 매출액　　② 당기순이익
③ 총자산　　④ 유동부채

043. 동기부여 이론 중 허츠버그(Herzberg) 2요인에 대한 설명으로 틀린 것은?

① 동기부여는 동기요인과 위생요인의 2가지로 구분한다.
② 위생요인은 동기유발 정도가 동기요인에 비해 상대적으로 낮은 요인으로 인간관계 등이 포함된다.
③ 위생요인은 불만족에 영향을 미치는 반면, 동기 요인은 직무만족에 영향을 미치는 요인이다.
④ 동기요인은 동기를 적극적으로 부여하는 작업환경, 급여 등을 의미한다.

044. 스포츠마케팅 대행사의 역할과 가장 거리가 먼 것은?

① 스포츠단체와 스폰서의 조사 및 평가 대행
② 스포츠이벤트 중계권 판매 및 협상 대행
③ 프로스포츠 리그의 시즌 경기일정 수립 대행
④ 기업의 스포츠 스폰서십 프로그램 대행

045. 스포츠 조직의 일반적인 투자결정과정에 대한 설명으로 틀린 것은?

① 투자할 대상을 탐색하여 새로운 투자기회를 발견하고자 노력한다.
② 선별한 각 투자대상으로부터 추정된 현금을 확보한다.
③ 추정된 현금흐름을 기초로 투자안의 경제적 타당성을 평가한다.
④ 결정된 투자 안에 투자를 한 후, 그 투자 안에 대한 재평가를 수행한다.

046. A축구구단의 총자본이 800억 원이고 당기순이익이 400억 원이라면 이 구단의 총자본순이익률(ROI)은?

① 4%　　② 5%
③ 40%　　④ 50%

047. 스포츠 이벤트의 특성과 가장 거리가 먼 것은?

① 현장성
② 체험성
③ 분리성
④ 통합성

048. 투자안의 경제성 평가기법 중 순현재가치법의 특징을 모두 고른 것은?

ㄱ. 현금흐름이 아닌 회계적 이익이 고려되어야 한다.
ㄴ. 적절한 할인율을 사용하여 화폐의 시간적 가치를 반영한다.
ㄷ. 가치의 가산원칙이 적용된다.

① ㄱ, ㄴ
② ㄱ, ㄷ
③ ㄴ, ㄷ
④ ㄱ, ㄴ, ㄷ

049. 연봉 총상한제(salary cap)에 관한 설명과 가장 거리가 먼 것은?

① 재정이 풍부한 구단의 무분별한 스카우트를 억제하는 제도이다.
② 자질이 있는 선수를 확보하기 위해 장기간의 보유권 획득에 상응하는 거액의 계약금을 지급하는 제도이다.
③ 경제력이 약한 구단의 재정난을 보완해주기 위한 제도이다.
④ 특정구단 소속선수 연봉의 합계가 일정액을 초과하지 못하게 하는 제도이다.

050. 도착률과 서비스율은 포아송 분포, 도착간격과 서비스 시간은 지수분포를 이룬다는 가정 하에 A 수영장의 어느 샤워부스에 시간당 평균 고객 수는 12명이고, 이 샤워부스의 시간당 평균 서비스 처리능력은 16명이다. 고객이 샤워부스에 도착하여 샤워를 하고 떠날 때까지의 평균 소요 시간은?

① 15분　② 20분
③ 25분　④ 30분

제 3과목: 스포츠마케팅론

051. 스포츠이벤트의 입장권 가격을 2000원에서 3000원으로 인상할 경우, 관람자 수가 4000명에서 3000명으로 감소한다면 수요의 가격탄력성은?

① 탄력적이다.
② 단위탄력적이다.
③ 비탄력적이다.
④ 알 수 없다.

052. 다음 (　　　)에 알맞은 것은?

> 스포츠 소비자가 구매한 제품에 대해 확신이 없거나 불만을 갖게 되어 생기는 심리적 갈등상태를 (　　　　)(이)라고 한다.

① 인지 부조화
② 재구매 의사 보류
③ 소비자 불매운동
④ 심리적 혼돈 상태

053. 다음 중 축구구단과 유니폼 광고가 틀리게 짝지어진 것은?

① 맨체스터 유나이티드 - CHEVROLET
② FC 바르셀로나 - NIKE
③ 첼시 FC - YOKOHAMA TYRES
④ 레알마드리드 - Fly Emirates

054. 팀이나 구단의 스포츠 브랜드 고급화 전략의 요소를 모두 고른 것은?

ㄱ. 스포츠 팀의 이름
ㄴ. 선수나 팀의 복장
ㄷ. 구단의 자선사업
ㄹ. 구단의 웹사이트

① ㄱ
② ㄱ, ㄷ, ㄹ
③ ㄴ, ㄹ
④ ㄱ, ㄴ, ㄷ, ㄹ

055. 스포츠스타 또는 스포츠이벤트를 이용한 광고의 가치에 관한 설명으로 틀린 것은?

① 스포츠에 대한 대중들의 관심으로 가치 있는 스포츠이벤트나 선수를 광고에 이용할 경우 많은 매체노출을 기대할 수 있다.
② 불특정 다수에 대한 일방적이고 무차별적인 커뮤니케이션 도구인 일반 광고에 비해 비용효과성이 낮다는 한계를 지닌다.
③ 스포츠가 가진 긍정적인 이미지를 기업이나 제품 이미지에 투영시켜 전달할 수 있다.
④ 커뮤니케이션 수단으로 자사 제품을 효과적으로 알릴 수 있다.

056. 다음 중 스포츠마케팅의 특성에 관한 설명으로 가장 적합한 것은?

① 스포츠마케팅은 대규모 스포츠 이벤트를 하는 기업에게만 필요하다.
② 스포츠마케팅은 스포츠소비자들의 욕구충족을 그 목적으로 한다.
③ 스포츠마케팅은 스포츠상품의 생산과 동시에 시작한다.
④ 스포츠마케팅은 광고활동만 하는 특별활동이다.

057. 스포츠마케팅 정보를 관리할 때 대상정보의 명확성을 확보하기 위한 방법으로 틀린 것은?

① 대상정보의 계층화
② 대상정보의 보안성 강화
③ 대상정보의 우선순위 선정
④ 정보의 종류에 따른 입력항목 구분

058. 스포츠단체가 스폰서프로그램을 잠재적 스폰서에게 판매하기 위한 흥미유발방법과 가장 거리가 먼 것은?

① 스포츠이벤트에 대해 관심을 가지고 있는 매체의 목적을 제시한다.
② 제품 영역별로 한 기업에만 권리를 부여하여 독점성을 높여준다.
③ 대회의 로고와 마스코트 등의 사용에 대한 제약을 해제한다.
④ 관련법적 요건을 준수하고 독립성을 보장하며, 정당한 이익을 제공하는 등 철저한 계약이행을 약속한다.

059. 다음 사례에서 측정의 수준은?

ㄱ. 축구선수에게 현재 가지고 있는 축구화 수에 대한 1)적음, 2)적당함, 3)많은 이라는 세 가지 응답범주로 답하도록 하였다.
ㄴ. A대학 축구동아리 회원에게 그들의 실제 축구화 수를 적도록 하였다. 축구화가 없는 경우 축구화 수를 0으로 처리한다.

① ㄱ: 명목측정 ㄴ:서열측정
② ㄱ: 서열측정 ㄴ:비율측정
③ ㄱ: 등간측정 ㄴ:비율측정
④ ㄱ: 서열측정 ㄴ:등간측정

060. 스포츠시장을 세분화 할 때 활용되는 인구통계학적 변수가 아닌 것은?

① 나이
② 성별
③ 인종
④ 인구밀도

061. 스포츠마케팅 조사내용에 해당하는 것을 모두 고른 것은?

> ㄱ. 시장의 잠재력 측정
> ㄴ. 시장의 수요 예측
> ㄷ. 광고의 효과평가
> ㄹ. 가격변화의 효과평가
> ㅁ. 소비자의 욕구파악

① ㄱ, ㄴ
② ㄴ, ㄷ, ㄹ, ㅁ
③ ㄱ, ㄷ, ㄹ, ㅁ
④ ㄱ, ㄴ, ㄷ, ㄹ, ㅁ

062. 다음 스포츠제품의 수명주기의 특징에 해당하는 단계는?

> • 매출성장률이 둔화되는 시기이다.
> • 성장형, 안정형, 쇠퇴형으로 세분할 수 있다.
> • 가격할인 등의 촉진 전략이 필요하다.

① 도입기
② 성장기
③ 성숙기
④ 쇠퇴기

063. 다음 중 A스포츠기업의 마케팅 담당자가 마케팅 전략 수입을 위한 조사과정에서 수입하는 1차 자료 유형에 해당하는 것은?

① 통계청의 연령별 인구분포 자료
② 조사자의 전화 인터뷰 자료
③ 한국체육학회지 연구논문
④ 신문경제면의 소비자 트렌드 변화 심층기사

064. 기업이 스폰서십 참여로 얻을 수 있는 효과와 가장 거리가 먼 것은?

① 경기력 향상
② 고객관계 개선
③ 광고를 통한 브랜드 가치
④ 브랜드 인지도 향상

065. 스포츠 마케터가 브랜드 명을 선정할 때의 고려사항과 가장 거리가 먼 것은?

① 독특하고 긍정적 관련성을 가지고 기억하기 쉬워야 한다.
② 로고와는 독립적인 이미지를 구축하여 브랜드명의 빠른 확장을 도모할 수 있어야 한다.
③ 스포츠 상품이 전달해주는 편익을 암시할 수 있어야 한다.
④ 법적으로나 윤리적으로 용인 가능한 것이어야 한다.

066. 뉴스가치가 있는 사항을 무료 형식으로 TV나 신문 등의 매체 측의 계획 하에 소개하면서 자연스럽게 기업이미지나 상품을 알리는 효과를 얻는 홍보의 수단은?

① 퍼블리시티
② 스폰서십
③ PPL
④ PSL

067. 스포츠 라이센싱 사업의 목적과 가장 거리가 먼 것은?

① 재정의 안정적 확보
② 구단 및 기업 브랜드 이미지 제고
③ 팀 구조 개선을 위한 승리구축 기회 제공
④ 경쟁기업과 차별화 된 마케팅활용 기회 제공

068. 다음 중 미디어가 스포츠에 미치는 영향과 가장 거리가 먼 것은?

① 스포츠 규칙을 변화시킨다.
② 경기나 대회의 일정을 변경시킨다.
③ 스포츠의 과학화로 경기력을 향상시킨다.
④ 스포츠 각 협회나 연맹 간의 커뮤니케이션을 활성화시킨다.

069. 스포츠단체가 라이센싱을 선정하기 위해 파악해야 하는 일반적인 내용과 가장 거리가 먼 것은?

① 스포츠라이센싱 참여 경험
② 연간 매출액
③ 대중무역흑자 규모
④ 대표자의 지명도 및 성향

070. 라이센서인 스포츠단체가 라이센싱 프로그램을 통해서 기대할 수 있는 효과와 가장 거리가 먼 것은?

① 방송 중계시간의 확대
② 라이센싱 수수료 수입의 증대
③ 새로운 제품 영역 확장 및 관련 상품 판매 증진을 통한 부가가치 창출
④ 기업과의 우호적 관계 형성을 통한 스포츠 이벤트에 대한 관심 유도

071. 세계 1위인 '양궁' 제조기업이 탄성도 높은 첨단 소재기술로 '자전거'를 제조하여 출시하면서 새로운 브랜드 전략을 활용하려고 한다면 그 이유와 가장 거리가 먼 것은?

① 제품과 조화를 이루지 못하는 브랜드 연상 이미지를 피할 수 있다.
② 신제품을 통해 기존시장 영역을 획기적으로 돌파할 수 있다.
③ 기능상의 편익을 강력한 브랜드 명에 활용할 수 있다.
④ 단일 시장에서 강력한 브랜드 인지도를 가질 수 있다.

072. 2002년 축구 국가대표선수단을 응답자로 선정하고, 2010년 이후 매년 국가대표팀의 경기전력에 대해 반복 조사하는 조사방법론은?

① 패널조사
② 인서트조사
③ 콜인조사
④ 출구조사

073. A기업과 B프로야구단이 관객용 응원용품에 대한 라이센싱 계약을 하려고 한다. 법률적으로 보호받기 위해 필요한 일반적 계약조항들과 가장 거리가 먼 것은?

① A기업의 사업영역과 독점권에 관한 권리, 양도 가능성
② A기업이 제조한 응원용품에 대한 품질관리와 품질인증 절차
③ 한국야구위원회(KBO)의 응원용품 라이센싱에 대한 권리
④ 소비자 및 제3자에 대한 책임보험과 손해배상

074. 앰부시 마케팅의 예방을 위한 방법과 가장 거리가 먼 것은?

① 최소한의 홍보를 통한 소비자들의 혼란방지
② 주최 측과의 연계를 통한 사전 봉쇄
③ 소비자 인지능력 향상을 위한 노력
④ 스폰서의 권리 명확화

075. 프로스포츠관중 지출조사를 위하여 최초의 표본단위만을 무작위로 추출하고 나머지는 일정한 간격을 유지하며 추출하는 방법은?

① 층화표집
② 체계적 표집
③ 할당표집
④ 단순무작위표집

제 4과목: 스포츠시설론

076. 다음 중 공설 운동장 공간이용의 시설 · 이용 특성의 효율화 기본방향과 가장 거리가 먼 것은?

① 다양한 공간적 기능성 모색
② 시설의 이용가능시간과 이용영역 확대
③ 유휴 또는 저이용 공간의 활용성 확대 · 증진
④ 지역별 양적 동일성 및 서비스의 질적 형평성 제고

077. 체육시설의 설치 · 이용에 관한 법령상 스포츠시설업자의 보험 가입에 대한 설명으로 틀린 것은?

① 체육시설업자는 체육시설업을 등록 또는 신고한 날부터 10일 이내에 손해보험에 가입하여야 한다.
② 체육도장업 골프연습장업 등 소규모 체육시설업자는 보험가입의무가 면제된다.
③ 체육시설업자가 손해보험에 가입할 때는 단체로 할 수 있다.
④ 신고체육시설업자는 손해보험에 가입한 사실을 증명하는 서류를 시 · 도지사에게 제출하여야 한다.

078. 관람스포츠의 분류형태와 가장 거리가 먼 것은?

① 프로스포츠
② 전국체전
③ 직장체육대회
④ 경마

079. 체육시설의 설치 · 이용에 관한 법령상 안전시설로 응급실을 갖추지 아니할 수 있는 체육시설업은?

① 스키장업
② 수영장업
③ 골프장업
④ 자동차 경주장업

080. 체육시설의 설치 · 이용에 관한 법령상 종합체육시설업에 대한 설명으로 옳은 것은?

① 두 종류 이상의 단위체육시설을 같은 사람이 한 장소에 설치하여 하나의 단위체육시설로 경영하는 업
② 3종류 이상의 단위체육시설을 같은 사람이 한 장소에 설치하여 하나의 단위체육시설로 경영하는 업
③ 신고 체육시설업의 시설 중 실내수영장을 포함한 두 종류 이상의 체육시설을 같은 사람이 한 장소에 설치하여 하나의 단위체육시설로 경영하는 업
④ 트랙을 포함한 두 종류이상의 단위체육시설을 같은 사람이 한 장소에 설치하여 하나의 단위체육시설로 경영하는 업

081. 다음 중 스포츠 시설에서 이용자에게 제공하는 서비스와 가장 거리가 먼 것은?

① 경영컨설팅 서비스
② 개인보관함 제공 서비스
③ 지도 서비스
④ 프로그램 서비스

082. 스포츠이벤트 유치 시 유의사항에 속하지 않는 것은?

① 계획의 적합성
② 재무적 건전성
③ 사회적 공감성
④ 유치지역의 정치적 우위성

083. 다음 중 유산소운동 기구와 가장 거리가 먼 것은?

① 트레드밀
② 일립티컬 머신
③ 스테어 클라이머
④ 플레이트 로디드 머신

084. 스포츠 또는 체육 시설에 관한설명으로 가장 거리가 먼 것은?

① 스포츠시설공간은 각종 스포츠프로그램을 효율적으로 운영하기 위한 필수요건이다.
② 스포츠시설공간은 스포츠를 생활화하도록 하는 동기유발의 기능을 담당한다.
③ 스포츠시설은 중요한 사회간접자본이자 경제적 생산요소로서의 가치를 지니고 있다.
④ 스포츠시설의 광의의 개념으로는 운동학습을 위한 각종 장소로 규정한다.

085. 다음 ( )에 들어갈 말로 옳은 것은?

> 직장체육시설은 직장인의 건강 및 체력을 증진시키기 위해 체육 활동에 필요한 체육시설로, 체육시설의 설치·이용에 관한 법령상 근로자 (ㄱ)명 이상이 상시 근무하는 직장에서는 원칙적으로 (ㄴ)종류 이상의 체육시설을 설치·운영하여야 한다.

① ㄱ: 300, ㄴ: 1
② ㄱ: 300, ㄴ: 2
③ ㄱ: 500, ㄴ: 1
④ ㄱ: 500, ㄴ: 2

086. 경기장 광고효과 및 경기장 광고 가격 산정에 활용되는 NTIV(National Television Impression Value)란 무엇인가?

① TV 시청률의 감안한 광고가치
② TV 시청인구 수를 감안한 광고가치
③ TV 노출을 광고효과로 환산한 가치
④ TV 중계프로그램의 도달범위를 감안한 광고가치

087. 회원제 스포츠센터의 입지 선정 시 고려해야 할 사항과 가장 거리가 먼 것은?

① 소비자의 수유
② 경쟁자의 위치
③ 소비자의 접근성
④ 스포츠용품 제조사의 위치

088. 체육시설의 설치 · 이용에 관한 법령상 자동차 경주장업의 안전 · 위생 기준으로 틀린 것은?

① 경주참가차량이나 일반주행차량 등 트랙을 이용하는 차량은 경주나 일반주행에 참가한 이후 점검을 하여야 한다.
② 경주참가자나 일반주행자 등 트랙이용자에 대하여는 사전에 주행능력을 평가하여 부적격자는 트랙의 이용을 제한하여야 한다.
③ 관람자에게 사전에 안전에 관한 안내 방송을 하여야 한다.
④ 경주의 안전한 진행에 필요한 통제소요원, 감시탑요원 및 진행요원 등 각종 요원은 각각해당 분야의 지식과 기술을 보유한 자로서 시설의 규모에 따라 적절하게 배치하여야 한다.

089. 체육시설의 설치 · 이용에 관한 법률상 체육시설에 관한 국가와 지방단체 등의 의무에 대한 설명으로 틀린 것은?

① 국가와 지방자치단체는 국민의 체육 활동에 필요한 체육시설의 적정한 설치와 운영을 하여야 한다.
② 국가와 지방자치단체는 체육시설업의 건전한 육성을 위하여 필요한 시책을 강구하고 적절한 지도와 지원을 하여야 한다.
③ 국가와 지방자치단체는 체육시설의 안전을 위하여 필요한 제도적 장치를 마련하여야 한다.
④ 국가와 지방자치단체는 체육시설의 기능, 안전성, 수익성이 지속적으로 유지되도록 체육시설의 기능 및 안전성이 유지되도록 하여야 한다.

090. 체육지도자의 배치 기준으로 틀린 것은?

① 10타석 이상 50타석 이하 골프 연습장업: 1명 이상
② 수영장 바닥면적 400제곱미터 이하 실내수영장: 1명 이상
③ 슬로프 10면 이하 스키장업:1명 이상
④ 운동전용면적 300제곱미터 초과 체력단련장업: 2명 이상

091. 관람 스포츠시설인 경기장의 부대사업으로 볼 수 없는 것은?

① 식 · 음료 판매
② 입장권 판매
③ 유료주차장 운영
④ 구단용품 판매

092. 다음 중 등록체육시설업에 해당하는 것은?

① 당구장업, 골프 연습장업
② 요트장업, 카누장업
③ 골프장업, 스키장업
④ 볼링장업, 빙상장업

093. 다음 중 스포츠시설 경영전략에 대한 설명으로 틀린 것은?

① 경쟁자의 가격을 조사 후 이에 대응하여 가격을 책정하는 경영전략은 원가계산 전략이다.
② 다양한 경쟁 환경의 변화로 인해 경쟁력 상실이 우려되는 경영전략은 원가우위 전략이다.
③ 한정된 시장 내에서 목표시장의 축소 및 소멸될 위험이 있는 경영전략은 집중전략이다.
④ 고객 로열티 형성이 용이하고 전략요구 시 비교적 다양한 경영전략은 차별화 전략이다.

094. 스포츠센터에서 제품이나 프로그램을 수정하지 않고 기존의 표적시장에서 소비자들의 참여 횟수 또는 타제품의 이용을 유도하는 마케팅 전략 형태는?

① 시장침투전략 ② 프로그램개발전략
③ 시장개발전략 ④ 프로그램다각화전략

095. 경기장 임대에 관한 설명으로 틀린 것은?

① 임대사업의 목표는 경기장의 수익성 제고라 할 수 있다.
② 장기·단기임대, 직접·간접임대 등 여러 가지 유형으로 임대가 이루어진다.
③ 임대 시 임대자의 생산원가와 발생수익의 분배방법을 반드시 고려한다.
④ 임대주의 무형의 이익은 경기장 임대 시 고려할 사항이 아니다.

096. 스포츠 시설에서 FCB Grid 모델을 활용하여 고객유치 전략을 수립하고자 한다. 소비자의 행동이 '구매-인지-느낌' 순으로 습관성으로 이루어진다고 판단할 때 해당하는 공간은?

① 고관여/감성 공간 ② 고관여/이성 공간
③ 저관여/감성 공간 ④ 저관여/이성 공간

097. 스포츠 시설의 고객유지를 위한 CRM의 특징에 관한 설명으로 틀린 것은?

① 소비자의 특화된 욕구에 대한 마케팅이다.
② 다품종 소량생산 개념의 생산방식을 지향한다.
③ 불특정 고객집단을 목표로 한 마케팅활동이다.
④ 소비자에 대한 상세한 데이터베이스가 구축되어야 한다.

098. 국민체육진흥법상 용어의 설명으로 틀린 것은?

① "전문체육"이란 선수들이 행하는 운동경기 활동을 말한다.
② "체육동호인조직"이란 같은 생활체육 활동에 지속적으로 참여하는 자의 모임을 말한다.
③ "경기단체"란 체육에 관한 활동이나 사업을 목적으로 설립된 법인이나 단체를 말한다.
④ "생활체육"이란 건강과 체력 증진을 위하여 행하는 자발적이고 일상적인 체육 활동을 말한다.

099. 체육시설의 설치 · 이용에 관한 법령상 대중골프장업의 종류가 아닌 것은?

① 정규 대중골프장업
② 병설 대중골프장업
③ 일반 대중골프장업
④ 간이 골프장업

100. 체육시설업 중 스키장업의 시설기준으로 틀린 것은?

① 슬로프는 길이 300미터 이상, 폭 30미터 이상이어야 함이 원칙이다.
② 평균 경사도가 10도 이하인 초보자용 슬로프를 1면 이상 설치하여야 한다.
③ 절토지 및 성도지의 경사면에는 조경을 하여야 한다.
④ 구급차와 긴급구조에 사용할 수 있는 설상차를 각각 1대 이상 갖추어야 한다.

2017년 스포츠경영관리사(1차)답안

번호	답	번호	답	번호	답	번호	답
1	2	26	1	51	3	76	4
2	2	27	4	52	1	77	4
3	2	28	3	53	2	78	3
4	3	29	2	54	4	79	3
5	2	30	3	55	2	80	3
6	3	31	1	56	2	81	1
7	4	32	3	57	2	82	4
8	3	33	4	58	3	83	4
9	4	34	1	59	2	84	4
10	2	35	4	60	4	85	4
11	4	36	3	61	4	86	3
12	4	37	1	62	3	87	4
13	4	38	1	63	2	88	1
14	2	39	3	64	1	89	4
15	1	40	2	65	2	90	1
16	4	41	4	66	1	91	2
17	1	42	1	67	3	92	3
18	1	43	4	68	4	93	1
19	1	44	3	69	3	94	1
20	2	45	2	70	1	95	4
21	3	46	4	71	4	96	4
22	1	47	3	72	1	97	3
23	3	48	3	73	3	98	3
24	2	49	2	74	1	99	2
25	2	50	1	75	2	100	2

저자 소개

유 동 균

국민대학교 일반대학원 이학박사(스포츠경영 전공)

현) 명지대학교 미래융합대학 사회교육원 스포츠레저교육 주임교수

명지대학교 경영대학원 MBA 스포츠경영학전공 교수

김 종 걸

경기대학교 일반대학원 경호안전학박사(경호 전공)

동국대학교 일반대학원 법학박사(스포츠법 전공)

현) 한국스포츠학회 부회장

신 승 아

국민대학교 일반대학원 이학박사(스포츠마케팅 전공)

전) 한국스포츠정책과학원 초빙연구원

정 수 봉

국민대학교 일반대학원 이학박사(스포츠경영 전공)

현) 명지대학교 미래융합대학 사회교육원 스포츠레저교육 객원교수

한국스포츠학회 이사

정 현 수

대전대학교 일반대학원 이학박사(스포츠심리 전공)

전) 철인3종 국가대표 감독